JAPAN HERITAGE
日本遺産

日本遺産を旅する

寺家キリコ祭り（石川県珠洲市）
撮影／渋谷利雄

一個人特別編集

「日本遺産」は、地域の歴史的魅力や特色を通じて我が国の文化・伝統を語るストーリーを文化庁が認定するものです。点在する文化財を一定のテーマの下で、「面」として一体的にPRする日本遺産の取組は、地域のブランド化やアイデンティティーの再確認を促進することにもつながるものです。

二〇二〇年には東京でオリンピック・パラリンピック大会の開催が予定されており、年間の訪日外国人旅行者数が増加し続けることが見込まれます。こうした旅行者が日本全国を周遊し、地域の活性化に結び付くようにするためには、観光客の受け皿となるべき日本遺産が日本各地にバランス良く存在することが理想的です。

そのため、文化庁では日本遺産を二〇二〇年までに一〇〇件程度認定することとしており、認定されたストーリーを語る上で欠かせない魅力あふれる有形や無形の様々な文化財群を、地域が主体となって総合的に整備・活用し、国内だけでなく海外へも戦略的に発信する取組を後押ししていきます。

本書『日本遺産を旅する』は、雑誌『一個人』に掲載された各認定地域のストーリーを紹介する特集記事「日本遺産完全ガイド」を一冊の書籍としてまとめたものです。本書を片手に日本遺産を巡っていただき、歴史・文化を楽しみながら地域の魅力を再発見・再確認していただければ幸いです。

平成二八年一一月二五日

第22代文化庁長官
宮田亮平

日本遺産を旅する

CONTENTS

※本書は、月刊「一個人」の2016年1月号、3月号、11月号に掲載した『日本遺産を旅する』を再編集し、新たな情報を追加し、刊行致しました。（情報は2016年12月15日現在のものです）

歴史と文化が紡ぐ「ストーリー」に出会う

日本遺産18の魅力

この国の良さを再発見して地域の活性化に役立てようと平成27年に始まった文化庁の「日本遺産」。初年度には18件のユニークで魅力的な「遺産」が認定されている。

新たな視点で地域を見直す「日本遺産」の認定制度

平成27年4月に「日本遺産」18件が文化庁から認定された（左の地図参照）。初年度は8億円の予算を組んで、国内用パンフレット、海外からの観光客向けの多言語ホームページ作成やガイド育成などの費用を補助し、観光による地域の活性化を後押しする。

「日本遺産」が従来の国宝やユネスコの世界遺産と異なるのは、各地の歴史的魅力や特色を「ストーリー」としてアピールする点だ。

たとえば《近世日本の教育遺産群―学ぶ心・礼節の本源―》という「遺産」はひとつの地域ではなく、茨城県水戸市、栃木県足利市、岡山県備前市、大分県日田市という4県4市にまたがっており、近世日本、とくに江戸時代の各藩の学校に着目した「ストーリー」を構成した結果、「日本遺産」に認定された。具体的には徳川斉昭の創始した旧弘道館（水戸市・国特別史跡）、現存最古の学校・足利学校跡（足利市・国史跡）、岡山藩初代藩主・池田光政が創った旧閑谷《しずたに》学校（備前市・国特別史跡）、江戸時代最大の私塾だった広瀬《ひろせ》淡窓《たんそう》の咸宜園《かんぎえん》跡（日田市・国史跡）などを関連付けている。

つまり、これまで《点》だった有形・無形の文化財を、エリアを超えた《シリアル＝ひと続きの》として再評価することもできるのだ。

《文化財は保存から活用の時代へ！》という文化庁は、2020年までに100件ほどの「日本遺産」認定を目指している。

近世日本の教育遺産群
―学ぶ心・礼節の本源―

日本の近代化以前、4つの藩校や郷学、私塾で行なわれていた近世日本の教育の姿。

旧弘道館

足利学校跡

咸宜園跡

旧閑谷学校

かかあ天下
―ぐんまの絹物語―

絹産業に活躍した「かかあ」たちの夢や情熱が詰まった養蚕の家々や織物工場など。

加賀前田家ゆかりの町民文化が花咲くまち高岡
―人、技、心―

「加賀藩の台所」と呼ばれるほど隆盛した都市に残る町民自身が担った商工文化。

「信長公のおもてなし」が息づく戦国城下町・岐阜

魅せる城と整備した町を「もてなし」の空間とした信長の拠点・岐阜の魅力。

海と都をつなぐ若狭の往来文化遺産群
～御食国《みけつくに》若狭と鯖街道～

京の食文化を支えた「御食国」若狭に、食、町並み、祭礼などの往来の文化が今も息づく。

日本茶800年の歴史散歩

「抹茶」「玉露」「煎茶」を生み出し、製茶の面から日本の喫茶文化を支えてきた京都・南山城。

琵琶湖とその水辺景観
―祈りと暮らしの水遺産

水の浄土をにおわす薬師如来と琵琶湖のつながり、人の営みと水辺の景観が結びついた「水の文化」。

灯《あか》り舞う半島 能登
～熱狂のキリコ祭り～

日本海文化が交錯した能登の夏は、約200カ所で最大高さ15mのキリコ＝切子灯籠が練り歩く。

尾道水道が紡いだ中世からの箱庭的都市

中世の開港以来、人や財が集積した尾道の、坂、路地、寺社、庭園が織りなす「箱庭的都市」の魅力。

六根清浄と六感治癒の地
～日本一危ない国宝鑑賞と世界屈指のラドン泉～

山岳修験の聖地・三徳山参詣と、世界屈指のラドン泉・三朝温泉の「癒しの力」。

丹波篠山 デカンショ節
―民謡に乗せて歌い継ぐふるさとの記憶―

江戸時代の民謡を起源とするデカンショ節には、城下町の歴史と記憶が脈々と生き続けている。

古代日本の「西の都」
～東アジアとの交流拠点～

1300年前、東アジアとの交流、軍事の拠点として作られた古代国際都市「西の都」を現代に体感する。

津和野今昔
～百景図を歩く～

幕末の津和野の名所、伝統芸能、風俗、人情を描いた「百景図」に、現在の城下町の姿が重なる。(津和野町郷土館蔵)

国境の島 壱岐・対馬・五島
～古代からの架け橋～

日本本土と大陸の中間に位置し、古代から海上交通の要衝となった国境の島に連綿と続く、大陸との交流の痕跡。

平成27年度に認定された 18のストーリー

相良700年が生んだ保守と進取の文化
～日本でもっとも豊かな隠れ里-人吉球磨～

領主から民衆までが一体となった「隠れ里」に社寺、仏像、神楽、独自の食文化、遊戯が残る。

「四国遍路」
～回遊型巡礼路と独自の巡礼文化～

八十八の札所をめぐる全長1400㎞の回遊型巡礼路。1200年継承された世界でも類を見ない巡礼文化。

日本国創成のとき
―飛鳥を翔《かけ》た女性たち―

日本国創成の地である飛鳥の地で、女帝、女流歌人、尼僧など女性たちが日本史上もっとも力強く活躍した。

祈る皇女斎王のみやこ 斎宮

天皇に代わって伊勢神宮で天照大神に仕えた斎王(皇女)の、雅な暮らしが営まれた斎宮跡一帯。

青柳正規・文化庁長官（当時）に聞く

日本遺産の魅力を日本へ！ 世界へ！

政府主導ではなく地方の自発的な活動に期待する、と語る青柳正規文化庁長官。「日本遺産」を巡って、文化財や文化をグルーピングし、その魅力を発信する力をもつスーパー公務員の出現を喜んだ。

地に足が着いた文化政策を地元から起こしてほしい

『日本遺産』は『世界遺産』とは違います。世界遺産は、ＯＵＶ(Outstanding Universal Value)、すなわち卓越した人類共通の価値を重視して登録されますが、私は、もっと〝文化の多様性〟を大切にし、その地域の人にとっての価値、つまり特徴のある文化を取り上げたいと思いました」。

そう語るのは、青柳正規文化庁長官。東京大学副学長を経て、国立西洋美術館長などを歴任した後、平成25年（２０１３）から現職にある。

「イギリスに〝英国遺産〟というシステムがありまして、ストーンヘンジやエディンバラ城など、さまざまなモニュメントや遺跡、史跡を互いに関連付けることで一般の興味を惹くことに成功したのです。そのおかげで、観光客がグッと増えて、いわゆるミュージアムグッズもたいへんよく売れるようになりました」。

イギリスの〝英国遺産〟とは、ローマン・パス、ワーウィック城、シェイクスピア誕生地など４００カ所余りの遺跡をEnglish Heritageとして登録して、観光客の誘致を推進し、これらの保存や修復を図ったものである。

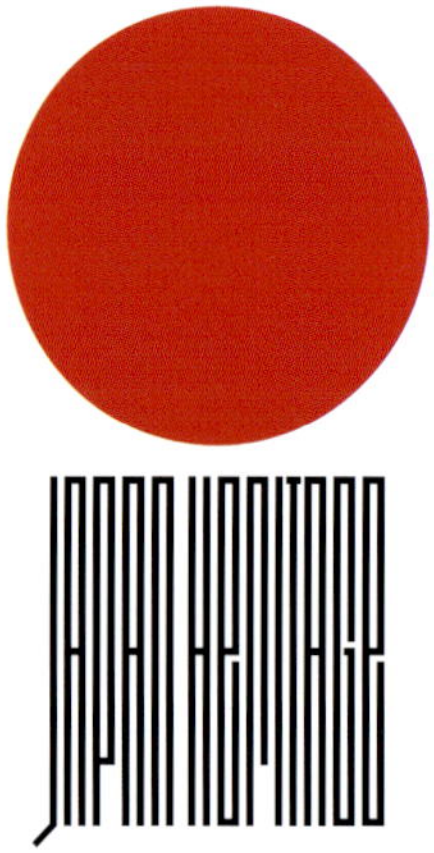

日本遺産のシンボルマーク

赤い丸の下にある極細の「JAPAN HERITAGE」の文字で、「面」を表現している。これは、点から線につながり、さらに文化財を面で捉える“日本遺産”の精神をシンボライズしている。佐藤卓氏のデザイン。

「わが国では、これまでは国宝などのひとつひとつの文化財が〝点〟でしかなかったことへの反省もあります。さらに、これまでのように文化財の保護だけを旗印にして、古いものを大切にしまっておくだけではいけないのではないか、という疑問から『日本遺産』は始まったのです。無形のものも有形のものも、すべてを含めて文化財の良さというものをもっと多くの方に理解していただき、面白いと感じていただきたい。そのための手段として、いくつかの文化財を互いに関連づけて、グルーピングできるような〝ストーリー〟を考え出していただきたい、と各自治体の文化財担当者にお願いしたわけです」。

「日本遺産」認定が始まった２０１

青柳正規《あおやぎまさのり》前文化庁長官

第21代文化庁長官。1944年生まれ。東京大学文学部美術史学科卒、同大学院人文科学研究科修士課程修了。東京大学教授、東京大学副学長を経て、国立西洋美術館長などを歴任。著書に『文化立国論－日本のソフトパワーの底力』（ちくま新書・2015年）など多数。

5年には83件の申請があり、その中から18件が認定された。これらをつぶさに眺めると、歴史的な価値や意義をわかりやすく伝えるストーリー性があり、その魅力を海外にも発信できることを認定の基準にしたことがわかる。

「日本の文化財は寡黙で、ひとつだけではなかなかストーリーが作りにくいのです。ところが、今回のようにいくつかを組み合わせて〝グルーピング〟したり、関連付けたりすると、個々の文化財の良さがより明らかになって、人びとの関心を呼べるようになります。その結果として、観光客が増え、財政的にも効果があるでしょう。つまり、文化財の『保存と活用』に新しい見通しが生まれるのです」

どういう歴史の流れの中で、どういう文化を育んできたのか、自分たちの歴史文化をどうとらえるかについて基本構想を作ってくれるよう、市町村に依頼した、と長官は説明する。

たとえば《加賀前田家ゆかりの町民文化が花咲くまち高岡—人、技、心—》が認定された富山県高岡市は、郷土の歴史と郷土愛が混然一体となった素晴らしいストーリーを考え出した。藩祖・前田利長は豊臣秀吉が後陽成天皇を迎えるときに用意した御所車を町民に与え、それが今日の、金工、漆工、染織などの工芸技術を駆使して装飾した豪華な御車山になったと伝えられている。

「前田家といえば金沢というイメージが強いですが、高岡の人は、高岡を造った2代目の利長がほんとうに好きで、とても誇りに思っているのです。骨董屋さんも多くて、江戸時代の名品がゴロゴロしていますから、きっと愛好家や観光客にも人気が出るでしょう」。

このような「日本遺産」認定への取り組みによって、地方の市町村は中央の文化庁、つまり外部からの評価を得ることができ、そして、その結果、郷土への愛もいっそう深くなるに違いない。青柳長官は、中央と地方との関係も変化するだろう、と予測する。

「日本遺産に認定するだけではなく、それをどのように宣伝するか、解説板などをどう整備していくか、これから地方の力が必要になります。その日本遺産を熟知しているのは、地方の人びとだからです。

もう、中央からトップダウン式に政策を下していく手法は限界です。これからは、日本遺産をテコにした地方主導の文化政策が必要になるでしょう」。

文化庁では、ユネスコの世界遺産もある程度の数が認定されるようになったことで、世界的な認知度が上がったという経緯から、２０２０年までには１００件程度の「日本遺産」を認定できるようにしたいと目標を掲げている。

「今回の認定では、限界集落を舞台にしたテレビドラマ『ナポレオンの村』に登場したような〝スーパー公務員〟の活躍が目立ちます。学業成績は優秀だけれど知識だけが豊富な官僚ではなく、柔軟な発想で知識をグループ化し、俯瞰的に地域を眺めることのできる才能が、これまでの文化財に新しい付加価値を発見してくれました。文化政策は継続しなければなりません。日本遺産がそのキッカケになるよう、私達も努力していこうと思います」。

日本遺産って何？

有形文化財

寺院・神社・城・遺跡など

無形文化財

伝統芸能・祭り

1 文化財群をストーリーとして認定

文化財をグループ化して一体としてPRすることで、地域の魅力を発信し、その地域のブランド化を推し進め、地域としてのアイデンティティを再確認することを目指す。

2 ストーリーのタイプは2つ 地域型とシリアル型

単一の市町村の中でストーリーが完結する「地域型」は、富山県高岡市の《加賀前田家ゆかりの町民文化が花咲くまち高岡》などが相当する。複数の市町村にまたがってストーリーが展開する「シリアル型」は《近世日本の教育遺産群》などが例となる。

3 2020年までに100件の日本遺産認定を予定

2020年までに年間の訪日外国人旅行者2000万人達成を目標に掲げる方針に沿って、文化庁の日本遺産認定件数も100件を目指している。地域の活性化、観光客の受け皿としての日本遺産が全国に散在することが望ましい。

このインタビューは、2016年12月に刊行された月刊「一個人」1月号に掲載された記事です。

日本遺産を旅する

海と都をつなぐ若狭の往来文化遺産群
〜御食国《みけつくに》若狭と鯖街道〜

福井県
小浜市
若狭町

若狭から都へ都から若狭へ
古より続きし道の往来が育んだ美味し文化を訪ねる旅
都へのメインロード「若狭街道」を歩く

ストーリー

若狭は、古代から「御食国」として塩や海産物など豊富な食材を都に運び、都の食文化を支えてきた地である。

また、大陸からつながる海の道と都へとつながる陸の道が結節する最大の拠点となった地であり、古代から続く往来の歴史の中で、街道沿いには港、城下町、宿場町が栄え、また往来によりもたらされた祭礼、芸能、仏教文化が街道沿いから農漁村にまで広く伝播し、独自の発展を遂げた。

近年「鯖街道」と呼ばれるこの街道群沿いには、往時の賑わいを伝える町並みとともに、豊かな自然や、受け継がれてきた食や祭礼など様々な文化が今も息づいている。

奈良時代より都とつながる御食国若狭

福井県南西部に位置し、日本海に面した若狭地方。江戸時代、小浜湊は北前船が運んだ物資や豊富な魚介類の水揚げで賑わった。それらは山々を越えて京の都へ運ばれた。いくつかのルートがあるが、代表的なのが小浜から熊川、滋賀県・朽木、花折峠を越えて、京都・大原から出町に入る「若狭街道」だ。「京は遠ても十八里」。約72キロの道のりを、行商人たちは、海産物を籠に入れて背負い、山間の道を歩いた。

なかでも、もっとも多く運ばれたのが、当時圧倒的な漁獲量を誇った鯖。それゆえ、この道は鯖街道と呼ばれるようになったといわれている。しかし若狭の豊かな食材が街道を往来した歴史はさらに古く、奈良時代まで遡る。

古代、若狭は天皇に奉る「御《み》贄《にえ》」を供給する「御食国《みけつくに》」だった。平城京から出土した木簡には、若狭から朝廷へと送られた塩や御贄である魚介が記されている。当時、宮中の食膳を担当したのは若狭国造の膳臣《かしわでのおみ》一族だった。若狭街道付近には膳臣が被葬者と推定される墳墓も点在する。

鯖街道MAP

「鯖街道」とよばれる若狭から京都へ鯖を運んだ道は複数あり、最も多く利用されたのが若狭街道。そのほか最短距離をとる峠道の「針畑越え」などがあった。

取材・文／池田陽子（全日本さば連合会）　撮影／木村雅章（全日本さば連合会）　MAP制作／㈱ロードランナー

熊川宿

風情ある建物が並ぶ熊川宿。室町時代までは40戸ほどの小さな寒村にすぎなかった熊川宿は、江戸時代には200戸を超え、問屋、旅籠、商家が立ち並び、宿場町として大いに賑わった。

街道の要所として賑わいをみせた熊川宿

室町時代以降、若狭街道は軍事上の大きな役割を果たすことになる。その要所となったのが、近江国との国境である熊川だ。室町時代には足利将軍直属の武士・沼田氏が山城を築き、戦国時代に若狭国主となった浅野長政は熊川を軍事・交通の要所とみなし天正17年（1589年）、保護政策として諸役免除の布告を発し宿場町としての整備を進めた。江戸時代に入り酒井氏が熊川に番所（関所）を設けて物資に運上を課し、年貢米を貯蔵する蔵屋敷を設け、熊川宿は大きな賑わいを見せるようになる。

いまも昔ながらの面影を残す熊川宿の町並みの特徴は町家の間に土蔵が混じり、平入と妻入、真壁造と塗込造の建物が混在しながらも調和のとれた連続性があることだ。「隣り合せの建物との軒の高さや壁面を揃えたり、町並み全体としての美しさを考えた大工のセンスが感じられます」と若狭町歴史文化課の永江寿夫課長は語る。確かに屈曲し、勾配のある街道に重層して存在する建造物を辿ると〝心地よいリズム〟を感じる。

熊川宿は、最盛期には荷物を乗せた牛馬が1日に1000頭も行き交ったという。馬をつなぐための「駒つなぎ」の鉄輪や、上げ下げのできる「ガッタリ」とよばれる揚見世《あげみせ》を備えた民家もあり、街道を行き交う人々が、ひととき寛いだ風景が思い浮かぶようだ。

熊川番所

近江との国境近くにあった番所では、女子の通行手形改めや物資の運上徴収などが行われた。

白石神社

熊川区の氏神を祀る。毎年5月3日に祭礼が行われ、京都祇園祭を模した豪華な山車が巡行する。

得法寺

越前朝倉攻めに際し、織田信長に従い京都から敦賀へ向かった徳川家康が宿泊したといわれ、鯖街道が軍事上、重要な役割を果していたことを示す。

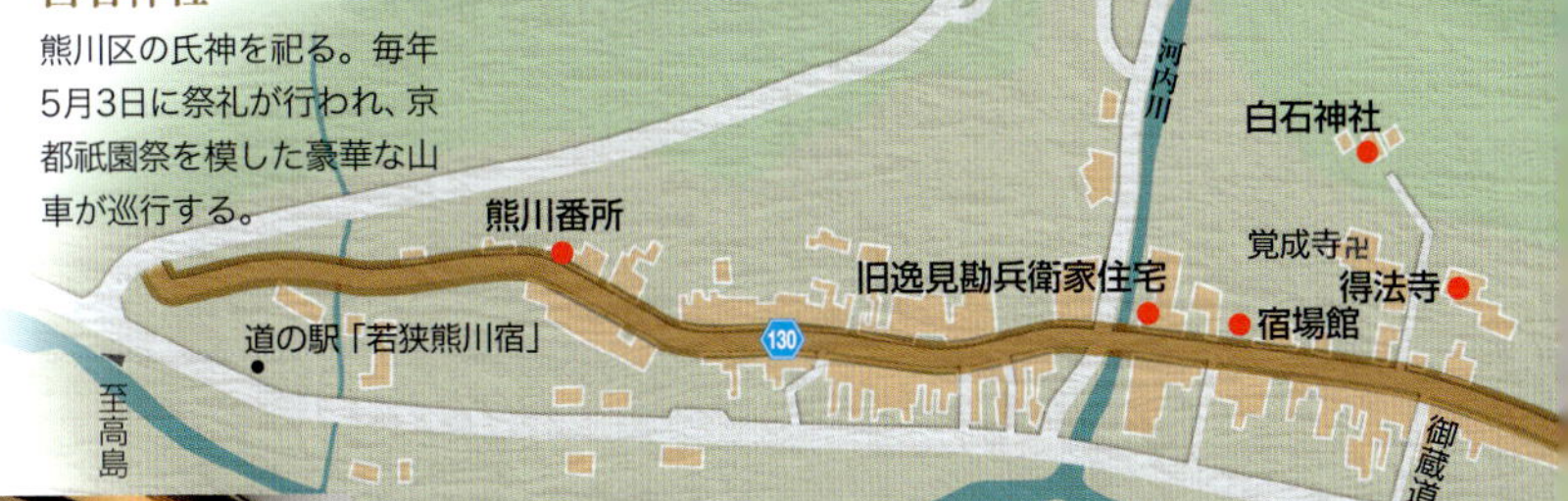

旧逸見《へんみ》勘兵衛家住宅

江戸時代末期に建築、造り酒屋の主屋と蔵からなる。保存改修を行い町家宿泊も可能。喫茶コーナーもある。

倉見屋荻野家住宅

荻野家は江戸時代、物資の人馬継立で成功をおさめた有力問屋。主屋は文化8年(1811年)建築の熊川宿最古の町家。通り土間の表側を広くとる平面構成などに伝統的な町家の建築形式を示す。度重なる大火に見舞われた熊川にあって塗込、土戸、袖壁卯建などの防火機能を備える。

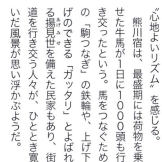

輝かしき繁栄を遂げた「小浜湊」の面影を辿る

大陸、諸国からの「海の玄関口」として栄える

鯖街道の起点となる小浜は、若狭と都をつなぐ「陸の道」の入口としてだけではなく、大陸や朝鮮半島はじめ日本各地から多くの文化や品物、ひとが訪れ交流を育む「海の玄関口」としても栄えた。

室町時代、応永15年（1408年）には、中国・明王朝の使者が南蛮船で小浜湊に着岸。足利義満への献上品として象や孔雀を積載していたという。かの鯖街道は、なんと大陸の珍獣も運ばれた道だったのだ。

京を後ろ盾に、大陸との交易は盛んになり、諸国からは日本の湊といえば「泉州堺か若狭小浜か」と言わしめた。戦国時代には幕藩体制が確立していく中で、統一政権や各地の大名は兵糧米や、武器の運搬、年貢米の売却を必要としたため、小浜の豪商たちが廻船業で巨大な富を蓄えていった。

江戸時代に入り、北前船の寄港

世界及日本図八曲屏風（福井県立若狭歴史博物館蔵）
小浜の廻船問屋として栄えた豪商の家に伝来したもので、安土桃山時代に南蛮人が請来した地図をもとに描かれたと考えられる。世界に開かれた小浜湊の繁栄を象徴する文化財。

三丁町
小浜の西側は「小浜西組」として、商家町、茶屋町で構成された。茶屋町は三丁町とよばれ、千本格子の家々が軒を連ねる風情のある町並みでは、今も残る料亭から三味線の音が響き、芸妓とすれ違うことも。

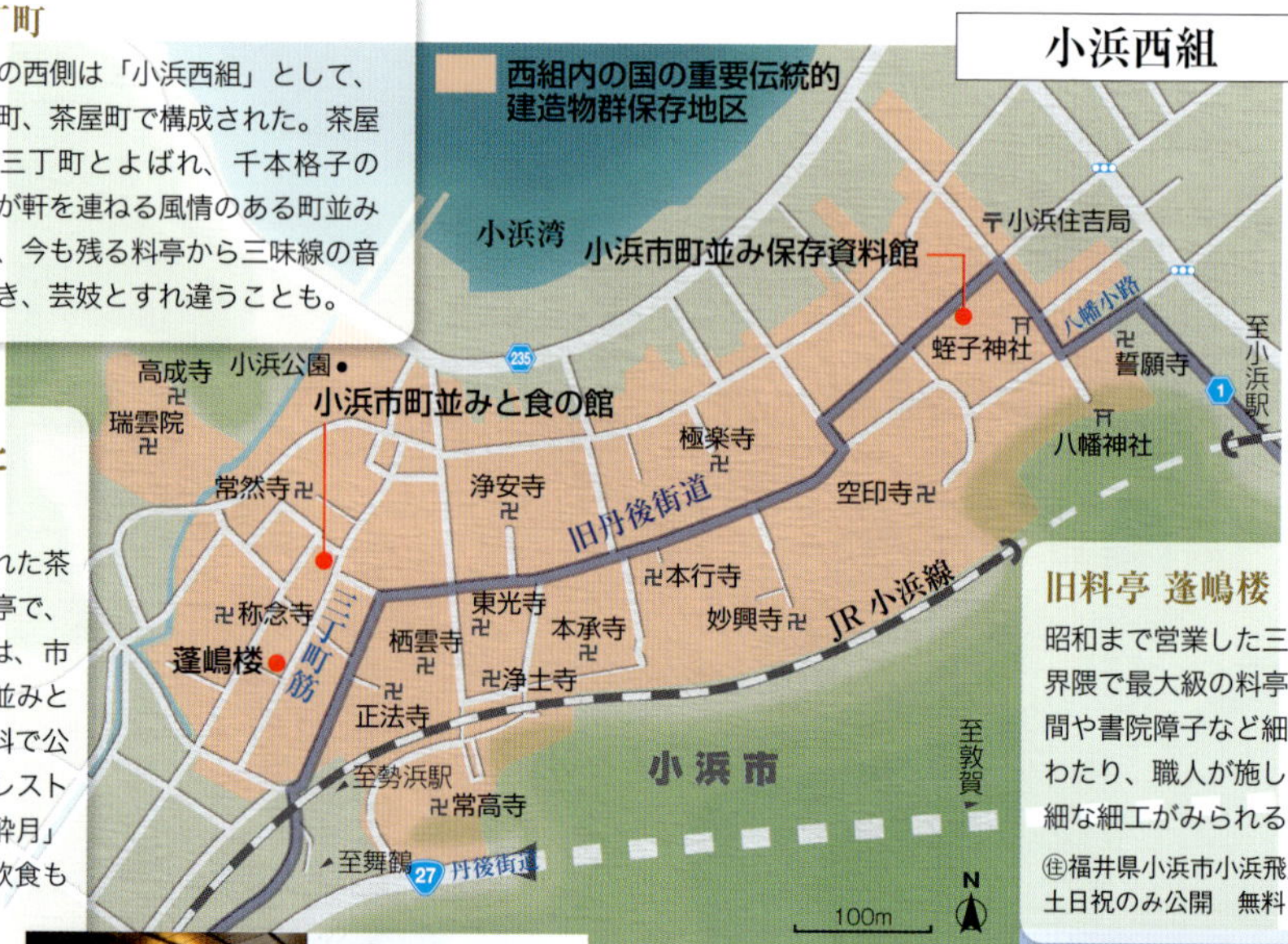

小浜市町並みと食の館《たて》
明治初期に建築された茶屋町の中核的な料亭で、元「酔月」。現在は、市の施設「小浜市町並みと食の館」として無料で公開。館内では和食レストラン「四季彩館　酔月」も営業しており、飲食も楽しめる。

㊟福井県小浜市小浜飛鳥108
☎0770-52-5246
営11:00～14:00
17:00～21:00 ㊡水

旧料亭 蓬嶋楼
昭和まで営業した三丁町界隈で最大級の料亭。欄間や書院障子など細部にわたり、職人が施した繊細な細工がみられる。

㊟福井県小浜市小浜飛鳥64
土日祝のみ公開　無料

地となった小浜は、日本各地の産物の集積地としてさらなる繁栄を遂げ、小浜は2万人を越える日本海屈指の城下町となる。

湊が栄え、廻船問屋や商人たちが贅を尽くした暮らしをするなかで、茶屋町も賑わった。小浜市内の西側に位置する古い町割り「小浜西組」の三丁町界隈には、今も茶屋町の面影を残した出格子、紅殻格子の町家が並び、明治に入っても48軒もの料亭があったという華やかなりし頃の小浜を偲ばせる。

都へと鯖が向かう 起点となった小浜市場

慶長12年（1607年）には、小浜藩主・京極高次が小浜市場を整備。流通の拠点が築かれた。「市場仲買文書」には往時60万俵の米・肥料・魚などが湊に揚がり、都まで運ぶために1日1000頭の牛馬を要したと残る。また鯖街道という名称はこの文書にある「生鯖塩して荷い京行き仕るはずに候」という一文に由来すると言われている。朝獲れた鯖はひと塩されて運ばれ、京の都に着くころには身も締まり、ほどよい味加減となって京の人々を喜ばせた。

市場跡に程近い、いづみ町商店街には今も、鯖を一尾丸ごと串に刺して焼いた、若狭ならではの「浜焼き鯖」を販売するお店が並ぶ。商店街には「鯖街道起点」というプレートがある。今なら車で2時間の道のりを行商人はここから、夜通しで暗い山道を歩き都へと急いだ。香ばしい鯖の香りとともに、その道中に思いを馳せた。

小浜放生《ほうぜ》祭

毎年9月中旬に行われる山車、神楽、獅子舞、大太鼓、みこしが繰り出す若狭地方最大の秋祭り。明治時代以降、廣嶺神社の祇園祭の練り物行列の出し物が八幡神社に移り今に至る。

小浜祇園祭礼絵巻
（廣嶺神社蔵）

京都から伝わった祇園御霊会は、江戸時代以降、小浜町人の経済力の豊かさを背景に華やかかつ盛大な祭礼となった。

初めて象が着いた湊の図（小浜市蔵）

明王朝から将軍への献上品の象が、南蛮船でスマトラから小浜に到着した風景を想像して描いた画。そののち唐からダチョウも届けられたという。小浜は南蛮でも知られる有名な湊だった。

いづみ町商店街

（左上、上）創業250年の「朽木屋」では、12代目の益田隆さんが「浜焼き鯖」を焼き上げる。（下左）商店街の風景。（下右）「鯖街道資料館」では鯖街道の歴史を展示。

■朽木屋
㊟福井県小浜市小浜広峰39　☎0770-52-0187　㊋8:00～18:00　㊡無休

都との深い絆を残す
貴重な古刹・行事に触れる

羽賀寺《はがじ》

霊亀2年（716年）に元正天皇の勅命による行基の創建とされる。平安前期の「木造十一面観音立像」は元正天皇の御姿を映したとされて柔和なご尊顔に心がやすらぐ。

㊟福井県小浜市羽賀82-2
☎0770-52-4502
拝観受付9:00～16:00
拝観料400円

多田寺《ただじ》

天平勝宝元年（749年）に創建。本尊は木造薬師如来立像。脇侍の木造十一面観音立像、木造菩薩立像とともに若狭でも屈指の古像である。

㊟福井県小浜市多田27-15
☎0770-56-0894
拝観受付：9:00～16:00
拝観料400円
※3日前までに要予約、
12月1日～3月20日は拝観不可

若狭神宮寺

神体山を背景に若狭随一の木造本堂が雄大な景観を見せる。毎年3月2日に行われる「お水送り」は、大松明を振り回す達陀の行に始まり、大護摩法要ののち、松明行列にて二月堂に通じるという鵜の瀬に向かい、御香水を遠敷川に流す。

㊟福井県小浜市神宮寺30-4
☎0770-56-1911
拝観受付：9:00～16:00
拝観料400円
※2月中旬～3月1日は拝観不可

若狭姫神社（若狭国一宮・下社）

養老5年(721年)の鎮座。豊玉姫命を祀る。本殿を囲む瑞垣の内部には千年杉がそびえる。若狭国一宮は延喜式にも名神大社として記載された格式の高い古社。

若狭彦神社
（若狭国一宮・上社）

若狭彦神社は若狭彦神社（上社）と若狭姫神社（下社）に分かれ、上社は奈良時代・霊亀元年（715年）の鎮座。峠を越えて若狭に降り立ったと言われる彦火火出見尊を祀る。

都より伝承され 若狭に根付く「王の舞」「六斎念仏」

宇波西《うわせ》神社の神事芸能（王の舞）

4月8日に開催。笛太鼓の囃子に合わせ、湖で網にかかったと伝えられる宇波西神社所蔵の舞面を付けて、矛をかかげて舞う。

王の舞

闇見《くらみ》神社の例祭神事（王の舞）

4月5日に行われる。神輿の前で王の舞と獅子舞が奉納される。舞楽の「蘭陵王」や「竜王」に由来する王の舞は、男子が担当し、振袖や女物の帯を使った衣装が特徴的。

六斎念仏

六斎念仏（三宅）

若狭町三宅の盆行事。たすき掛け、はちまき姿の子供、青年たちと浴衣姿の壮年が太鼓や鉦を叩いて念仏を唱えながら踊る。

六斎念仏（瓜生《うりゅう》）

若狭町瓜生の盆行事。小学1年から中学2年ぐらいまでの男子が太鼓を打って踊り、鉦を叩いて壮年男性たちが念仏を唱える。

お水送り、十一面観音像に見る奈良との深い繋がり

小浜市は「海のある奈良」といわれるほど神社仏閣の数が多い。京への最短コースとされる峠道である「針畑越え」ルート界隈には古来、奈良の都との深い結びつきを思わせる寺社が数多く残る。

奈良時代に、元明天皇の勅願により開創された若狭神宮寺では、奈良東大寺での「お水取り」に先立ち毎年3月2日に「お水送り」が行われている。遠敷《おにゅう》川沿いにある鵜の瀬にて「御香水」を送水文とともに注ぎ込む行事で、聖なる水は10日間かけて東大寺二月堂の若狭井に届くとされている。

また若狭神宮寺は、修験道の祖・役行者《えんのぎょうじゃ》が若狭修験の道場として百日修行をした山といわれる霊峰・多田ヶ岳の東峰を神体山とし、神仏習合の原型が色濃く残る。本堂には注連縄を張り、内陣には仏壇と神棚を併せ持つ。お水送りの行事も僧侶と神人によって行われている。

「じつは若狭小浜、平安京、平城京、飛鳥、熊野本宮は、ほぼ一直線上に位置しているのです」

と住職は語る。

この興味深い事実は、国家の深い信仰と関係し、朝廷が若狭を重要視していたと考えられるのではないだろうか。

さらに小浜市内には平安貴族が深く帰依した天台宗、真言宗という密教的信仰との関係を示す「十一面観音像」が多く残されていることからも、都との深い繋がりが伺える。

日本各地で消え行く都の貴重な祭礼を数多く伝承

一方、若狭町には都で奉納されていた伝統芸能が多く残る。「王の舞」は、笛や太鼓の拍子に合わせて、鼻の高い面をかぶった王が矛を手に勇壮に踊る伝統芸能。もともとは平安時代から鎌倉時代に都の大社や大寺の祭礼などで盛んに演じられていたものだ。町内では、おもに春祭りとして行われる。

「500年以上もの歴史があり、地域に根差した独自の形で、今も受け継がれています」

と若狭町西田公民館の田辺常博館長は語る。夏の代表的な盆行事である「六斎念仏」は若狭町では現在8カ所で行われている。

街道を通じて都から若狭へ運ばれてきた文化は、今もなお町に欠かせない祭礼として大切にされ、若狭の四季を彩っている。

都で心待ちにされた若狭の「美味しもの」を愉しむ

若狭で育まれ 都で愛された鯖料理

鯖寿司

「小浜町並みと食の館 四季彩館 酔月」の鯖寿司は、脂ののった肉厚の鯖を、ほどよく酢で締めた上品な味わいが堪能できる。

豊かな食の幸に恵まれた若狭は、「都の台所」として京の食文化を支えてきた。酢で締めた鯖を棒寿しにした「鯖寿司」は若狭で欠かせない伝統の鯖料理だが、京都の食を語るときにも欠かせない。今もなお、京都では三大祭の時には鯖寿司を食べる習慣が残っている。かの北大路魯山人も若狭の鯖を使った京の鯖寿司を絶賛したという。

また若狭では「鯖の生き腐れ」といわれるほど足が速い鯖の鮮度保持のために、独自の加工技術が発達した。代表的なものが「へしこ」（鯖のぬか漬け）である。

小浜市田烏《たがらす》地区では、「へしこ」を使って、平城京で発見された木簡にも記されていた「なれずし」が作られている。お正月には欠かせない伝統料理「鯖のなれずし」の仕込みは、じつに手間暇がかかる。まず、鯖を1年間ぬかに漬けて「へしこ」を作る。それを塩抜きして皮をむき、ご飯と麹を詰めて約10日間樽に漬け込んで完成。

「民宿佐助」を営む森下佐彦さんは作り手が減ったなか、今も「貴重な食文化を守りたい」と仕込を続けている。その味わいは、まろやかな酸味と甘みがあり、「海のチーズ」という言葉を彷彿とさせる。

高い評価を得た「若狭もの」「熊川葛」

若狭から運ばれた海の幸は鯖だ

若狭ぐじ、若狭がれい

若狭ぐじ（右）は鱗と一緒に焼き上げる「若狭焼き」、若狭がれい（上）は、一夜干しが若狭ならではの美味しい食べ方。「小浜町並みと食の館 四季彩館 酔月」で提供。

鯖のなれずし

「民宿佐助」の鯖のなれずしは、森下佐彦さんが、樽に漬け込んだへしこから作成。スローフード協会より「食の箱舟」にも認定された。

■民宿佐助
㊟福井県小浜市田烏36-47
☎0770-54-3407

福井梅

実の片側にほんのりと赤みがさす「紅映《べにさし》」が栽培され、種が小さく、柔らかい果肉が厚くて美味しいと高い評価を得ている。

三方のうなぎ

肉厚で上品な味わい。徳右エ門では創業120年継ぎ足しているタレで4代目の田辺清文さんが身をしっとり、皮を香ばしく焼き上げる。

■徳右エ門
㊟福井県三方上中郡若狭町鳥浜44-18
☎0770-45-0039
㊞11:00～14:00(LO)、15:00～18:30(LO)
※17:00以降は要予約
年中無休（お正月・お盆除く）

けではない。アマダイ、カレイは「若狭もの」とよばれ京の市場で高値で取引され、いまも京料理の定番だ。さらに三方湖や久々子湖からは小浜藩の特産品としてうなぎが出荷され「若州うなぎ」として人気を呼んでいた。なんと、街道沿いの茶屋の生簀を使って生きたまま、京に運ぶという画期的な物流も開発されていたという。三方五湖といえば、周辺で栽培される福井梅の栽培の歴史は古く、江戸時代の天保年間に発祥、京の食通に愛された。

若狭町熊川の名産品・熊川葛も京都の和菓子や精進料理の名声を支えた。自然豊かな山間に流れる名水と、冬の厳しい寒さが育んだ葛はその品質の高さで古くより高い評価を得ていた。

江戸時代、京都の儒学者・頼山陽が母の病気見舞いに熊川葛を送るのに際して添えた手紙に「吉野より、よほど上品」としたためていたという。葛の精製作業は厳寒期に冷たい水を使う重労働であることなどを理由に一時期、途絶えかかったが、現在は有志による「熊川葛振興会」が純度の高い葛造りに取り組み、熊川宿でもまろやかで上品な味わいの葛まんじゅうが楽しめる。

熊川葛

熊川葛(下)を使った若狭を代表するお菓子「葛まんじゅう」(上)。つるりとした食感、やさしい味わい。「勘兵衛茶屋」では、葛ようかんも提供。

■勘兵衛茶屋
㊟福井県三方上中郡若狭町熊川30-3-1
旧逸見勘兵衛家住宅内
☎0770-62-0800 ㊞10:00～16:00（LO）
土、日、祝日のみ営業（冬期は休み）

日本遺産もっと楽しむ＋プラス1

サバジェンヌ池田陽子さんが薦める 小浜・若狭をもっと楽しむことができる観光スポット

御食国若狭おばま食文化館

小浜の「食」に関する多様な魅力が実感できる博物館。キッチンスタジオでは、若狭の新鮮な食材を使った調理体験やおみやげ作りが行える。

㈰小浜市川崎３丁目４ ☎0770-53-1000 ㈼9：00～18：00（3月1日～11月30日）9：00～17：00（12月1日～翌2月末）㈷水曜日（祝日の場合、開館）、年末年始

若狭フィッシャーマンズワーフ

新鮮な魚介類が並ぶ市場。小浜名物若狭かれいなどが市場価格で販売されている。若狭小浜の名勝『蘇《そ》洞門《とも》』をめぐるクルージングも当館前から出航

㈰小浜市川崎1-3-2 ☎0770-52-3111（代）㈼8:30～17:00（4～11月）9:00～17:00（12～3月）㈷12月31日・1月1日

瓜割の滝（名水百選）

あまりの水の冷たさに瓜が割れてしまったという伝説に由来した名称。清らかな水の流れと木々の緑で夏でも涼しくマイナスイオンを存分に浴びながらの癒しのパワースポット。散策はリラックス効果抜群で、湧水を飲むことができる。「名水百選」選抜総選挙「おいしさ部門」全国2位。

㈰若狭町天徳寺（若狭瓜割名水公園内）

池田陽子さん

サバを楽しみ、サバカルチャーを発信し、サバで日本各地との交流をはかることを趣旨に活動し、イベント「鯖ナイト」を実施する全日本さば連合会・広報担当「サバジェンヌ」

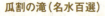

海と都をつなぐ若狭の往来文化遺産群
～御食国《みけつくに》若狭と鯖街道～

七輪焼き広場

お魚センター駐車場の一角にあるログハウス風の建物。木製のテーブルと七輪が利用でき、同センター内で購入した小浜名物の新鮮なサバやアジの醤油干しや、ハタハタなどを七輪で焼いて堪能することができる。売り切れ次第終了のため、午前中に訪れるのがベター。

㊟小浜市川崎2-5-1　☎0770-53-1530（若狭小浜お魚センター）　㊡8:00～14:00　㊡水曜日、冬期（12月～翌2月末まで）　料金は大人300円、小学生以下100円

三方五湖レインボーライン・梅丈岳山頂公園

日本海と三方五湖の景観を左右に見ながら梅丈岳(標高395m)に向かって走る全長11.24kmの有料道路。中間点にある第一駐車場からリフトかケーブルカーで山頂公園に上がる事ができる。山頂展望台からの三方五湖と若狭湾の雄大な光景は圧巻。

若狭三方ICから車で20分　普通車1040円　㊋㈱レインボーライン　☎0770-45-2678

小浜市・若狭町へのアクセス

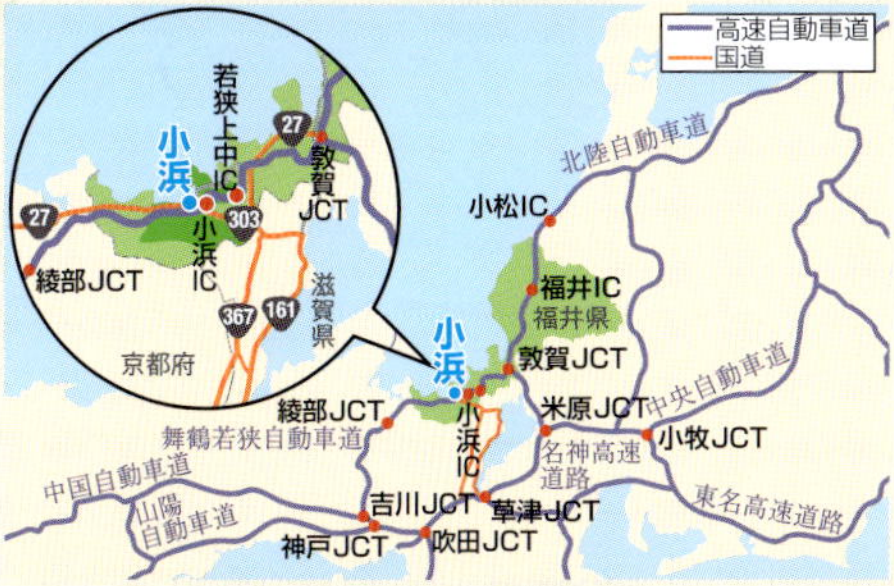

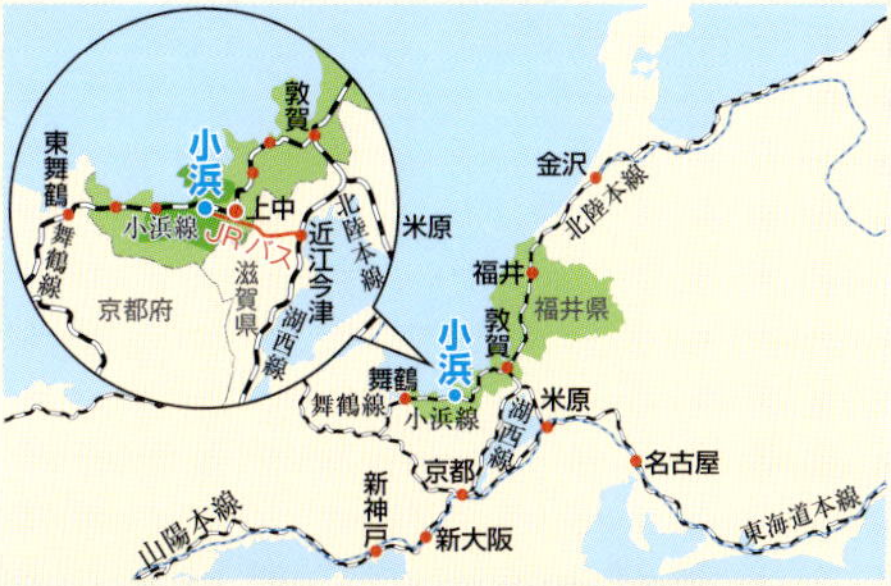

車でお越しの場合

京　都	国道161号→今津→国道303号→若狭町→国道27号→小浜市
名古屋	名神高速→米原JCT 北陸自動車道→敦賀JCT 舞鶴若狭道→若狭上中IC→若狭町または小浜IC→小浜市
金　沢	北陸自動車道→敦賀JCT 舞鶴若狭道→若狭上中IC→若狭町または小浜IC→小浜市
神　戸	神戸JCT 中国自動車道→吉川JCT 舞鶴若狭道→若狭上中IC→若狭町または小浜IC→小浜市

電車でお越しの場合

JR	名古屋	名古屋駅[特急しらさぎ]→敦賀駅[小浜線]→上中駅／小浜駅
	大　阪	新大阪駅[特急サンダーバード]→敦賀駅[小浜線]→上中駅／小浜駅
	金　沢	金沢駅[特急サンダーバード]→敦賀駅[小浜線]→上中駅／小浜駅

電車＆バスでお越しの場合

京　都　京都駅→近江今津駅[西日本JRバス・若江線]→上中駅／小浜駅

バスでお越しの場合

大　阪　大阪[福井鉄道・高速バス]→小浜駅

奈良県
明日香村
橿原市
高取町

日本初の女帝・推古《すいこ》天皇から、女流歌人額田王《ぬかたのおおきみ》、持統《じとう》天皇まで

飛鳥を翔《かけ》た女帝と万葉女性歌人の謎を旅する

文／瀧音能之《たきおとよしゆき》

駒澤大学文学部歴史学科教授。著書・監修書に『図説　出雲の神々と古代日本の謎』（青春出版社）、『日本の古代史　飛鳥の謎を旅する』（宝島社）など多数。

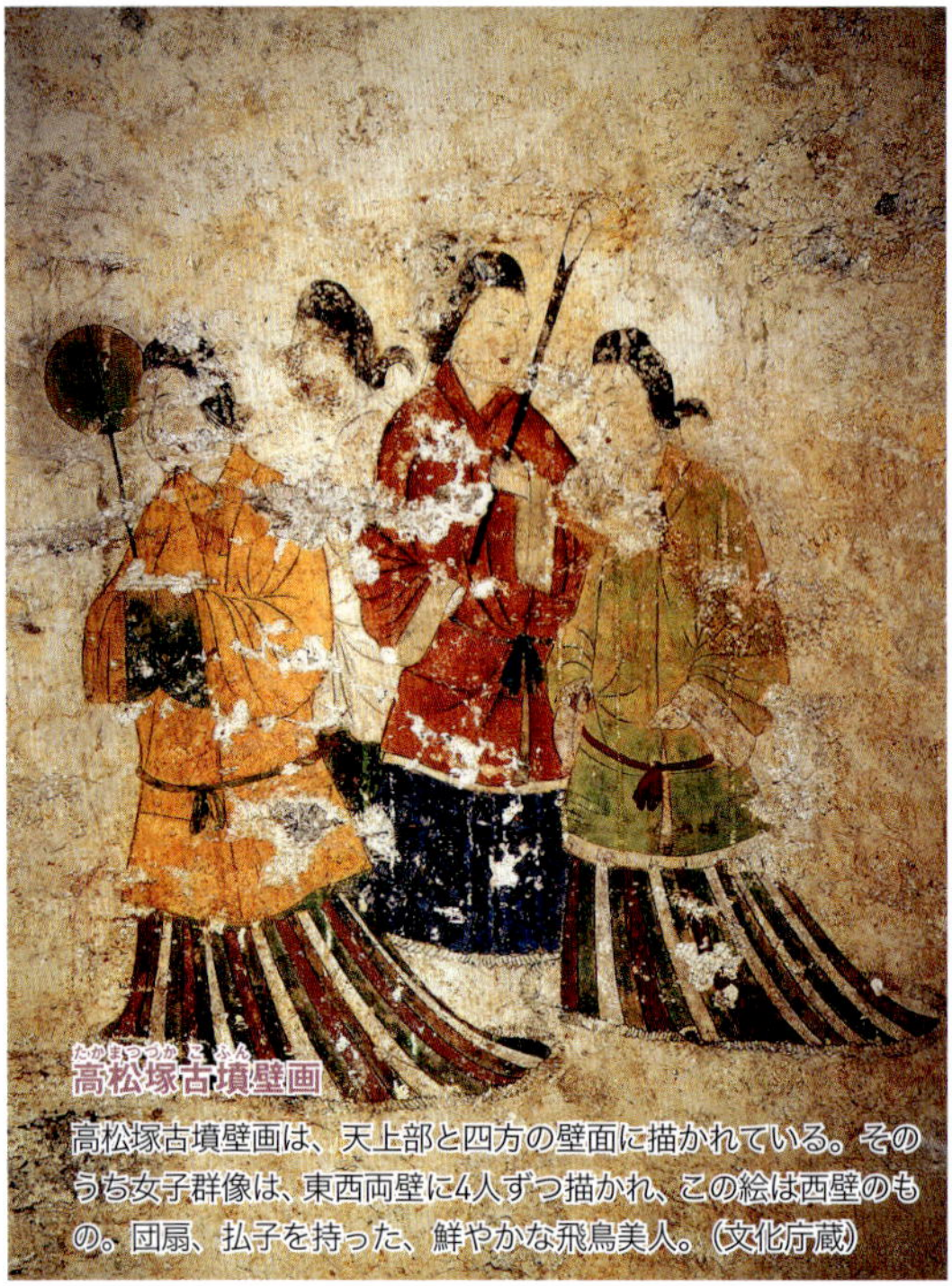

高松塚古墳壁画《たかまつづかこふんへきが》

高松塚古墳壁画は、天上部と四方の壁面に描かれている。そのうち女子群像は、東西両壁に4人ずつ描かれ、この絵は西壁のもの。団扇、払子を持った、鮮やかな飛鳥美人。（文化庁蔵）

ストーリー

日本が「国家」として歩み始めた飛鳥時代。この日本の黎明期を牽引したのは女性であった。

この時代の天皇の半数は女帝であり、彼女たちの手によって、新たな都の造営、外交、大宝律令を始めとする法制度の整備が実現された。また、文化面では、女流歌人が感性豊かな和歌を高らかに詠い上げ、宗教面では、尼僧が仏教の教えを広め、発展させるなど、政治・文化・宗教の各方面で女性が我が国の新しい〝かたち〟を産み出し、成熟させていった。日本国創成の地である飛鳥は、日本史上、女性が最も力強く活躍した場所であり、その痕跡が色濃く残る地である。

仏教の興隆に力を注ぎ遣隋使を派遣した女帝

飛鳥時代は、推古・皇極（斉明）・持統といった女帝たちが政治を行い、一方では額田王を始めとする女性たちが個性的でみずみずしい歌を詠むというように、女性が活躍した時代といえる。

その中でも初の女帝となり聖徳太子・蘇我馬子らと政治をリードした推古は、飛鳥時代に活躍した女性の先駆といってよいであろう。

592年11月、時の大王（天皇）崇峻《すしゅん》が蘇我馬子《そがのうまこ》によって暗殺された。馬子は翌月に、敏達《びだつ》の皇后であった豊御食炊屋姫《とよみけかしきやひめ》を新しい大王に立てた。初の女帝・推古である。

飛鳥豊浦宮《とゆらのみや》で即位した推古は翌年、厩戸皇子《うまやどのおうじ》（聖徳太子）を摂政として、大臣の蘇我馬子と内外の政治にあたらせた。『日本書紀』では、厩戸は皇太子についたとされる。飛鳥という地を舞台にして

飛鳥を彩る女性たちの活躍年表

- 西暦592年（推古）豊浦宮《とゆらのみや》で即位
  - ・第1回遣隋使の派遣
  - ・十七の条憲法の制定
  - 善信尼
- 629（舒明）飛鳥岡本宮に遷宮
  - ・遣唐使の派遣
  - ・百済大寺の建立
- 642（皇極）飛鳥板蓋宮《いたぶきのみや》に遷都
  - ・乙巳の変で蘇我入鹿を暗殺
  - ・大化の改新
- 645（孝徳）難波宮に遷都
  - ・改新の詔
- 656（斉明）後飛鳥岡本宮に遷都
  - ・漏刻（水時計）の設置
  - ・白村江の戦い
- 667（天智）近江大津宮に遷都
  - 額田王
  - ・庚午年籍（戸籍）の作成
  - ・皇位継承をめぐり壬申の乱が起き、大海人皇子が天武天皇として即位
- 672（天武）飛鳥浄御原宮《きよみはらのみや》に遷都
  - ・飛鳥浄御原令の制定
- （持統）
  - ・歴史書編纂開始
- 694（文武）藤原京に遷都
  - ・大宝律令の制定
  - ・遣唐使の再開
- 710（元明）平城京《へいじょうきょう》に遷都

日本初の女帝・推古天皇が、行った国づくりを追う

政治が大きく動いた瞬間である。これ以後、冠位十二階、十七条の憲法、『天皇記』や『国記』などの国史の編纂《へんさん》といった新しい政策が次々に打ち出されていく。

しかし、こうした政策は従来、聖徳太子と称されたスーパーヒーローによってなされたと信じられていた。また、そうした聖徳太子の超人性を疑問視する立場から、蘇我氏の強大性を主張する見解もみられる。さらには、聖徳太子と蘇我馬子の双頭政治とも言われている。いずれにしても、そこに推古の姿はみられない。

しかし、『日本書紀』をみていくと、推古の意志がはっきりと出ている場面がいくつかある。その好例としては、晩年に馬子から天皇家の領地となっていた葛城県の下賜を望まれた時、断固として拒否していることがあげられる。馬子の申し出を拒むことは、大きな決断が必要であったであろう。

また、推古は611年と翌年に大規模な薬猟《くすりがり》を行っている。薬猟とは、鹿の若角や薬草を積む行事で、特に612年の薬猟の舞台は、高取町の波多甕井《はたみかい》神社のあたりとされており、色とりどりの服や冠を身につけた百官《ひゃっかん》のいでたちは、推古天皇の威厳を人々に見せつけたことであろう。

推古朝は、国際的にも飛躍した時代である。遣隋使の派遣であり、608年には、隋の裴世清《はいせいせい》が答礼使として飛鳥に来ている。おそらく彼は、その時、本格的な伽藍を備えた飛鳥寺とその本尊である飛鳥大仏を見たであろう。そしてそこに最新の仏教を摂取した倭国の姿をも見たのではなかろうか。

波多甕井神社《はたみかいじんじゃ》

推古天皇が百官を従えて、薬猟を行った地。薬猟では、男性が鹿を狩り、女性は薬草を摘み、端午の節句の起源ともいわれている。

植山古墳《うえやま》

推古天皇が、若くして世を去った息子・竹田皇子との合葬を願って追葬された長方形墳。母としての愛情がうかがえる。

深田池《ふかだいけ》

推古天皇が大和に造った7つの池の一つで、畝傍池の有力候補とされる。約1万5000坪の広大な池から、女帝が国土開発に力を注いだことがわかる。

横大路《よこおおじ》

推古天皇が造った難波から飛鳥の都につながる大道。この道の開通により、大陸との外交窓口であった難波から外国使節の往来が活発となった。

豊浦宮跡《とゆらのみやあと》

豊浦寺跡の下層にある推古天皇が即位したときに建てられた宮殿跡。昭和60年に発掘調査された遺構の一部が公開されている。

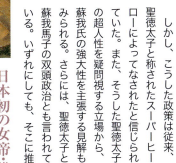

史上初の重祚《ちょうそ》をした皇極《こうぎょく》・斉明《さいめい》天皇ゆかりの地を歩く

酒船石遺跡《さかふねいしいせき》(亀形石槽《かめがたせきそう》)

斉明女帝が自ら行った天皇祭祀の遺跡。全長2.4m、幅2mの亀形で、水が鼻の穴から流れ、円形凹型の甲羅部分に水を溜め、尻尾から流れ出る仕組みであった。

飛鳥浄御原宮《あすかきよみはらのみや》の復元模型

672年から694年、天武・持統天皇の代の宮殿。天武天皇はこの地で律令制定の詔を出して、684年には「八色の姓」を定めるなど律令体制を築いた。(飛鳥資料館蔵)

雨乞い、石造物、大規模開発の謎を解く

退位した天皇が再び即位することが重祚であるが、天皇家の歴史の中でも極めて異例であり、古代に2例みられるのみである。その一つが皇極(斉明)であり、もう一つは孝謙《こうけん》(称徳《しょうとく》)である。

皇極は、中大兄皇子《なかのおおえのおうじ》や大海人皇子《おおあまのおうじ》の母であり、645年の乙巳《いっし》の変で弟の孝徳《こうとく》に譲位したが、孝徳の死後、再び即位して斉明となった。

つまり、642年から645年までは皇極、655年から661年までは斉明であったわけだが、その治世にも大きな相違がみられる。

まず、皇極の時代には天皇としての業績で特徴的なものとして、即位した年の雨乞いがあげられる。

この年は3月、4月と長雨が続いたが、6月になると一転して旱《ひでり》となり、7月も雨が降らなかった。そこで蘇我蝦夷《そがのえみし》が雨乞いをしたところ、わずかばかりの降雨があったものの、結局、失敗に終わった。

ついで8月に皇極が南淵の川上に出向き雨乞いを行ったところ、雷鳴が轟き大雨となって、5日間も降り続き国中を潤《うるお》したというのである。

南淵については、飛鳥川の上流に鎮座する飛鳥川上坐宇須多伎比《あすかかわかみにますうすたきひ》売命《めのみこと》神社のあたりとも、さらに上流の女淵《めぶち》ともいわれる。

双方とも清らかな水が今も勢い

伝飛鳥板蓋宮跡《でんあすかいたぶきのみやあと》

皇極天皇の宮殿跡。その後、斉明・持統天皇もこの地に宮殿を建てた。板葺屋根を使用した宮殿。また、蘇我入鹿が暗殺された乙巳の変の舞台となった場所。

雨乞《あまご》い

南無天踊《なもでおど》り

雨乞いの神事。皇極天皇が雨乞いを行い、それを神事として現在まで受け継がれている。宇須多伎比売命神社にあった南無天踊りの絵馬も残されている。

宇須多伎比売命神社《うすたきひめのみことじんじゃ》

飛鳥川の上流域にある神社。宇須多伎比売命と応神天皇・神功皇后を祀る。皇極天皇が雨乞いをしたと伝えられる地に建ち、南無天踊りを今に伝える。

女淵《めふち》

飛鳥川の源流域にある女神が住んでいるとされる場所。皇極天皇が、雨乞いをしたところと伝えられている。

大開発

狂心渠《たぶれこころのみぞ》

斉明天皇が宮の東山に石垣を築くために、石材を運んだ運河。女帝が、民の声に反してまで大土木工事を行った。

水落遺跡《みずおちいせき》

斉明天皇の時に日本で初めて造った漏刻と呼ばれる水時計。時間を管理することで、斉明天皇は人々を支配して、政治体制を強固にした。

よく流れ、雨乞いの場としてふさわしいロケーションであるが、特に女淵はうっそうとした木々に囲まれ、水が小さな滝となって噴き出していて幻想的な風情を醸し出している。

皇極朝には、天変地異や常世神《とこよのかみ》などの不思議な事件が多い。そして、事件の極め付けとしては蘇我入鹿が暗殺された乙巳の変があげられる。

皇極は乙巳の変で譲位した後、孝徳朝を経て斉明として重祚するのであるが、天皇になった年から積極的に大土木工事を行い始めている。

香具山《かぐやま》西から石上山まで水路を掘らせ、船200隻に石を積んで運搬させたといわれ、人々はこれを「狂心渠《たぶれこころのみぞ》」と非難した。

飛鳥には斉明朝に造られたとされる石造物が多く見られる。

最大長11メートルにも及ぶ岩の塊の益田岩船をはじめとして酒船《さかふね》石《いし》・亀石・猿石・鬼の雪隠《せっちん》・鬼の俎《まないた》・二面石、そして酒船石遺跡の亀形石造物など枚挙にいとまがない。

斉明は百済救援のため出兵し、自ら出むいた九州で没するのであるが、陵墓とされるのが八角形の墳形を持つ牽牛子塚《けんごしづか》古墳である。斉明とその娘の間人皇女の墓とされ、巨大な凝灰岩の石槨《せっかく》がいかにも斉明らしい。

牽牛子塚古墳《けんごしつかこふん》

斉明天皇の御陵。敷石が墳丘の裾を八角形に囲む。直径は約30メートル。合計550トンの石を用いている。横穴式石槨の内部は、墓室が２つに分けられている。

巨石群

岩船《いわふね》

横口式石槨の未完成品とか、占星台ともいわれる謎の巨大な石造物。牽牛子塚古墳の石槨と類似していることから、斉明天皇に関連したものと考えられる。

光永寺人頭石《こうえいじじんとうせき》

斉明天皇がおもてなしの場を盛り上げるために造ったオブジェ。高取土佐街道の光永寺にある飛鳥時代の石造物。（光永寺蔵）

高取城跡猿石《たかとりじょうあとさるいし》

高取城跡にある飛鳥時代の石造物。斉明女帝が、古代の行事を盛り上げるために造ったと考えられている。

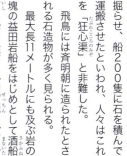

日本最初の僧侶・善信尼《ぜんしんに》による仏教への旅

日本で最初の出家僧は女性尼僧であった

仏教の公伝年については538年と552年があるが、これよりも早く522年に渡来人の司馬達《しばたつ》等《と》が個人的に仏像を礼拝していたとされる。達等は仏教信仰に厚く、止利仏師は孫にあたる。

この達等の娘が島《しま》であり、584年に高句麗から渡来した恵便《えべん》について得度して善信尼となった。日本で最初の尼僧であり、この時、善信尼の弟子2人も得度して禅蔵《ぜんぞう》尼《に》、恵善尼《えぜんに》となった。

善信尼らは、崇仏派の蘇我馬子の保護を受けたが、翌年、馬子自身が病気になり、さらに国中に疫病が発生した。廃仏派の物部守屋《もののべのもりや》らは敏達大王に疫病の原因は仏教にあるとして禁止を求め許された。守屋たちは馬子の寺に乱入し火を放ち、焼け残った仏像を難波の堀江に棄てた。さらに、善信尼たちの法衣をはぎ海石榴市《つばいち》で鞭打った。

しかし、敏達と守屋まで疱瘡《ほうそう》にかかったため、善信尼らは馬子に返された。善信尼らは588年に百済に渡り、仏教を学び2年後に帰り桜井寺（わが国最初の尼寺である豊浦寺）に住した。この年には、11人の尼僧が出家し、加えて司馬達等の子の多須奈も出家し（徳斉法師）、仏教の興隆の道ができた。

飛鳥大仏

飛鳥寺の本尊である釈迦如来像。推古天皇が司馬達等の孫である鞍作止利仏師に造らせ、609年に完成した。高さ4.85メートルの金銅仏。（安居院蔵）

飛鳥寺跡《あすかでらあと》

日本で初めての本格的な古代寺院。善信尼が興隆に努力した仏教を、古代寺院として開花させた。蘇我氏の氏寺である。用明天皇2年（587年）に蘇我馬子が建立を発願した。

向原寺《こうげんじ》

豊浦寺があった場所にある浄土真宗の寺院。百済から伝来された仏像が蘇我稲目によりこの寺に安置された。写真右の仏像は、頭部が飛鳥時代の古仏で金銅観音菩薩立像。像高21.4センチ。（向原寺蔵）

都塚古墳内部の石棺

石棺の長さは、2.36メートル、幅1.58メートル、高さ0.64メートル。横穴式石室で花崗岩の自然石を用いている。

都塚古墳《みやこづか》

石を階段状に積み上げたピラミッド状の古墳。東西41メートル、南北42メートルの巨大な方墳。被葬者は蘇我稲目ではないかと推測されている。

女流歌人・額田王が作り上げた和歌の世界を歩く

香具山は　畝傍ををしと　耳成と　相争《あひあらそ》ひき　神代より　かくにあるらし　古《いにしへ》も　しかにあれこそ　うつせみも　妻を　争ふらしき（中大兄皇子）

大和三山の妻争いの伝説を歌ったもの。額田王をめぐる、弟大海人皇子との妻争いが連想される。

大和三山

奈良盆地の飛鳥周辺にある3体の山。天香具山（152メートル）、耳成山（140メートル）、畝傍山（199メートル）。万葉集では大和三山がよく詠まれている。

明日香川　明日も渡らむ　石橋の　遠き心は　思ほえぬかも（作者不詳）

明日香川を明日も渡って逢いに行きます。石橋のように飛び飛びではなく、ずっと貴方を思っています。私の心は、

飛鳥川飛び石

万葉歌の中で二十数首詠まれている場所。石を渡して橋として使用していた。明日香を象徴する原風景となっている。

茜さす　紫野ゆき　標野ゆき　野守は見ずや　君が袖ふる（額田王）

天皇のために作られて入ることができない紫野で、妻である私に袖を振る（求愛する）のを、野守が見とがめることでしょう。

万葉の女性歌人の中でひときわ輝く存在

『万葉集』を代表する女流歌人である額田王であるが、その生涯はほとんど謎につつまれている。つまり、『万葉集』に収められた3首の長歌と9首の短歌が額田王を知る手がかりということになる。

額田王は、鏡王《かがみのおおきみ》を父として生まれ、のち大海人皇子と結ばれて十《とお》市皇女《ちのおうじょ》を産んだ。十市皇女は、大友皇子の妻となった人物である。額田王は、その後大海人皇子の兄である天智の後宮に入り、壬申《じんしん》の乱後は再び天武のもとに戻ったとされる。〝情熱の歌人〟といわれるゆえんであるが、そうしたことを背景に詠まれたのが「蒲生野の恋歌」である。

「茜さす　紫野行き　標野行き　野守は見ずや　君が袖振る」

という額田王の歌に、「紫のにほへる妹を　憎くあらば　人妻ゆゑに　われ恋ひめやも」と応じた大海人皇子の歌は、天智・大海人・額田王の三角関係をあらわしており壬申の乱の原因になったとする説があるが、宴席などでの歌であろうといわれている。また、「熟田津に　船乗りせむと　月待てば　潮もかなひぬ　今は漕ぎ出でな」も額田王の代表作である。

藤原京《ふじわらきょう》の再現模型　藤原京は平城京をしのぐ巨大な宮都だったことが判明した。藤原宮は大和三山の中央に位置している。（橿原市教育委員会蔵）

天武・持統天皇陵

天武天皇と持統天皇の合葬陵。壬申の乱を乗り越えて、国作りに励んだ夫婦の強い絆が感じられる。御陵名は、檜隈大内陵《ひのくまのおおうちのみささぎ》。

本薬師寺跡《もとやくしじあと》

天武天皇と持統天皇の夫婦合作の寺院の跡。皇后（持統天皇）の病気平癒を願って天武天皇が創建。平城京遷都と共に奈良薬師寺に法燈が移された。

藤原宮跡《ふじわらきゅうせき》

天武天皇と持統天皇が合作した藤原京の中心をなす宮殿跡。持統天皇が、天武天皇の遺志を受け継いで完成させた。東西南北に条坊制を取り入れた最初の宮都。

政治家であり万葉歌人　持統天皇の功績を辿る

701年の朝賀《ちょうが》で日本国の成立を宣言

持統天皇がどのような女性であったのかについて、『日本書紀』には、沈着な性格で広い度量をもっていたとある。また、礼を好み節度があり、母としての徳をもっていたとも記されている。

また、持統といえば、

「春すぎて　夏来にけらし　白妙の
衣乾すてふ　天の香具山」

という歌も有名である。夏の到来を実感させるこの歌は、『万葉集』の巻一に収められているだけでなく、『百人一首』にも入っている。

持統は645年に天智の次女として生まれた。母は蘇我遠智娘《そがのおちのいらつめ》であり、母方の祖父は蘇我倉山田石《そがのくらのやまだのいし》川麻呂《かわのまろ》である。持統の生まれた645年はいうまでもなく大化改新のスタートとなった乙巳の変が起きた年である。その後の波乱万丈の生涯を暗示しているようにも思われる。

657年、持統は大海人皇子の

妃となり、5年後、草壁皇子《くさかべのおうじ》を産んだ。この時期が持統にとって平穏な時期であった。

しかし、平和は天智の重病によって終止符が打たれる。このとき大海人皇子は皇太弟であり、次期天皇は大海人皇子ということになっていた。しかし天智には、息子の大友皇子がおり、誰が次期天皇になるかは微妙であった。大海人皇子はこのムードを素早く読み取り、出家することを天智に願い吉野へ籠ってしまう。この時、大海人皇子に従った妃は、持統のみであったとされる。そして、天智の没した後に起きた壬申の乱では、大海人皇子と行動を共にし、乱に勝利し大海人皇子が天武天皇となると、自らは皇后として天武を支えることになる。

天武の死後は、皇太子の草壁皇子の即位をめざし称制をとるが、草壁が病没すると自ら即位して、孫の擁立を目指した。持統朝の政策は、薬師寺の建立、飛鳥浄御原令の実施、藤原京遷都など天武朝の継承であり、その集大成として、太上《だいじょう》天皇となっていた持統が701年の朝賀で「文物の儀、是に備われり」と宣言し、「日本国」が誕生したのである。

このように、日本が創られた時代、女帝たちの活躍があった。推古、斉明、持統女帝。この国づくりには、女帝たちの中に脈々と流れる熱い思いが継承されていたのである。そして、それは宗教や文化の面でも大きく花開くことになったのである。

吉野行幸再現祭《よしのぎょうこう》

持統天皇は、吉野に30回ほど行幸したといわれる。写真は当時を再現したイベント。従者を先頭に行列が組まれた。

飛鳥風景

重要文化的景観に選ばれた稲渕の棚田。秋になると棚田の畦に植えられた彼岸花が咲き誇る名所としても知られている。

嶋宮跡《しまのみやあと》

壬申の乱の際に、ここで天武天皇と持統が過ごしたといわれる場所。子どもの草壁皇子に引き継がれた。

天香具山《あまのかぐやま》

大和三山のひとつで、他の二山が単独峰であるのに対し、この山は多武峰から続く山裾の部分にあたる。古代から「天」という尊称が付くほど神聖視された。

春すぎて　夏来《き》にけらし　白妙《しろたへ》の
衣《ころも》ほすてふ　天《あま》の香具山《かぐやま》

春が終り、夏がやって来たらしい。純白の布で作ってある衣を乾かしている、天の香具山よ。『万葉集』の巻一、藤原京の冒頭に出てくる歌。

北山に
たなびく雲の　青雲の
星離《さか》り行き　月も離《さか》りて

北山にたなびく雲、その青雲が、星を離れてゆき、月からも離れて行って…。

日本遺産もっと楽しむ ＋《プラス》1

女子旅に大人気！2人乗り超小型モビリティ「MICHIMO」で走る古都・飛鳥

持統天皇をめぐるドライブコース

飛鳥駅 MICHIMO ステーション

キトラ古墳

天文図や四神の壁画が発見され、注目されている古墳。埋葬された人物は、天武天皇にゆかりある人との説もある。

町屋カフェ のこのこ

江戸時代の趣きを残す高取町土佐街道に面した戦前の米蔵を改造したカフェ。広々とした空間で、地元の女性スタッフ手づくりのランチやスイーツが楽しめる。

㊟奈良県高市郡高取町上土佐57
☎0744-52-4771 ㊂平日9:00～16:00（LO15:30)、土日祝8:00～17:00（LO16:30) ㊡木曜日（祝日の場合は営業）

MICHIMOって何?

超小型モビリティとは?

超小型モビリティとは
自動車よりコンパクトで小回りがきく
1～2名定員の乗り物。
エネルギー消費量が少なく
自動車の1/6、電気自動車の1/2程度と
環境性能にも優れています。

MICHIMO

車種 NISSAN New Mobility Concept
定員2名 全長2340mm×全幅1230mm×全高1450mm 車重500kg
最高速度 約80km/h 航続可能距離 約100km

超小型モビリティのメリット

コンパクトな車体だから車の運転が苦手という方も気軽に運転できます

環境に優しく静かです。環境に負荷をかけないエコな旅を創出します

狭い路地の走行や狭小な駐車スペースでの駐車が可能!

●MICHIMOレンタル料金／
3時間3,000円、5時間4,750円、1日8,000円（全て税別）

日本国創成のとき
—飛鳥を翔た女性たち—

ひだまりcafé あすか

『ペンション飛鳥』の一階にあるカフェ。ピッツアや黒米カレーのほか、数量限定で地元野菜たっぷりのひだまりcaféランチが人気。

㊟奈良県高市郡明日香村越17
☎0744-54-3017 ㊏11:00～17:00 ㊡水曜日・月1回火曜日

高取城跡

日本三大山城の一つ、高取城跡にある猿石（左）は、斉明天皇が、古代のおもてなしの場の盛り上げ役として造ったオブジェ。

香具山

大和三山と呼ばれる香具山・畝傍山・耳成山のうちの1つ。万葉集では「天香具山」と詠われて、三山の中で最も神聖視されている。

高松塚古墳·高松塚壁画館

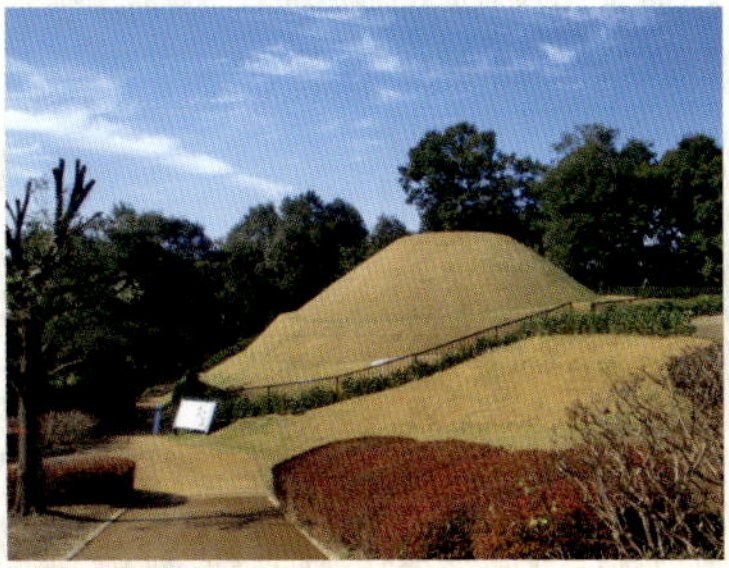

高松塚壁画館には、壁画の模写や石槨の原寸模型、太刀飾金具、木棺金具、海獣葡萄鏡などのレプリカを展示している。

奈良県高市郡明日香村平田439
☎0744-54-3340 ㊏9：00～17：00（入館は16時30分まで）㊡12月29日～翌年1月3日 ㊕大人250円

飛鳥へのアクセス

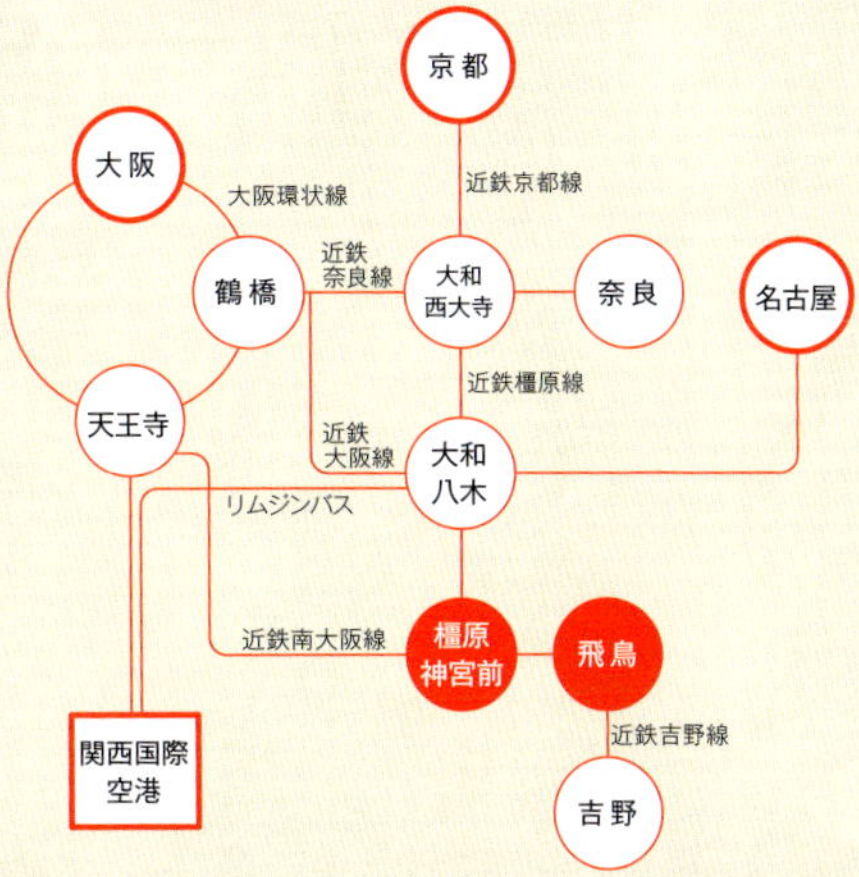

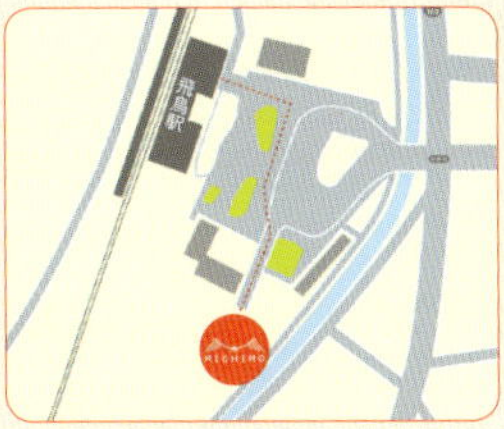

飛鳥駅
MICHIMOステーション
奈良県高市郡明日香村越13-1
☎0744-54-2099
営業時間／9:00～18:00
（季節により変動します）
http://michimo.jp

橿原神宮前駅
MICHIMOステーション
奈良県橿原市久米町618
☎070-5262-7472
営業時間／9:00～18:00
（季節により変動します）
http://michimo.mobi

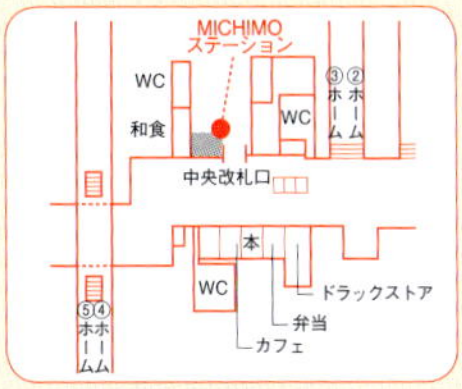

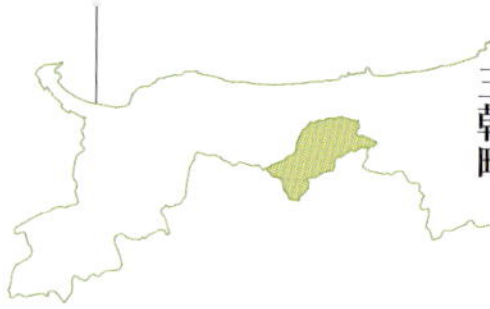

鳥取県
三朝町

六根清浄と六感治癒の地
〜日本一危ない国宝鑑賞と世界屈指のラドン泉〜

三佛寺投入堂と三朝温泉を巡る、心身ともに癒される旅

アグレッシブな登頂と効果抜群の温泉

ストーリー

三徳山は、山岳修験の場としての急峻な地形と神仏習合の特異の意匠・構造を持つ建築とが織りなす独特の景観を有しており、その人を寄せ付けない厳かさは1000年にわたって畏怖の念を持って守られ続けている。

参拝の前に心身を清める場所として三徳山参詣の『拠点を担った三朝温泉』は、三徳山参詣の折に白狼により示されたとの伝説が残り、温泉発見から900年を経て、なお、三徳山信仰と深くつながっている。

今日、三徳山参詣は、断崖絶壁での参拝により「六根（目、耳、鼻、舌、身、意）」を清め、湯治により「六感（観、聴、香、味、触、心）」を癒すという、ユニークな世界を具現化している。

遥拝所から仰ぎ見る投入堂こと三佛寺奥院。登山路からはその姿が見えない。

修験道の聖地・三徳山の始まりと歴史

「六根清浄」

眼 名勝・史跡にも指定される大自然や、先人の遺した三佛寺奥院「投入堂」を拝観。

耳 木々のざわめきや小鳥のさえずり、その中で祈りの鐘の響きがこだまする。

鼻 三徳山三佛寺本堂の線香や石楠花《しゃくなげ》など草木花の芳香に包まれる。

舌 祈りを口にし、山内で供される精進料理や三徳豆腐などの自然の恵みをいただく。

身 難所「クサリ坂」や自然の岩や木の根をつかんでよじ登り全身を使い行場を進む。

意 投入堂参拝登山をはじめ、様々な行や禅を行い集中することで心を落ち着かせる。

1300年以上の歴史を誇る三徳山の始まりとは

まるで人間が近づくことを拒むような、道すらない急峻な断崖の洞窟に懸造《かけづくり》のお堂が建つ。樹林の海を眼下に望む三徳山三佛寺《みとくさんさんぶつじ》奥院「投入堂《なげいれどう》」は、平安時代後期に建てられた。その「完全非対称」の建物は、当時どのような技術で建てられたのか、未だ謎に包まれた国宝としても知られている。

鳥取県東伯郡《とうはくぐん》三朝町《みささちょう》東部に位置する霊山、三徳山の開山は慶雲《けいうん》3年（706）。修験道《しゅげんどう》の開祖とされ、超人的な力をもつ役小角《えんのおづぬ》が開いたとされる。伝承によると、役小角が蓮の花びらを3枚投げたところ、その1枚が石鎚山《いしづちさん》（愛媛県）、1枚が吉野山（奈良県）、そしてもう1枚がここ、三徳山へ舞い降りた。これらの山を修験道の行場として開いた役小角は、投入

取材・文／本吉恭子　撮影／中野晴生　地図製作／ジェオ　イラスト／中村純司

鸚鵡文銅鏡《おうむもんどうきょう》［三佛寺蔵］

長徳3年（997）に「女弟子平山」として出家した円融天皇の皇后、藤原遵子が、同年奉納したという一文が刻まれている鏡。花をくわえた２羽の鸚鵡が描かれる。三佛寺に伝わる重要文化財。

宝物殿

投入堂に安置されていた木造蔵王権現立像7体をはじめ、多くの寺宝を収蔵。入場料は入山志納金に含まれる。

木造蔵王権現立像《もくぞうざおうごんげんりゅうぞう》［三佛寺蔵］

投入堂正本尊。牙をむいた怒りの形相で修行の邪魔をする悪魔を押さえ、修験者を導く。投入堂に安置されていた。仁安３年（1168）、康慶《こうけい》によって制作されたという説が有力。重要文化財。

三徳山火渡り神事

恒例行事「炎の祭典」（10月最終日曜）で行われる古来の修験道の行事。参拝者が燃え盛る火の上を素足で歩き、身体健康、病気平癒、大願成就を祈る。

左／元治元年（1864）建立の鳥居が、神仏習合の歴史を物語る。
右／三佛寺本堂まで着くと、ひんやりと澄んだ山の空気に包まれる。

堂をその名の通り法力によって投げ入れ、完成させたという。

その後、嘉祥《かしょう》2年（849）、比叡山延暦寺《ひえいざんえんりゃくじ》で最澄《さいちょう》の教えを受けた慈覚大師円仁《じかくだいしえんにん》によって、釈迦如来《しゃかにょらい》、阿弥陀如来《あみだにょらい》、大日如来《だいにちにょらい》の三尊が安置されたことから、天台宗三徳山三佛寺という現在の寺号が与えられたと伝わる。

神と仏が宿る山で、六根が清浄になる

そもそも修験道とは、神道と仏教が融合したもので、山を神仏そのものとして敬う山岳信仰だ。修験者（山伏《やまぶし》）は神聖な山で過酷な修行を積むことで、神と仏の境地

三佛寺住職
米田良中さん

天台宗修験道三徳山法流の寺院三佛寺では座禅、写経、写仏、滝行などの一般の修行体験・研修も行う。鳥取県東伯郡三朝町三徳1010
☎0858-43-2666

山岳信仰最古の懸造・三仏寺投入堂に登る

に近づき、悟りを開くことをめざす。三徳山三佛寺の米田良中住職は、その信仰の要である六根清浄《ろっこんしょうじょう》についてこう語る。

「修験道の霊山である三徳山は、古来、六根清浄のお山として信仰されてきました。六根とは、般若心経にある『眼耳鼻舌身意』、つまり五感と心です。私たち人間は、ときに間違いを犯すことがあり、悪い心をもつこともあります。見なければならないものを見過ごし、悪い話を耳に入れてしまうこともあるでしょう。そうしたすべての罪穢《けが》れが、三徳山に入ることで清浄になります」。

三徳山は、古くは美徳山と表記された。美徳とは、「美しい心（放身の徳）」「にごりのない心（般若《はんにゃ》の徳）」「はたらきのある心（解脱《げだつ》の徳）」を修行によって体得することだという。

一歩登れば仏様、一歩登れば神様。その力をいただくことで六根が清められ、蘇生《そせい》、つまり生まれ変わることができるとされる。そんな三徳山の信仰は、すでに平安時代には都まで聞こえていた、と米田住職は続ける。

感動的な起承転結がつくられた山

「三徳山は899mの低い山ですが、平安時代にはご利益のあるお山として都まで知られ、正本尊の蔵王権現立像《ざおうごんげんりゅうぞう》をはじめとする多くの仏像が奉納されました。997年、円融《えんゆう》天皇の皇后で出家された藤原遵子《じゅんし》（女弟子平山）によって奉納された重要文化財の鸚鵡文銅《おうむもんどう》鏡《きょう》が三佛寺に伝わっていることからも、都の人々からの信仰を集めていたことがわかります」。

役行者が修行中に感じ悟った神の姿が蔵王権現、正式には金剛蔵王権現だ。投入堂にはもともと年代の異なる7体もの蔵王権現像が安置され、正本尊とされる木造蔵王権現立像は、仁安《にんあん》3年（1168）、運慶《うんけい》・快慶《かいけい》の師匠に当たる康慶《こうけい》によって制作されたとされる。

文殊堂の周辺から見られる風景は絶景! 日本海まで見える。

投入堂までの道のり

断崖絶壁や大岩窟が入り乱れ、四季ごとの美しい景観が移ろう三徳山の山中。国宝・投入堂までは、片道1時間ほどながら、木の根や岩をよじ登るなど険しい。

地蔵堂

室町時代の建造とされる崖の上のお堂。本尊は子守延命地蔵菩薩。

鐘楼堂

納経堂

鎌倉時代の建立と推定。中には修行僧の写経が納められていた。

カズラ坂

樹の根に手足をかけながらよじ登る最初の難所。登ると文殊堂が見える。

文殊堂

眼下に樹林の海が広がる絶景の堂。様式から室町時代の建立と推定。

馬の背・牛の背

両側が切り立った岩場の尾根道。滑りやすく、最後の難所とされる。

役行者石仏

谷川天狗堂

三徳山三佛寺の門前にある食事処。ご主人自ら山奥で集めたとちの実や山菜を使う山菜定食(2000円)が名物。三徳豆腐も自家製。鳥取県東伯郡三朝町三徳998 ☎0858-43-2663 営9〜17時 不定休 (冬期は要予約)

クサリ坂

急な岩場のため鎖が付いた坂。前傾姿勢になりすぎず立って登るのがポイント。

野際稲荷舎

宿入橋

「日本一危ない国宝鑑賞」といわれるほど、三徳山の道のりは険しい。山に入る者は全員、参詣受付案内所で渡される輪袈裟《わげさ》を修行者の証として肩からかけて入山することが決められている。雨天荒天、積雪時は参拝登山禁止となる。

登山道入口にあたる谷底の小さな宿入橋を渡ると、すぐに樹の根や岩をよじ登る急峻な山道に入る。重要文化財の建造物が点在する山中を進み、クサリ坂を越え、尾根道を進み、観音堂の裏側の暗がりを抜けると、突如として目の前に投入堂が姿を現す。最後に待ち受けるその絶景は、ドラマチックだ。米田住職はこう続ける。

「たった900mの登山道ですが、三徳山には全山に起承転結のストーリーがあり、すべての人が感動するようにつくられているのです。山道の途中では投入堂がまったく見えず、最後の最後、観音堂の胎内くぐりの暗闇を抜けると、いきなり目前に投入堂が姿を見せます。平安時代から多くの人々がこのドラマに感動したことでしょう」。

三徳山への道が続く平安時代からの名湯

三徳山の麓に湧く三朝温泉が発見されたのは、平安時代。その始まりには、霊験あらたかな伝説がある。長寛《ちょうかん》2年（1164）、源義《よし》朝《とも》の家来である大久保左馬之祐《さまのすけ》が源氏再興の祈願のため、山陰有数の霊場三徳山に向かった。その道中、樹の根元で年老いた白い狼を見かけ、討ち取ろうとしたが、「参詣の道中での殺生はいけない」と思いとどまり、そのまま逃がしてやった。するとその夜、左馬之祐の夢枕に妙見《みょうけん》菩薩《ぼさつ》が立ち、白い狼を助けたお礼に「かの根株の下からは湯が湧き出ている。その湯で人々の病苦を救うように」と源泉のありかを告げられたという。この湯は「株湯」と名付けられ、今も温泉街のはずれにこんこんと湧く。三朝温泉観光協会会長の新藤祐一さんは、歴史ある温泉街についてこう語る。

「いまの温泉街の姿は1000年前とはもちろん違うでしょうが、その歳月を物語る面影はあちらこちらに残っています。山のすそ野には昔の道が残り、三徳山への道程を示す古びた石柱もそのままです。三徳川の河原に降りると、昔の風情をより感じられます」。

三徳川に架かる三朝橋のたもとに湧く河原風呂は、昔ながらの野趣あふれる湯だ。いつでも誰でも、無料で入れる共同湯で、石造りの湯船から望む風景は、冬、雪が積もるとさらに素晴らしいと新藤さんは続ける。

「このあたりでは、ひと晩に30～50センチの雪が積もることが年に数回あります。そんなときには最高の雪見風呂を楽しめます」。

三徳山参詣道沿いの石造物

「美徳山二里」と記された道標など、ここが三徳山への参詣路だったことを物語る石造物が温泉街の周囲に点在する。

河原風呂

その名の通り三朝川の河原にある三朝温泉のシンボル。誰でもいつでも無料で入れる源泉かけ流しの温泉は、人が絶えることがない。

開湯850年、歴史ある三朝温泉で癒される

「六感治癒」

観 藤カズラの大綱を引きあう勇壮な民俗行事「三朝のジンショ」が、圧巻の光景。

聴 三朝温泉に伝わる「さいとりさし」。三徳山を舞台とした狂言風の伝統芸能の響き。

香 山や川など豊かな自然から発せられる香気と湯の香りに癒される。

味 三朝温泉の澄んだ湯を飲泉すれば、やわらかく透明感のある味が体に浸み込む。

触 歴史を刻んだ木造建築の旅館に滞在し、その伝統の温もりに触れてなごむ。

心 850年もの歳月を経て、守り伝えられる伝統とこんこんと湧き続ける湯。

株湯 三朝温泉の発祥地「株湯」。現在は無料の足湯となっているほどコンパクトだが、当時は全身浴用だった。

三朝神社［神の湯］ 大久保大明神を祀る三朝温泉の守り神的存在の神社。手水舎にはラジウム温泉が湧き、「神の湯」として親しまれている。

上／当時の株湯の前には白狼伝説にちなんだ像がある。下／新しく建て替えられた株湯。共同湯として地元の人々で賑わっている。入浴料300円。

陣所《ジンショ》の館

5月に開催される三朝温泉の「花湯祭り」の「陣所」と呼ばれる大綱引きで使用される藤かづらの大綱を実物展示。

薬師の湯 温泉街のほぼ中心にある薬師堂の隣に設けられた足湯。薬師堂には木造薬師如来坐像が祀られ「湯薬師さん」と呼ばれている。

三朝温泉観光協会
新藤祐一会長

日本遺産三徳山
三朝温泉を守る会
藤井文典会長

3日目の朝を迎える頃には「どんな病も治癒してしまう」といわれるほどの良泉だったことと、「温泉が湧き出ることも神仏の力のなすところ」という考えから、三徳山に参詣する前に三朝温泉に入り、心と体を清めるという作法が生まれたという。三朝温泉での心身の癒しは「六感治癒《ろっかんちゆ》」といわれる。六感とは観、聴、香、味、触、心。川のせせらぎや虫の音、湯の温もりなどが六感に働きかけ、治癒に導いてくれる。

「昔の人々は、三朝温泉の湯を大切に守り継いできました。このあたりでは古くから『川をつつくな(改修してはいけない)』といわれてきたのですが、それは地形が変わると湯脈が変わってしまうから。現在でも三徳川の川底は土のままで、自然に水が浸み込むようになっています」。

とは日本遺産三徳山三朝温泉を守る会会長の藤井文典さん。平安時代より続く名湯は、古来、この土地に暮らす人々の思いとともに守り伝えられてきた。

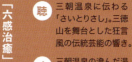

世界屈指、三朝温泉のラドン効果を徹底検証

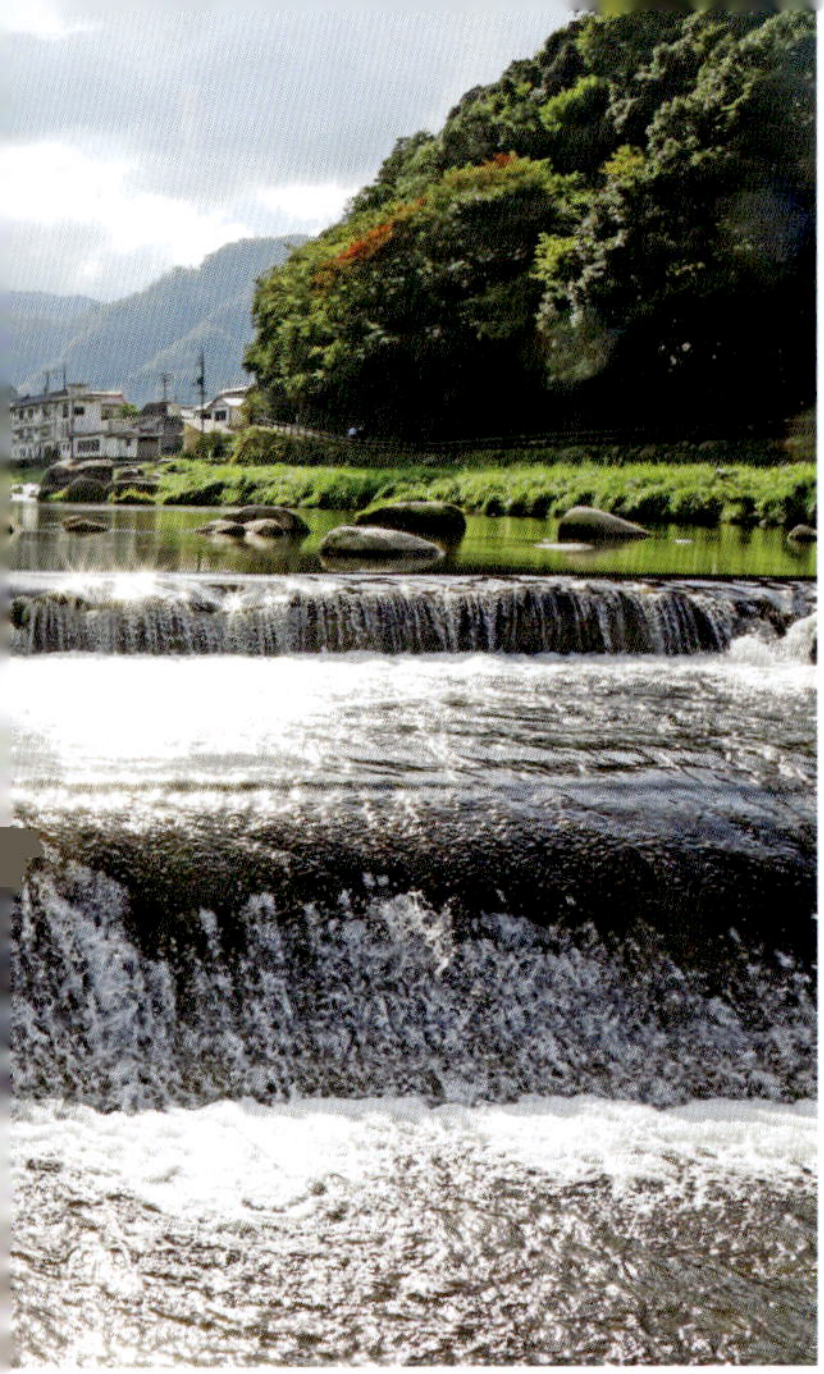

高濃度のラドンを含む世界屈指の放射能泉

古くからその効能が知られた三朝温泉の泉質は、高濃度のラドンを含む世界屈指の放射能泉だ。大正3年（1914）、高温泉でラドン含有量が世界一であることが発表されて以来、三朝には三朝温泉病院や岡山大学医学部附属病院三朝医療センター（現在は閉院）が開設され、温泉を活用した療法やリハビリが行なわれるとともに、ラドンの健康効果が学術的に検証されてきた。

三朝温泉病院の森尾泰夫院長にその効能について伺った。

「そもそもラドンとは、放射線元素のラジウムが崩壊するときに生じる気体です。世界屈指とはいえ、この放射線は自然界で生じるごく微量なレベル。もちろん人体に無害であることは確認されていて、むしろ微量な放射線が細胞を活性化させ、免疫力を高め、健康によい影響を与えることがわかってきています。このような効果を、放射線ホルミシス効果といいます。

ラドンが人体に作用するメカニズムはまだ完全には解明されていませんが、何らかの生体反応を確実に引き起こしています」。

三朝温泉病院
森尾泰夫院長

1980年鳥取大学医学部卒業。日本整形外科学会専門医、日本リウマチ学会リウマチ専門医指導医、日本整形外科学会認定スポーツ医。おもな専門領域は脊椎脊髄症、リウマチ。

ラジウムは三朝温泉の地下にあると考えられている。地下水がラジウムを含む岩石を通るときに、ラドンが溶け出して温泉として地上に出てくるという。ちなみにラドンの半減期は3．8日。体内では50％が約20分で消失するため、長期間体内に残ることはない。

三朝温泉地区の人々はがんによる死亡率が、男女ともに全国平均よりも低いという調査結果もある。これは三朝温泉地区のラドン環境が、がん抑制に効果的に作用していると考えられるという。

「自然界で発生するごく微量の放射線を、間接的に吸収することで、健康効果があると考えられます。たとえばずっと安静にしていれば我々の筋肉は衰え、骨ももろくなってしまいます。適度な負荷をかけることで骨の固さや筋肉が維持されるのと似ていて、微量な放射線が適度な刺激となり、細胞を強化すると考えられます」。

ラドンを体内に取り込む方法は3つある。ひとつは「浸かる」。

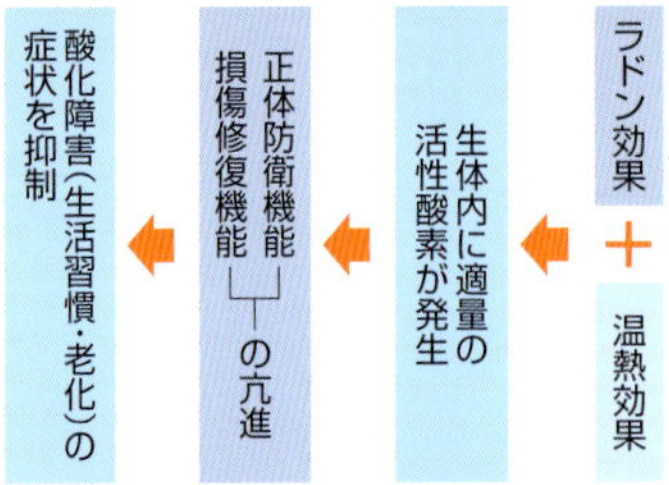

ラドン温泉効果のメカニズム解明の流れ
ラドンが皮膚や口から体内に入ると、抗酸化機能や免疫調節機能が高まり、がんなどの要因となる活性酸素の増加を抑制。温泉の温熱効果との相乗効果で、病気に対抗する力を増強するとされる。

ラドンの効果が体験できる登録文化財の宿

木屋旅館

創業明治元年。木造３階の全館が国指定有形文化財。日帰入浴は男湯と

女湯(写真)のみ。宿泊は源泉直湧き湯、ミストサウナ、オンドル等も利用可。

鳥取県東伯郡三朝町三朝895
☎ 0858-43-0521
14室　1泊2食1万3000円～　内湯男女各1、貸切り風呂3、オンドル1

旅館大橋

国登録有形文化財の宿。足元湧出の「巌窟の湯」には3つの湯船があり、

三朝唯一のトリウム泉も。料理長は「現代の名工」知久馬惣一氏。

鳥取県東伯郡三朝町三朝302-1
☎0858-43-0211
20室　1泊2食2万4000円～
大浴場2(男女入れ替え制)

ラドンは無色透明の気体。三朝温泉の空気中にも存在している。

右／放射能泉を活用した療法やリハビリが行われている病院内の温泉施設。100%源泉かけ流しの水治療室(温泉プール)で運動浴訓練が行われる。左／外には足湯もある。

温泉に浸かることで皮膚から吸収される。もうひとつは「吸う」。これは湯気となって立ち上るラドンの蒸気を吸い込むというもの。そしてもうひとつが「飲む」。ラドンが溶け込んだ温泉水を飲む方法だ。なかでもミスト状のラドンが充満した熱気浴は、体を温めて深呼吸することで肺からも皮膚からも吸収するため、効率よくラドンを取り込めるという。森尾泰夫院長は、最後にこう加えた。

「ふだんの生活環境とは違う、自然豊かな温泉地でリフレッシュし、気持ちよく過ごすことも免疫力を大きく高めます。天然の温泉に浸かり、楽しんでいただくことそのものが健康につながります」。

日本遺産 もっと楽しむ プラス1

三朝温泉街 そぞろ歩き

湯めぐりするなら

薬師の湯

温泉街のほぼ中心にある薬師堂の隣に設けられた無料の足湯。薬師堂には木造薬師如来坐像が祀られ「湯薬師さん」と呼ばれている。

神の湯（三朝神社）

三朝神社の手水舎に湧き出ているお清め水は、ラジウム温泉の湯。健康を祈願して飲めば、一段とご利益が得られると伝えられる。

株湯

三朝温泉発祥の地とされる株湯。当時の湯船が残され、今は無料の足湯となっている。

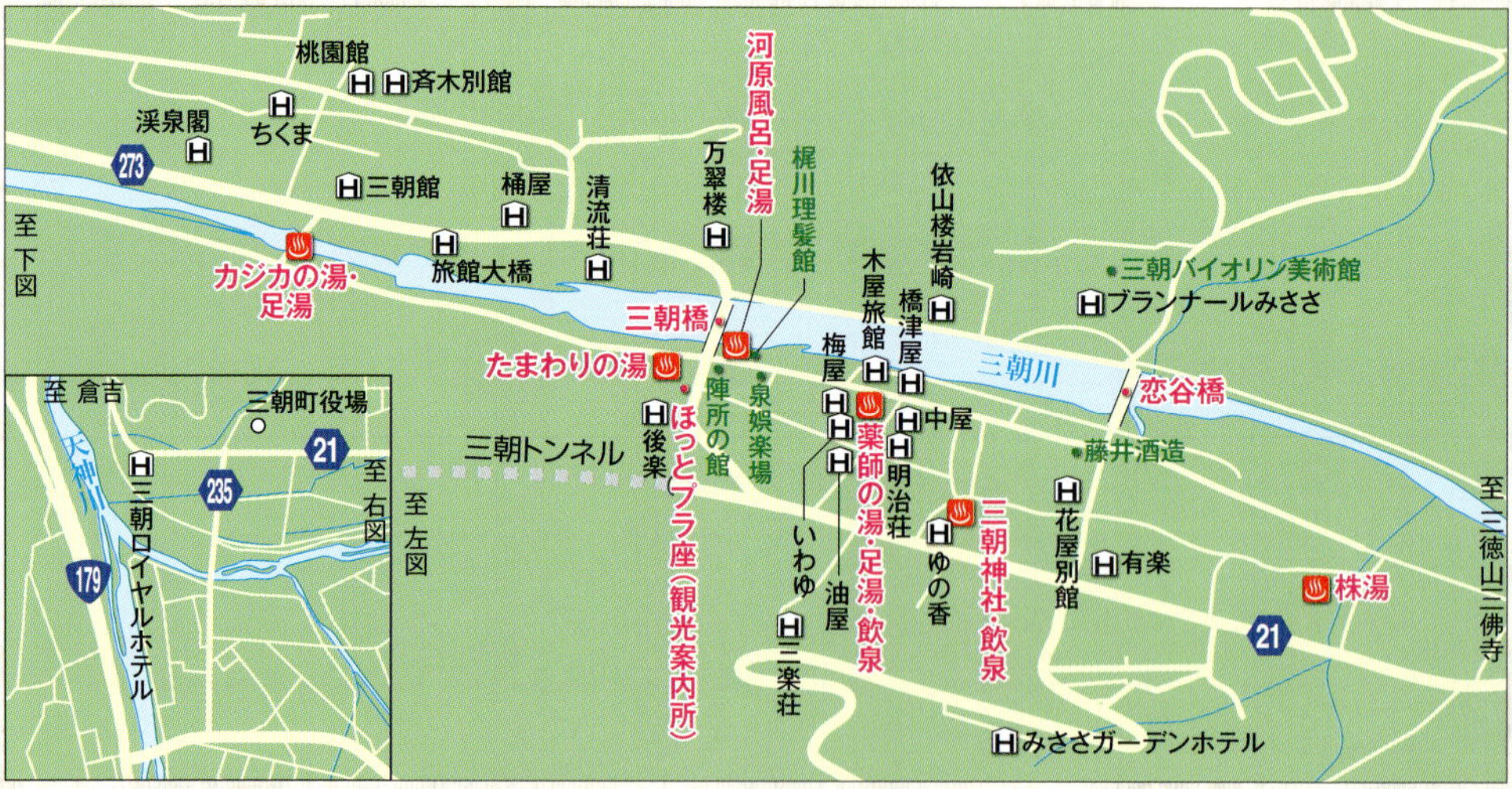

楽しい施設、お店がたくさん

藤井酒造

三朝温泉に唯一残る蔵元。家族経営でわずか100石の酒を醸す。店頭で古酒の試飲もできる。

㋲9～22時　不定休
☎0858-43-0856

泉娯楽場

三朝温泉旅館協同組合直営の娯楽場。昔懐かしい射的やスマートボール、手打ちパチンコが楽しめる。

㋲15～22時
☎0858-43-0431

梶川理髪館・理容資料館

理髪グッズのコレクターとして有名なオーナーが収集してきた品々を展示。

㋲8～19時　㊡月曜、第3火曜　☎0858-43-2126

大綱引き資料館「陣所の館」

三朝温泉で毎年5月4日夜に行われる大綱引き「陣所」の歴史や大綱を展示。

㋲10時30分～21時30分
㊡木曜　☎0858-43-3712

六根清浄と六感治癒の地
～日本一危ない国宝鑑賞と世界屈指のラドン泉～

三徳山三佛寺のご案内

㊟鳥取県東伯郡三朝町三徳1010　☎0858-43-2666
㊋三朝温泉から三徳山、または吉原行きバス乗車、三徳山バス停下車。所要時間15分。山陰本線倉吉駅から三徳山、または吉原行きバス乗車。所要時間30分。中国自動車道院庄インターから車で1時間30分。
●参詣時間　8:00～17:00
入山料　大人…400円　小中学生…200円
投入堂入山　8:00～15:00
志納金：大人…200円　小中学生…100円（平成29年4月1日より大人…400円　小中学生200円に変更）
登山は必ず2人以上でお出かけください。荒天時、または冬季積雪時には登山禁止になります。登山のできる服装でお出かけください。

三朝バイオリン美術館

弦楽器製作に関する資料を展示する美術館。1Fには弦楽器製作に関する道具や木材、書籍に加え、その製作過程を実物展示。2Fには製作した弦楽器の完成品レプリカを展示。館内には鳥取ヴァイオリン製作学校を併設しており、アトリエでの製作風景を自由に見学できる。
㊟鳥取県東伯郡三朝町三朝199-1
☎0858-43-3111　㊢10～18時
㊡火曜（祝日の場合は開館）入館料：大人¥500／小・中・高校生¥250

三朝町へのアクセス

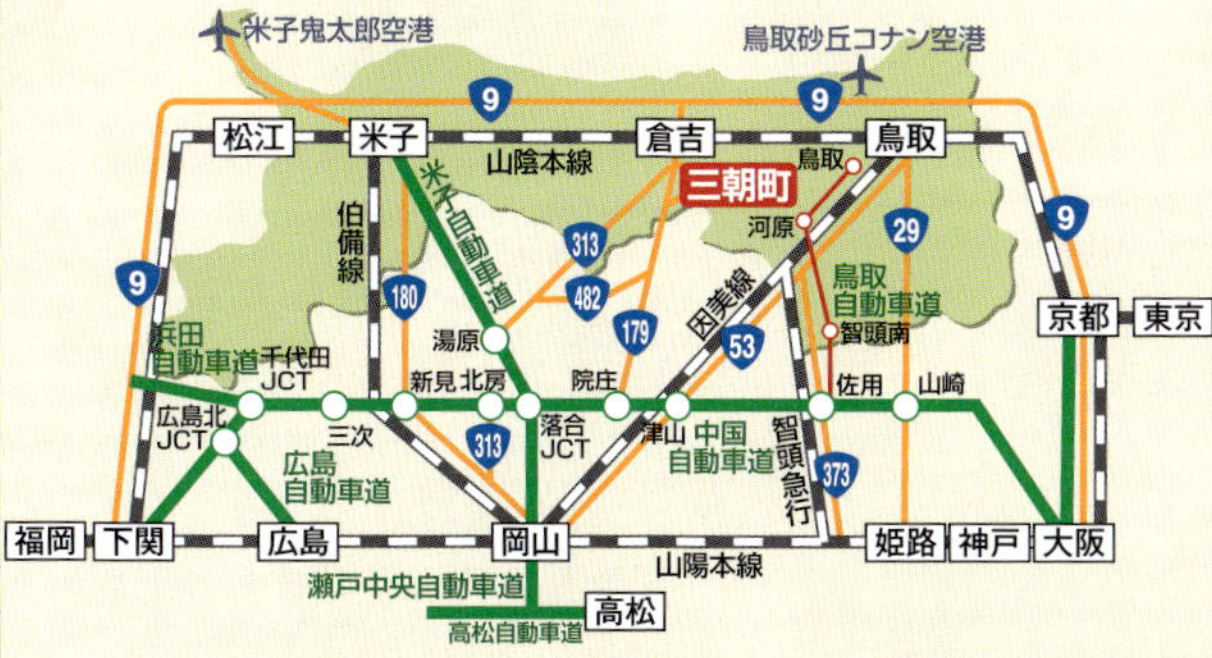

飛行機でお越しの場合

東　京	羽田空港（1時間10分）→鳥取空港→コナン空港連絡バス（1時間）→三朝温泉　約2時間10分
名古屋	名古屋空港（70分）→米子空港→JR米子→JR倉吉→三朝温泉　約2時間50分
福　岡	福岡空港［NAL］（65分）→米子空港→JR米子→JR倉吉→三朝温泉　約2時間50分

電車でお越しの場合

大　阪	JR智頭線大阪駅（スーパーはくと）→JR倉吉→三朝温泉　約3時間40分

車でお越しの場合

大　阪	大阪吹田IC［中国自動車道］→院庄IC［RC179］→三朝温泉　約3時間30分
岡　山	岡山IC［岡山自動車道］→北房JCT［中国自動車道］→落合JCT［米子自動車道］→湯原IC［R313］→三朝温泉　約1時間50分
広　島	広島IC［中国自動車道］→落合JCT［米子自動車道］→湯原IC［R313］→三朝温泉　約3時間50分

日本遺産を旅する

長崎県
壱岐市
対馬市
五島市
新上五島町

島のスペシャリスト、写真家・加藤庸二さんが感じた

壱岐、対馬、五島 最前線の島としての誇り

国境の島 壱岐・対馬・五島
～古代からの架け橋～

ストーリー

日本本土と大陸の中間に位置することから、長崎県の島は、古代よりこれらを結ぶ海上交通の要衝であり、交易・交流の拠点であった。

特に朝鮮との関わりは深く、壱岐は弥生時代、海上交易で王都を築き、対馬は中世以降、朝鮮との貿易と外交実務を独占し、中継貿易の拠点や迎賓地として栄えた。

その後、中継地の役割は希薄になったが、古代住居跡や城跡、庭園等は当時の興隆を物語り、焼酎や麺類等の特産品、民俗行事等にも交流の痕跡が窺える。

国境の島ならではの融和と衝突を繰り返しながらも、連綿と交流が続くこれらの島は、国と国、民と民の深い絆が感じられる稀有な地域である。

加藤庸二《ようじ》

写真家。島をテーマにした写真を撮り続ける一方で雑誌取材、新聞連載を発表し、ラジオのゲスト出演、島旅講師、講演会などさまざまなかたちで発信を続ける島のスペシャリスト。著書に「日本島図鑑」「島の博物事典」などがある。1995年に日本の有人島を全踏破した。

歴史ストーリーを味わう島の旅

私は学生時代から日本の島に興味をもち、島めぐりを続けるうちに社会人となり、島に関わる写真家となってしまった。足かけ40余年の歳月を島歩きにつぎ込んだ結果、日本をかたち作る430余島の有人島すべてを一巡踏破し、現在はその3巡目の半ばに至ろうとしている。

今回『日本遺産』となったことをきっかけに改めて長崎県の島を訪れてみた。歴史的特色に着目し、それに関わる有形無形の文化財を見聞するという流れに沿って訪ね歩いてみたのだ。するとどうだろう、随所にある史跡や伝説の地をてんでばらばらに歩いて見たときとは違い、今まで見えてこなかった全体を包む〝ストーリー〟が歴然と浮かび上がってきた。

大陸や朝鮮半島と海上交易でつながりをもち、弥生時代の一支国《いきこく》の王都であった原《はる》の辻《つじ》。豊臣秀吉の朝鮮出兵で国交断絶した朝鮮との関係修復を粘り強く行い、偽国書まで作り国交復活に漕ぎつけた対馬藩主宗《そう》氏。その菩提寺である万松院《ばんしょういん》は今も対馬の人々の心のよりどころだ。古代から隣国との最前線にある壱岐、対馬、五島。その国と国とをつなぐ誇りに満ちた橋渡しをしてきた壮大な歴史ストーリーというものがこの島々にはあるのだ。

白村江の戦いに敗れた大和朝廷が大陸からの侵攻に備えて築いた古代山城、金田城跡(対馬)がある山頂より島々を望む。

壱岐

弥生時代の原風景が今も残る風景の中
古代米の体験儀式で子供たちの笑顔に出会う

原《はる》の辻《つじ》遺跡

弥生時代の環濠集落で、『魏志倭人伝』に記された「一支国《いきこく》」の王都に特定された遺跡。2000年に弥生時代のものとしては国内3カ所目の国特別史跡に指定された。

人面石

2001年に原の辻遺跡から発掘された。弥生時代後期に、祭祀で使われていたとされている国内で唯一の人面を模った石製品。国指定重要文化財。(壱岐市立一支国博物館蔵)

須藤正人《すとうまさと》館長

一支国博物館

世界的建築家、故黒川紀章氏がデザインを手掛けた曲線を描く天然芝の屋根が印象的な建物。壱岐島から出土した古代日本を物語る貴重な資料を一堂に展示している。

㊟長崎県壱岐市芦辺町深江鶴亀触515-1
☎0920-45-2731
㊖8:45～17:30（毎週月曜日休）
観覧料　一般400円　高校生300円　小中学生200円

一支国の王都、原の辻は平野部の穀倉地帯にある

1994年に壱岐島を訪ねた時、原の辻遺跡では大規模な発掘作業が行われ、卜骨《ぼっこつ》や青銅鏡等の新しい出土品が見つかる度に湧いていた。当時はこの遺跡がどんな形で存在したのか、イメージとしてつかむことが難しかった。しかし今

は違う。この遺跡の上には、弥生時代に一支国の王都として栄えた原の辻の景観がみごとに再現されている。

原の辻遺跡横の古代米水田は収穫期を迎え、こうべを垂らした稲穂にはちょっと薄黒い古代米が実り、早く刈ってくれといわんばかりに風に揺れていた。田んぼから高台を遠く望むとユニークなデザインの一支国博物館が建っている。館長の須藤正人さんに原の辻遺跡と内海湾のよく見える展望台に案内して頂いた。「弥生時代に大陸や朝鮮半島と交流していた遺物がここからたくさん出ています。壱岐島は地理的にも恵まれた島で、昔からアジアに向けての架け橋となっていたのです。大陸と行き来する交易船などは内海湾に入って停泊し、小舟に荷や人々が乗り移り原の辻へ運んだのでしょう」。

確かに王都のあった原の辻と内海湾は思いのほか近くにあった。原の辻遺跡だけを見ていると、交流と交易のために海からやって来た古代人のルートが立体的に見えてこないので、是非ここに立って見てほしいというのだ。

古代米稲刈り体験

古代の人が身につけていた衣服をイメージした貫頭衣を身につけ、古代人に習って「石包丁」を使って刈り入れ、最後は鋸鎌を使って刈り採る。NPO法人一支國研究会が行っている古代の食事や生活を体験できる取組のひとつ。

内海湾《うちめわん》と小島神社

一支国と大陸を行き交う古代船が停泊し、小舟に乗り換え人や物を王都「原の辻」へ運んだ内海湾。湾に浮かぶ小島は島全体が神域の神社であり、干潮時に海が割れ参道ができると渡ることができる。

笹塚古墳《ささづか》

島内で3番目に大きい円墳。玄室には組合せ箱式石棺が設置されているのが特徴。金銅製亀形飾金具が出土。国史跡。

金銅製亀形飾金具《こんどうせいかめがたかざりかなぐ》

昔から長寿の象徴とされ、神仙世界と現世とを結びつける動物と考えられてきた「亀」をモチーフとした世界で唯一の飾り金具。国重文。（壱岐市立一支国博物館蔵）

朝鮮半島との交流が活発だったことを物語る古墳群を歩く

壱岐古墳群は当時としては日本有数の墳丘・石室の規模を誇る

壱岐には古墳が多い。壱岐に古墳が造られた全盛期は6世紀後半といわれ、長崎県内で確認されている450基ほどの6割にあたる280基もの古墳がこの島にあるそうだ。

「古墳時代の中央政権と緊密になった壱岐には、その政権が大きな力を持っていることを朝鮮半島に誇示するため、島内に集中的に古墳を造ったのだと思います」と松《まつ》見《み》裕二《ゆうじ》さん（壱岐市文化財課）。

この島には有力者の墓がこんなにある、人々も多く住み栄えているところなのだぞというメッセージを対外的に形で示す、いわばモニュメント的な意味合いが強いものだったというのだ。

壱岐の古墳群では、大きな古墳の周辺には小さな古墳がたくさん造られている。「古墳の周りには周溝という溝をふつう掘りますが、小さな古墳は丘の上に範囲がわからないように造っています。（小さいと）バレてしまわないようにですね」と松見さんは言う。いつの時代にも人間はことさら勢力を誇示することを好むのだなと思えておもしろく聞こえた。

双六古墳《そうろく》

長崎県最大の前方後円墳。前室側壁には、ゴンドラ形の船の線刻画が描かれている。

壱岐古墳群MAP

古墳館が古墳群散策を楽しむ玄関口。古墳はどうやって作られたのかをジオラマ展示で分かりやすく紹介。

大陸から伝わった蒸留法を取り入れた産地ブランド焼酎の蔵元「玄海酒造」を訪れる

「壱岐焼酎」は原料を米麹1/3に対して大麦2/3を使用した大陸から伝わったとされる壱岐独特の蒸留法で作り出される。麦の香りと米麹を使用することによる天然の甘味が特長の本格焼酎で、まろやかな味わいを醸し出す。（玄海酒造 問 ☎0920-47-0160）

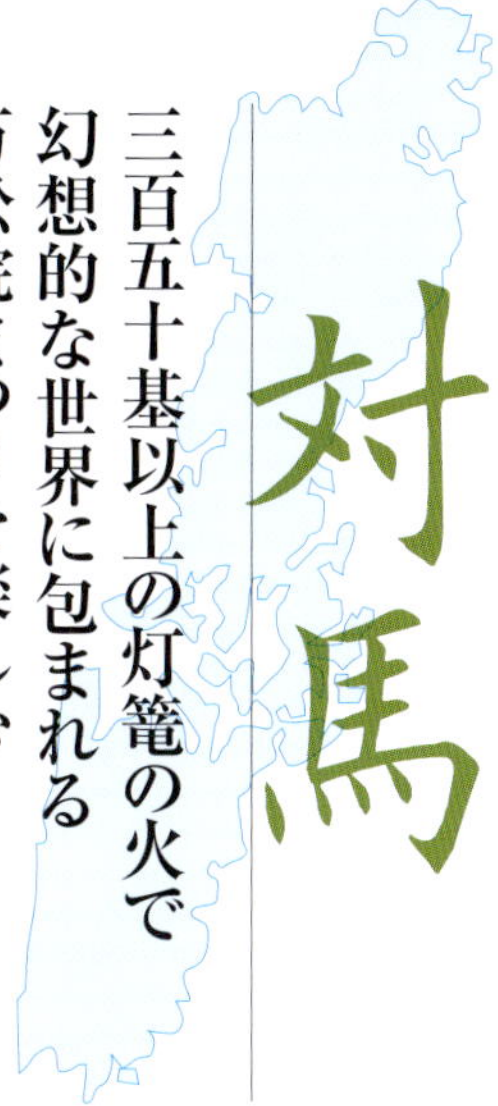

対馬

三百五十基以上の灯篭の火で幻想的な世界に包まれる万松院まつりを楽しむ

対馬藩主宗家墓所　万松院

1615年に宗家20代義成《よしなり》が父義智の冥福を祈って創建し、以降、宗家累代の菩提寺となった。墓所の手前には樹齢1200年といわれる大杉が墓を見守るように3本ある。

提灯片手に百雁木と呼ばれる石段を上る

「万松院《ばんしょういん》まつり」は島の中心地である厳原《いづはら》の「万松院」で毎年秋に行われる一大行事だ。夕方から灯篭に火が入り、万松院やいつもなら真っ暗な裏山をふくむ付近一帯が幻想的な明かりで浮かび上がり、多くの人でにぎわう夜祭となった。

山門の前ではかがり火が焚かれ、提灯を片手に、１３２段の石段を照らしながらぞろぞろと上るのである。息を切らしながら上りきったところが対馬藩主宗家の立派な墓所で、そこには宗義智《そうよしとし》ほか14人の藩主の墓が並ぶ。朝鮮との貿易で時の盛運を表すかのように、興隆をきわめたころの藩主の墓石は大きく、国交断絶後の修交に腐心した宗義智の墓石は驚くほど小さくて少し気の毒である。

万松院の隣には旧金石《かねいし》城庭園があり、この日は灯火の道ができていた。昼には見られない万松院を見ることができた一日だった。

朝鮮国信使絵巻

500人からなる通信使に対して、およそ800人もの人を出して対馬藩はその警護と案内役にあたったという。（提供：長崎県立対馬歴史民俗資料館）

金石城跡（櫓門）

旧金石城庭園

朝鮮通信使を迎えた場所。起伏を生かした庭の中央には池を配し、置き石も美しい。対馬藩宗家の居城、金石城（跡）の南西に造られた庭園。

対馬藩お船江跡

江戸時代、対馬藩が藩船を格納するために構築した船着場の跡。築堤の石積みは当時の原形を保っている。

万松院の三具足《みつぐそく》

朝鮮国より贈られたと伝えられる青銅製の祭礼用三具足（鶴亀の燭台と香炉、花瓶の3点）。緊密な隣国同士だったことが窺える。

宗家がつないだ日朝交流の物語に感動する

世界史的にも稀有な隣国同士の平和な関係

対馬と朝鮮との良好な関係を一変させたのが豊臣秀吉の朝鮮出兵（文禄・慶長の役）だった。

「秀吉の出兵でズタズタになってしまった朝鮮との関係を修復したのは、初代対馬藩主の宗義智でした。国交回復には徳川家康からの謝罪を含んだ『先為国書』が要るというところを、家康がそうした国書など出すはずもないと読んだ義智はそれを偽造して送ったのです。その賭けに成功し、関係修復後初の朝鮮通信使を出すところまでこぎつけました。でもあまりにも偽造が稚拙だったので、朝鮮はそれが本物の国書とは思っていなかったようです。あえて騙されたふりをしたのでしょうね」

と齋藤弘征《ひろゆき》さん（対馬市文化財保護審議会会長）が微笑む。

国交回復からおよそ200年の間に12回の朝鮮通信使が来日した。隣国同士が200年以上の長きに渡り、平和的関係を築いたことは世界史的にみても稀有なことである。

享保の通信使の江戸往復道中、対馬藩の儒者・雨森芳洲《あめのもりほうしゅう》と通信使の製述官・申維翰《しんいかん》は互いの主張を譲らず衝突してきたが、旅の終わりには涙を流して別れを惜しんだ。〝互いに欺かず、争わず、真実をもって交わる〟の精神〝誠信の交わり〟は、今日の国際交流にも通じるのではないだろうか。

数世紀にわたり最前線であり続けた対馬の痕跡

国境の島に残る戦いと文化の歴史

対馬はまさに国境の最前線に位置する島である。島の最北部に行けばわずか50㎞ほどの対馬海峡をはさみ、釜山の街をとらえることができる。だからこそ、この島には朝鮮通信使以前からの国と国、民と民の関係を窺わせる様々な痕跡が残っている。

対馬豆酘《つつ》の岩佐家には亀卜《きぼく》が世襲されている。亀卜は亀の甲を一定の作法で焼き、生じたひび割れによって吉凶を占う方法で、日本には古墳時代に伝来したといわれている。

金田《かねだ》城は、667年、白村江の戦い後、新羅の日本進攻を防ぐ目的で築かれた。亡命百済人の技術による朝鮮式山城の形式を取り、国防のために防人《さきもり》と烽火《とぶひ》が置かれた。

厳原《いづはら》から山を見上げると見える石垣は、秀吉が朝鮮への出兵のために1591年に築城した清水山《しみずやま》城跡だ。

時は過ぎ、朝鮮半島と日本の中央を中継する対馬外交はとっくに終わっている昨今、厳原では多くの韓国人観光客でにぎわっていた。

韓国では最も近い外国の対馬島旅行が近年ブームである。昔からこの海峡を越えて外交の窓口になってきた名残は今日の旅行者による現地交流といってもいいのかもしれない。

金田城跡 城山《じょうやま》の山頂より西側は断崖絶壁で、まさに天然の要塞。総延長およそ2.9㎞にもなる石垣の城壁が環状に巡らされており、城内への侵入を頑なに拒んでいる。

豆酘の赤米行事
田植えなど赤米にまつわる年間10回の行事は、神事で厳格なしきたりを守って執り行われる。後継者がただ一人になり存亡の危機に直面している。

亀卜習俗
壱岐や伊豆の卜部《うらべ》と共に古代には宮中の祭祀に関与していたが、亀卜習俗の伝承も今日では対馬のみとなった。

清水山城跡
清水山の山頂から尾根に沿って一の丸、二の丸、三の丸の石垣が残っている。

五島

島の人々によって語り継がれてきた遣唐使の伝承に触れる

辞本涯《じほんがい》の碑

三井楽の海辺に建つ「辞本涯」の碑。空海が著した『偏照発揮性霊《へんじょうはっきせいれい》集《しゅう》』に著した文言で、本涯＝日本の果て、辞する＝離れるの意。

三井楽（みみらくのしま）

福江島西部の遣唐使船最終寄港地だったと伝えられる場所。付近の海岸は「異国との境界」「亡き人に会える場所」ともいわれる。

三井楽町公民館館長
上河恵賜さん

国の未来に命を賭けた若者たちの最後の寄港地

7世紀前半、遣唐使船は壱岐・対馬から朝鮮半島沿いに進む北路をとっていた。しかし、白村江の戦い(663年)後、半島を統一した新羅との関係が悪化し、8世紀には危険な南路を選ばざるをえなかった。五島列島・福江島の三井《みい》楽《らく》は、南路で日本を離れる最後の地であった。羅針盤もなく大海を進まなくてはならない南路は漂流に近く、死を覚悟しなければならない旅だった。そんな無謀な船旅をした理由を上河恵賜《うえかわけいし》さん（三井楽町公民館長）は「それはひとえに当時文化の先進地だった唐に学ぶためだったからでしょう。航海の恐怖心を乗り越えられたのも進取の精神があったからだと思いますよ」と語った。遣唐使廃止後もこの三井楽という場所は〝みみらくの島〟として古典文学などにも多く登場する。〝三井楽というところに行けば、死んだ人に会える〟という噂が京の都でなされていたことが書き残されている。

さて、この遣唐使の時代は1300年以上も昔だが、五島にはそ

ともづな石

遣唐使船入港の際、船が流されないようにとも綱を結わえたとされる石。埋立てで高さ70㎝になったが、かつては大きかったという。

松本昭子さん

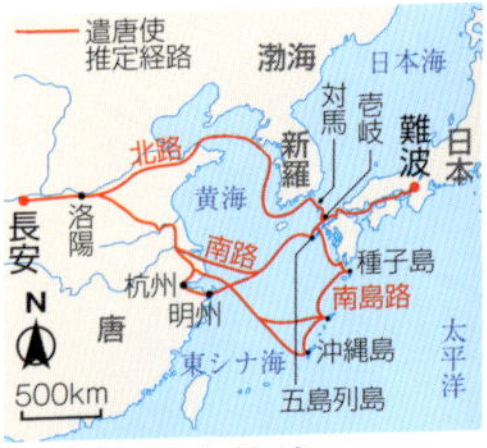

遣唐使推定航路

羅針盤のないこの時代の航海技術では、中国大陸の特定の港に到着することは不可能であった。

野口瑞晃《ずいこう》住職

明星院《みょうじょういん》本堂

空海が唐から帰還した際に立ち寄り、お籠りになったと伝えられる寺。住職ご自慢の狩野派画家の手による本堂の格天井の花鳥画。

の史跡や遺構がある。遣唐使船の舫い綱をつないで留めたという「ともじり石」、遣唐使船の帆を広げて干したと伝えられる「錦帆《きんぽ》瀬《ぜ》」や、帰国を果たせた遣唐使が感謝のために奉ったという「御船《みふね》様《さま》」と呼ぶ石も存在していた。どれも古色をたたえたもので、地元の人々が何世代もの間、ただ大切に守り続けているのだ。

海民の壮大な夢の痕跡
無数の石塔の不思議な光景

五島の小さな島の一つ、日島《ひのしま》はかねてから気がかりな島だった。島に入るなり海辺の砂礫に無数の石の塔が建ち並び、そのさまに驚いたからだ。「倭寇の墓とも言われています。多くは遺骨の入っていない逆修墓、つまり生前に自分を供養した墓なのです。そのころ倭寇はここを中継地としながら国境を越えて、朝鮮半島や大陸まで活動していたようですな」と荒木貞美《さだみ》さん（上五島歴史と文化の会理事）が話してくれた。国境をまたぎ大海を舞台に勇躍した海民の壮大な夢。当時の人々の死生観まで垣間見えるような日島の石塔群の脇で、私はしばし海ぎわの波音を聴いた。

日島の石塔群

福井県若狭の日引石など各地の石材で造られた石塔が海辺に建ち並ぶ。海上交易の要衝だったことがしのばれる。嵐の後などは積み直したりするという。

ともじり石

埋め立てで屋敷のずいぶん下になってしまった「ともじり石」。今日も庭先にあるこの石を大切に守り続けている。

姫神社跡

遣唐使船の航海祈願を行ったと伝えられる神社の跡。敷地所有者の家では毎年12月に供物を供え、神事を行っている。

御船様

木立の下にある船の形をした自然石の「舟形石」である。無事に帰還を果たした遣唐使船の「願解《がんと》き」を行った場所と伝えられる。

日本遺産もっと楽しむ ＋《プラス》1

壱岐

美味に感激！ 絶景に感動！「島旅」を満喫する

月讀神社

傾斜の強い階段を登ると見える小さな拝殿。日本書紀によれば487年、月神の宣託により、壱岐の県主の先祖・忍見宿祢が分霊。これが京都の月讀神社となり、壱岐の月讀神社が元宮となった。

㊟壱岐市芦辺町国分東触464
☎0920-45-4145 ㊯芦辺港から車で10分

●日本遺産構成文化財

うに丼（夏限定）

島の宝とも言われるうには、島を囲む海底に、わかめやモズクなどが多く海藻類をたっぷり食べて育つので、大粒で身が締まり甘みが強い。漁が行われるのは5月～9月のみ。海女さんたちが素潜りで獲る天然うには、まさに期間限定、夏の壱岐のごちそうだ。

猿岩

そっぽを向いた猿にそっくりな岩で島内一の有名なスポット。波の激しい浸食によって形成された海蝕崖で高さ45mの玄武岩。

㊟壱岐市郷ノ浦町新田触870-3 ㊯郷ノ浦港から車で20分 駐車場脇の壱岐のお土産SPOT「お猿のかご屋」（☎0920-46-0817）

筒城浜海水浴場

日本の海水浴場100選に選ばれた壱岐随一のビーチ。白くてきめの細かい砂浜は、約600m続き、遠浅で波も穏やかなため、夏にはたくさんの海水浴客で賑わう。

㊟壱岐市石田町筒城東触1916他 ㊯印通寺港から車で10分
■設備：シャワー、トイレ
■海水浴場行きバス
2016/7/21～8/16まで運行問☎0920-47-1161（壱岐交通）

国境の島 壱岐・対馬・五島
～古代からの架け橋～

対馬

和多都美神社《わたづみ》

彦火火出見尊と豊玉姫命を祭る海宮で、古くから竜宮伝説が残されている。本殿正面の5つの鳥居のうち2つは、海中にそびえ、潮の干満により、その様相を変え、遠く神話の時代を偲ばせる神秘的な雰囲気を漂わせる。

㊟対馬市豊玉町仁位字和宮55 ☎0920-52-1566（対馬観光物産協会） ㊋対馬空港から車で40分

烏帽子岳展望所

烏帽子岳(標高176m)は、島内随一の絶景スポット。駐車場から展望台への階段を10分ほど登ると、東には対馬海峡、西には朝鮮海峡が広がり、複雑な入り江と無数の島々がおりなす典型的なリアス式海岸の景観を一望できる。

㊟対馬市豊玉町仁位
☎0920-52-1566（対馬観光物産協会） ㊋対馬空港から車で約60分

鰐浦

朝鮮通信使の寄港地の一つ。古代より大陸への窓口であった対馬を象徴する大陸系植物・ヒトツバタゴの自生地でもある。

㊟対馬市上対馬町鰐浦 ☎0920-86-3111（対馬市上対馬地域活性化センター） ㊋対馬空港から車で約2時間20分

対州そば

今から3000年以上前に中国大陸から朝鮮半島を経由して日本に伝わったそばの原種に近いといわれている。小粒で風味が強い独特の味わいは、多くのそば通が絶賛！

五島

山王山展望台

若松瀬戸・青方浦を眼下に見下ろす眺望ポイント。上五島の個性的な海岸線が、様々な表情で迎えてくれる。

㊟南松浦郡新上五島町荒川郷　☎0959-42-0964（新上五島町観光物産協会）　㊋奈良尾港から車で30分、山頂まで徒歩20分

遣唐使ふるさと館

遣唐使と万葉をテーマにした映像の上映や資料を展示している。イチオシは、五島の新鮮な食材にこだわったバイキング（実施日：金、土、祝のランチタイム）。五島うどんなどの「五島の味」を満喫できる。

㊟五島市三井楽町濱ノ畔3150-1　☎0959-84-3555　㊔/9:00～18:00レストラン/11:30～14:00　㊡年末年始

大瀬崎灯台

東シナ海に突出した断崖、その突端に立つ白亜の灯台が海の青と見事なハーモニーをつくりだしている。

㊟五島市玉之浦町玉之浦　☎0959-87-2216（五島市玉之浦支所　地域振興課）㊋福江空港、福江港から車で約1時間20分

五島うどん（船崎うどん伝承館）

遣唐使が伝えたといわれる五島うどん発祥の地。うどん作り全工程のうち、〝かけば〟・〝こびき〟・〝はたかけ〟作業が体験できる。

㊟新上五島町船崎郷496　☎0959-42-0964（新上五島町観光物産協会）1週間前までの予約が必要。（写真／新上五島町観光物産協会）

国境の島 壱岐・対馬・五島
～古代からの架け橋～

壱岐・対馬・五島へのアクセス

2016年11月現在

壱岐へのアクセス

ジェットフォイル	博多港→郷ノ浦港 博多港→芦辺港	1時間10分／九州郵船 1時間5分／九州郵船
フェリー	博多港→郷ノ浦港 博多港→芦辺港 唐津東港→印通寺港	2時間20分／九州郵船 2時間10分／九州郵船 1時間40分／九州郵船
飛行機	長崎空港→壱岐空港	30分／ORC・ANA

対馬へのアクセス

ジェットフォイル	博多港→厳原港	2時間15分／九州郵船
フェリー	博多港→厳原港 博多港→比田勝港	4時間45分／九州郵船 5時間50分／九州郵船
飛行機	福岡空港→対馬空港 長崎空港→対馬空港	25分／ANA 35分／ORC・ANA
国際高速船	釜山港→比田勝港 釜山港→厳原港	約1時間／JR九州高速・未来高速、大亜高速 約2時間／未来高速、大亜高速

五島へのアクセス

上五島	ジェットフォイル	長崎港→奈良尾港	1時間15分(直行)／九州商船
上五島	高速船	長崎港→鯛ノ浦港 佐世保港→有川港	1時間40分／五島産業汽船 1時間20分～1時間40分／九州商船、五島産業汽船
上五島	フェリー	博多港→青方港 長崎港→奈良尾港 佐世保港→有川港	5時間55分／野母商船(フェリー太古) 2時間35分(直行)／九州商船 2時間30分／九州商船、五島産業汽船
下五島	ジェットフォイル	長崎港→福江港	1時間25分／九州商船
下五島	フェリー	博多港→福江港 長崎港→福江港	8時間30分／野母商船(フェリー太古) 3時間10分／九州商船
下五島	飛行機	福岡空港→五島福江空港 長崎空港→五島福江空港	40分／ORC・ANA 30分／ORC・ANA

お問合せ先

交通アクセス

- 九州郵船 ☎092-281-0831
- JR九州高速(予約) ☎092-281-2315
- 対馬JETLINE(未来高速) ☎0920-52-6350
- ジャパン大亜(大亜高速) ☎0920-52-3138
- 九州商船 ☎095-822-9153
- 五島産業汽船 ☎0959-42-3447
- 野母商船 ☎092-291-0510
- ANA(全日空) ☎0570-029-222
- ORC(オリエンタルエアブリッジ) ☎0570-064-380

観光に関する窓口

- 対馬観光物産協会 ☎0920-52-1566
- 壱岐市観光連盟 ☎0920-47-3700
- 五島市観光協会 ☎0959-72-2963
- 新上五島町観光物産協会 ☎0959-42-0964

日本人の高い教育水準を創り出した

江戸の教育文化達成の学び舎を実際に見て、触れる価値

近代社会の起点は江戸時代である

2015年に「日本遺産」に認定された18件のうちのひとつ、「近世日本の教育遺産群─学ぶ心・礼節の本源─」は、栃木県足利市の足利学校跡、岡山県備前市の旧閑谷《しずたに》学校、大分県日田市の成宣園《かんぎえん》跡、茨城県水戸市の旧弘道館という4つの学校を繋ぎ、江戸時代の教育にかかわるストーリーが構成されている。したがって、これらの学校の実態を見れば、近世日本の教育がどのような意義と役割をもつものだったか知ることができる。

「近世」とは、永禄11年（1568）から慶長3年（1598）までの織田信長から豊臣秀吉の時代（織豊時代）の30年間と、これに続く慶長8年（1603）から慶応3年（1867）までの江戸時代の265年間、両者を合わせた約300年間をいう。一般に、現代日本の生活・文化の起点は、明治元年（1868）と考えられがちだが、実は、明治維新で歴史が分断されるのではなく、江戸時代の達成の上に現代がある。

かつて時代劇などには、高札に書かれた文字を読めない人々が多数登場したため、江戸の民衆は総じて教育水準が低かったように思われがちだったが、当時欧米の国々から来た外国人の評価は逆だった。庶民の識字率は高く、女性も子どもも本を読む。身分の差なく皆が学校に通い、法律を知り、手紙をやり取りしている。世界を見てきた外国人たちを驚かせるほど「教育化」「文明化」された社会がfar east（極東）のこの地にあったのである。

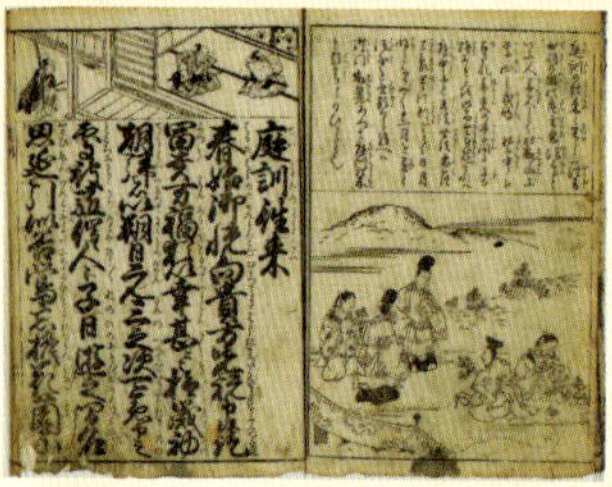

庭訓往来
（東京学芸大学附属図書館所蔵）
往復書簡の形式をとり、習字や読み物の教材として手習い所などで使われた。出典／『東京学芸大学リポジトリ』より。

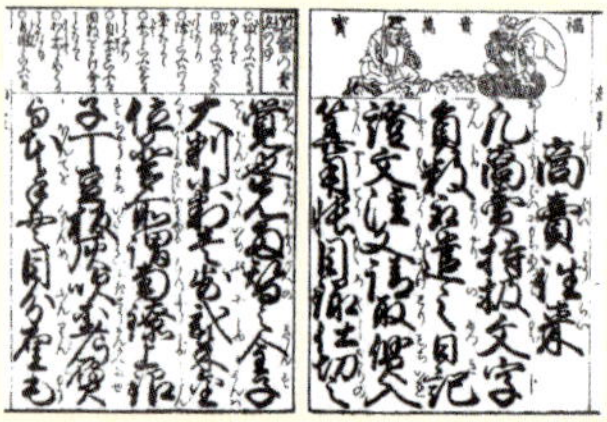

商売往来（臨川書店所蔵）
商売で必要な語彙や心得を学ぶ教科書。出典／長友千代治編『重宝記資料集成』第八巻「往来物３」臨川書店2005年118頁より。

ストーリー

我が国では近代教育制度の導入前から、庶民も読み書き・算術ができ、礼儀正しさを身に付け、高い教育水準を示した。これは藩校や郷学、私塾など、様々な階層を対象とした学校の普及による影響が大きい。現代でも、学問、教育に力を入れ、礼節を重んじる日本人の国民性として受け継がれている。

監修・文／大石学

日本近世史学者、東京学芸大学教授。NHK大河ドラマ「龍馬伝」「八重の桜」等の時代考証を担当。著書に『江戸の教育力─近代日本の知的基盤─』（東京学芸大学出版会）等多数。

取材協力／林晃之介

田原藩黌 成章舘行事（成章会所蔵）

井上華陵による田原藩成章館の1年の行事を描いた史料。出典／津田勇編『藩校・塾・寺子屋』商事法令研究社　1993年。

江戸時代に教育が熱を帯びた理由

なぜ江戸時代に教育が普及し、教育熱が高まったのか。それを知るには、戦国時代に起きた変化を見ておく必要がある。すなわち、戦国時代以前、人間は自然に支配され、神仏を頼み、いわば呪術を大切にする社会であった。しかし、戦国時代以降、たとえば甲斐国の武田信玄が信玄堤を築いて河川を制御し、徳川家康配下の代官伊奈氏3代が、利根川を東遷して大規模な新田開発を行ったように、人間が自らの力を信じ自然に働きかける文明社会となった。

そして、徳川の「平和」のもとで「文明化」は、政治的には文治主義となってあらわれた。儒学は社会における人々の役割を説いたことから、幕府や藩に用いられ、とりわけその一派の朱子学は、君臣、父子など上下の秩序を重んじたため重要視された。幕府や藩では、藩士の子弟を教育する「藩校」が作られた。また、庶民のために「郷学《こうがく》」（「郷校《こうこう》」とも）も設置した。とりわけ8代将軍、徳川吉宗による享保の改革（1716～45年）は、武士のみならず庶民も含め、国民全体を対象に、儒学の振興・普及をはかるもので、私塾への助成も行った。

江戸時代後期になると、教育熱は、地域や身分を超え、国民規模で高まった。ほとんどの藩が国元や江戸藩邸内に藩校を持ち、多様な教育のもと官僚を育成するようになった。藩校や郷学の中高等教育を基礎から支えた初等教育施設が、小規模で個人的な「手習所（寺子屋）」であった。明治初期までに、全国で約7万5000の手習所と約3500の私塾が存在したとも言われる。

明治維新において、新政府が短期間に大きな混乱もなく、全国規模で身分制度を廃止し、廃藩置県を実現できたのも、この「教育力」によるところが大きかった。

今回、「近世日本の教育遺産群」に認定された4つの学校は、設立時期や社会背景が異なり、それぞれに江戸の教育文化の発展過程を示すものである。足利学校は、江戸時代以前から存在した日本最古の学校、閑谷学校は、備前岡山藩が作った江戸前期の庶民のための郷学、咸宜園は江戸後期に完全に民間で作られた私塾。弘道館は江戸後期の藩校だ。これらの教育遺産が長い年月を越え、今日まで保存されてきた点は貴重である。実物を見、ふれることによって、「これを自分たちだけでなく、未来にさらに世界に伝えることが大切だ」という思いが強まってくる。

今日、世界では紛争・テロ・武力衝突が絶えない。しかし、武力による解決は遺恨しか残さない。長期にわたる「平和」や社会の安定は、教育に支えられて達成されることを、「江戸の教育力」が教えてくれるのである。「江戸の教育力」への関心は、日本と世界の現在と未来への手がかりを得る重要な契機ともいえる。4つの学校がトータルで日本遺産に認定されたことは、たいへん意義深い。

構成する4つの教育遺産

江戸時代の藩校と私塾の開設状況

開設年代	藩校	私塾
慶長～元和（1596～1623）	0	2
寛永～貞享（1624～1687）	9	1
元禄～正徳（1688～1715）	17	1
享保～寛延（1716～1750）	15	15
宝暦～天明（1751～1788）	53	38
寛政～文政（1789～1829）	84	214
天保～慶応（1830～1867）	63	807
開設年代不明	6	233

『日本教育史資料』より作成

栃木県足利市

足利学校跡

坂東足利が誇る日本最大の総合大学

東国の武家社会の伝統を受け継ぐ教育機関

足利学校は、日本でもっとも古い学校として知られ、16世紀に来日したスペイン人キリスト教宣教師フランシスコ・ザビエルが「日本で一番大きくて有名な大学」「日本一学生の多い大学」（ヘンドリック・リンブラウフ訳）、ポルトガル人宣教師ルイス・フロイスが「坂東随一の大学」と評価している。先進地域のヨーロッパの人々も「大学」と認識する存在だった。

創建に関しては、奈良時代説、平安時代の小野篁《たかむら》創建説、鎌倉時代の足利義兼創建説などあるが、存在がはっきりわかるのは、室町時代中期の永享11年（１４３９）、関東管領の上杉憲実が鎌倉円覚寺の僧快元を初代庠主《しょうしゅ》（校長）として学則を定め、漢籍を寄進し、学校として整備した時である。当時、文明の中心の京から遠く離れた関東に、このような教育施設と貴重な書物が確認できる意義は大きい。

憲実以降、足利学校は、上杉、長尾、後北条、徳川の諸氏の保護のもとで存在した。江戸時代には、徳川家康や歴代の将軍から百石朱印状が下された。家康は、豊臣秀次に命じられ京都に移されていた古い典籍を足利学校に戻すとともに、学校存続への支援を行った。第10世庠主からは、江戸幕府によって任命され、将軍の1年間の運勢を占うなど、江戸将軍家に直結する役割も担った。江戸幕府もまた足利学校の歴史的価値を尊重し、保護したのである。東国の武家社会の伝統を受け継ぎ、新しい時代の精神的支柱として機能していたのだ。

幕末期、尊王攘夷論者の吉田松陰が訪れ、「珍しい書物が数々ある」と書き残しており、足利学校の価値は広く社会に認められていたことがわかる。

フランシスコ・ザビエル※
天文18年（1549）、鹿児島に上陸。同年、日本の学校の情報をインドに送った。

上杉憲実《うえすぎのりざね》
室町時代の関東管領で足利学校中興の祖。この木像は雲洞庵（新潟県）の像の複製品。

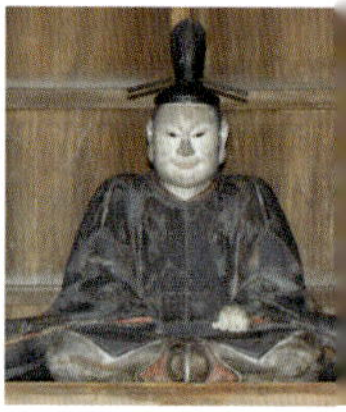

小野篁《おののたかむら》
平安時代の公家・歌人・漢詩人。足利学校の創立者とされ孔子廟に孔子と共に祀られる。

東インド図（拡大）
地図作家オルテリウスが出版した世界地図帳『世界の舞台』の中の日本。Bandu（坂東）、academia（学校）と足利学校の存在が記されている。
（史跡足利学校事務所所蔵）

㊟栃木県足利市昌平町2338番地
☎0284-41-2655
㊡第3月曜日（祝日、振替休日のときは翌日）年末（12月29日〜31日）

※「聖フランシスコ・ザヴィエル像」 神戸市立博物館所蔵 Photo:Kobe City Museum/DNPartcom

足利学校の教育

孔子坐像《こうしざぞう》
天文4年(1535)

～儒学～　孔子とその教え

それ恕か
己の欲せざる所は
人に施すこと勿れ

論語の一節で、孔子が弟子の子貢に対して言った言葉。儒学の教えの中でも最も重要とされた「仁」(他者への思いやりの情)を一字で表わすものであり、足利学校でも特に大切な言葉として重んじられている。

意味

自分がして欲しくないことを、他人に対してしない。それが「恕」(思いやり)というものだ。

特別講師

史跡足利学校事務所
研究員
市橋一郎先生

孔子の教え、学びの継承

生涯学習拠点としての足利学校

2005年から次世代教育として、足利市内の小中学生や参観者を対象とした「論語素読体験」を実施し「論語」のまちづくりを推進している。また各種講座を開催するなど生涯学習の拠点となっている。

釈奠《せきてん》

釈奠とは、孔子とその弟子を祀る儀式で米、餅、鯛、野菜、鯉、牛肉、酒等を供える。足利学校では毎年11月23日に敷地内の孔子廟にて、孔子像と足利学校の創設者とされる小野篁像の前で行われている。また、前後数日間「足利学校さままつり」が開催され、まちを挙げての一大行事となっている。

現存する日本最古の孔子廟

寛文8年(1668)

江戸幕府第4代将軍徳川家綱の時代に建立され、中国明時代の大成殿を模したと伝わる。屋根の棟には鴟尾が付き、二重の裳階(瓦屋根)が特徴。近世より孔子を敬う神聖な場所として大切に守られ、毎年11月23日には釈奠が執り行われている。

字降松《かなふりまつ》

室町時代の天文年間(1532～1555年)、読めない字や意味のわからない言葉などがあったとき、紙に書いてこの松の枝に結んでおくと、翌日にはふり仮名や注釈がついていたという。近世末には、そうしたことから、学徒ばかりでなく近所の人までが利用するようになり「かなふり松」と呼ばれるようになったと伝わる。

衆寮《しゅりょう》

僧房または学生寮とも。学生の勉強、生活の場になったところ。6畳間に一間の土間付きの部屋が4つ並んだ長屋となっている。学生の大半は、僧侶であった。

学びの原点 足利学校 貴重なる書籍
(足利学校所蔵の国宝)

足利学校は室町時代に一時衰退したが、上杉憲実及びその一族から寄進された貴重な漢籍が多くの学徒の教科書となり中興に役立った。現在、4種類77冊が国宝、8種類98冊が重要文化財に指定されている。

文選《もんぜん》

南朝・梁の昭明太子が編纂した詩文集。日本文学にも大きな影響を与えた。永禄3年(1560)北条氏政が寄進したと伝わる。

周易注疏《しゅうえきちゅうそ》

中国の周時代の易占いの書で五経のひとつに数えられる。上杉憲実の子・上杉憲忠が寄進した。

礼記正義《らいきせいぎ》

周の末期から秦・漢時代の礼儀作法や理論、および釈奠などの儀礼を記した五経のひとつ。上杉憲実が永享11年(1439年)に寄進した。

尚書正義《しょうしょせいぎ》

孔子が編定したといわれる「書経」ともいう五経の一つ。周の時代までの政道が記される。上杉憲実が永享11年(1439年)に寄進した。

取材・文／上永哲矢(OFFICE-SANGA)　撮影／子安充雄(アプリメディア)

旧閑谷学校

岡山県備前市

岡山藩主が作った「庶民のための学校」

社会を安定させるための教育という考え方

寛文10年（1670）岡山藩主池田光政によって開設された庶民のための学校。光政は、天正12年（1584）の小牧長久手の合戦で、豊臣秀吉軍の武将として、徳川家康と戦い戦死した父恒興のあとを継いだ輝政の孫にあたる。この地は光政自ら訪れ、学校を設置することを決めたという。藩士の子弟が学ぶ藩校は、すでに設立されていたことから、閑谷《しずたに》学校は、初めから庶民の学問所として設立された。その点が、この学校の大きな特徴である。

「名君」として知られる池田光政は、幼少期より学問好きで知られ、陽明学者の熊沢蕃山を招聘した。また、全国に先駆けて、藩校を城下に開校、引き続き、庶民のための閑谷学校も設立した。なぜ池田光政は庶民に学問の場を与えたのか。それは、この時代、社会が安定し、政治も変化したことと関連する、すなわち、徳川家康から3代将軍家光までの幕府は、自らの権力を強めるために、武力を背景とする「武断政治」を展開したが、4代家綱の時代は、教育によって社会を安定させる「文治政治」へと転換した。会津藩・保科正之、水戸藩の徳川光圀、加賀藩の前田綱紀なども、文治政治を行った藩主として知られている。

入学者は庶民の子どもを主体とし、藩士の子弟、他領者も含まれ、在学者は30〜60人、藩校と同じく朱子学を学び、課外には教授宅での会読、研究も行われた。閑谷学校を訪れた横井小楠は、「江戸聖堂の外は、天下に如此壮麗の学校は御座あるまじく存ぜられ候」と感嘆している。閑谷学校の名は全国レベルで広がり、高山彦九郎、頼山陽、大塩平八郎らが見学し、大鳥圭介らが学んでいる。

なお、岡山藩は学校の経済的基盤である学田や学林を藩財政から独立して運営させた。これは、改易や転封により藩主が交代しても学校が存続するための配慮と伝えられる。

池田光政による藩校や閑谷学校の設置は、まさに平和・安定・教育の時代の到来を示す政策である。

閑谷学図
深山に広大な土地を有し、周辺の学田からの年貢などで学校を経営。授業料は無料だった。（岡山県蔵）

池田光政
慶長14年（1609）〜天和2年（1682）。池田利隆の嫡男として岡山に生まれる。姫路藩主、鳥取藩主を務めた後、岡山藩主となる。（（一財）林原美術館所蔵）

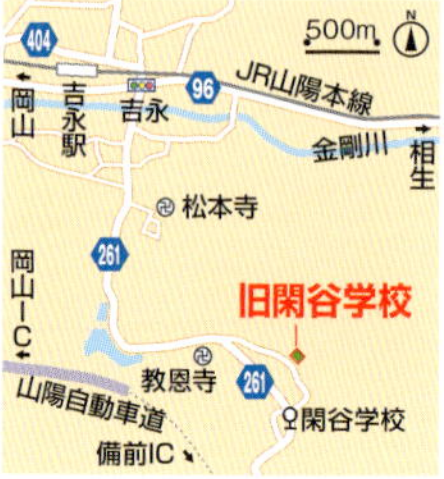

㊟岡山県備前市閑谷784ほか
☎0869-67-1436
㊡12月29日〜31日
開門：9時〜17時
入場料：大人400円
小中学生100円

池田光政と閑谷学校の教育

■光政の思想

“学びの理想郷”

自ら考え、互いを尊重し、自立して生きていくためのヒントが詰まった教え。

『論語』から庶民一人ひとりが人としての生き方を学び、個人として成長する。

大成殿の孔子像

京の儒学者・中村惕斎監修により、元禄14年に鋳造された孔子像。

特別講師

公益財団法人
特別史跡旧閑谷学校
顕彰保存会事務局長
國友道一先生

■閑谷学校の教育

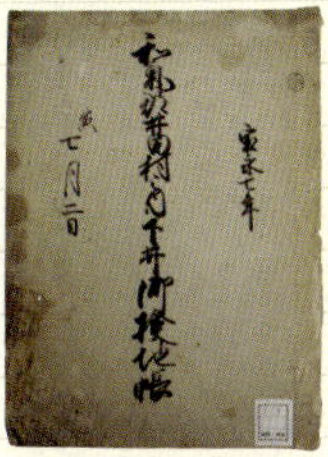

備前国和気郡井田村延原家文書

学校の領地だった井田村下井の土地台帳などの記録。閑谷学校へ通うための入学願と学習に用いた古典籍等が含まれる。

200年間、儒学を中心に庶民が学ぶ郷学の役割を果たした。

自由闊達に学んだ生徒たち

- 寄宿生と通学生、あわせて全校生徒30～60名。
- 4日授業、1日休みの5日制。
- 1と6の付く日は講堂で、3と8の付く日は習芸斎での講義。
- 授業は午後3時頃終了。

夜の学寮では自主的にグループ学習。

学校運営を支えた地域住民

毎月朔日（ついたち）は農民にも聴講が許され、出前講座もあり、地域の教育に対する意識は高かった。光政の庶民への思いに応えるかのように、明治時代、私学となり、経営危機に瀕した際、救いの手を差し伸べたのは地域の人々だった。

創建から300余年 受け継がれる閑谷の学ぶ心

昭和40年（1965）には旧閑谷学校内に岡山県青少年教育センターが設立され、新入生研修や、一般向けの講座『日曜論語』を開催。ビジネスの心構えを『論語』から学ぼうという社会人も訪れ、江戸時代の授業さながらに国宝の講堂に正座し、『論語』を朗誦する。また岡山県では、学校教育での論語活用を推進している。

孔子を祀る儀式『釈菜《せきさい》』

現在は毎年10月に執り行われる。明治時代に、途絶えたものの復活。『釈菜』では伝統を継ぐ岡山県立和気閑谷高等学校の教職員が献官等を務める。代々、学校行事として開催される点も珍しい。

あいうえお論語

親しまれている『論語の章句』を紹介した冊子。論語鉛筆や御守りと共に人気のある土産品だ。

■現存する世界最古の庶民のための学校建築

重臣・津田永忠が光政の意志を引き継ぎ、学校存続のため堅牢な造りになるよう建てた。

中国・書院に影響を受けた建築

約1万坪の敷地に、講堂、文庫、聖廟、光政を祀る芳烈祠（現、閑谷神社）泮池を配置し、中国・書院などの影響をうかがわせる。また、敷地の周囲を石塀で囲んで特別な空間であることを示すと同時に、「学びの聖地」の精神的な境界線を示した。

永続の工夫を凝らした建造物群

岩盤の上に講堂を建築し、その周辺の地下には排水用の暗渠。焼き締めの備前焼瓦をふき、その下に流し板、そして薄い板をふいた三重の屋根にするなどの工夫で雨水から建物を守った。火除山は火災の延焼を防ぎ、文庫は書物を火から守る頑丈な造りだ。

取材・文／内田吉美　撮影／森昌史

大分県日田市

咸宜園跡

多くの人材を輩出した日本最大規模の「私塾」

咸宜園図 大正2年(1913)に門下生の絵師・長岡永邨によって描かれた、江戸時代末期の咸宜園。道路を挟んで西家と東家があり、増改築を繰り返した。(公益財団法人廣瀬資料館所蔵)

主体的な学びを実践した一地方の学び舎

文化14年(1817)、儒学者の廣瀬淡窓《たんそう》が豊後の日田に開いた日本最大規模の私塾。幕府や藩の援助は受けず、完全に民間の力によって設立された。これは、当時の幕府領日田の商人の経済力を背景とするものであった。淡窓自身も商家の出身で、父親や近所の僧侶から学問の手ほどきを受けた。16歳で福岡の亀井塾に入門するが、病気のため3年で帰郷。24歳で咸《かん》宜園《ぎえん》の前身となる塾を開いた。

「咸宜(咸《ことごと》く宜《よろ》し)」の塾名は、中国最古の詩集『詩経』から取ったもので、すべてがよろしいの意味。門下生一人ひとりの意志や個性を尊重する教育理念が込められている。

漢学を中心とし、明治30年(1897)まで存続。武士・庶民をあわせ5000人余の門人を輩出した。淡窓は、生涯九州から出ることはなかったが、門下生は全国各地から集まり、寮生活や下宿しアルバイトしながら、2年、3年と学び、国元に帰って行った。

咸宜園で学んだ塾生のなかには、各藩の藩校の教授になったり、自ら私塾や手習所の師匠となる例も多く、当時の日本の教育水準の向上、教育の裾野の拡大に貢献した。彼らの熱意と、それを受け止める淡窓や日田の人々の熱意が、咸宜園を大きく発展させたのである。

ここに自ら学ぶ、主体的に学ぶという「江戸の教育力」の到達点を見ることができる。学びたい者が、自由に学ぶ。藩や身分の違いを超え、積極的に交流する場がこの咸宜園であった。そして、その主体的な学びは、江戸時代を通して各地に存在した私塾や、全国に無数に存在した寺子屋とも共通するものであった。

廣瀬淡窓
天明2年(1782)、廣瀬家に生まれ、24歳で咸宜園の前身となる塾を開き、国内最大規模の私塾に発展させた。江戸後期の三大漢詩人の一人。(公益財団法人廣瀬資料館所蔵)

㊟大分県日田市淡窓2-2-13
☎0973-22-0268
休園日:年末年始

廣瀬淡窓と咸宜園の教育

淡窓の思想

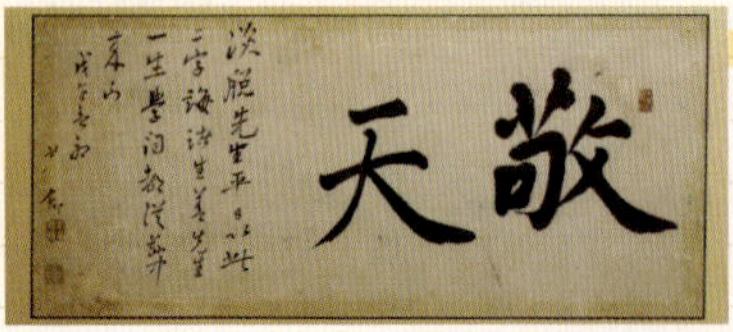

（日田市所蔵）

敬天

淡窓は特定の思想に偏らず様々な学説を尊重する中で、「善行すれば天に報われる」という独自の「敬天」思想を確立。そして教育こそが自らの天命と考えた。淡窓の哲学は著書『約言』『析玄』『義府』で読み解くことができる。

特別講師

咸宜園教育研究センター
名誉館長
後藤宗俊先生

万善簿

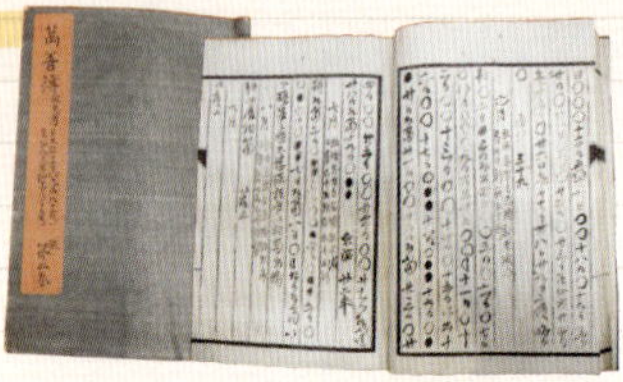
（公益財団法人廣瀬資料館所蔵）

敬天思想を実践するため、淡窓は自らの日々の行動を「万善簿」に記録。1日を振り返り、善行（人材を育成すること、生き物を大切にする）には○、悪行（怒言、殺生など）には●をつけ、○から●を差し引いたその累計が一万に達することを目標とした。淡窓は54歳からつけ始め、67歳で「一万善」を達成した。

咸宜園の教育の特色

徹底した実力主義

身分や階級制度の厳しい江戸時代において画期的

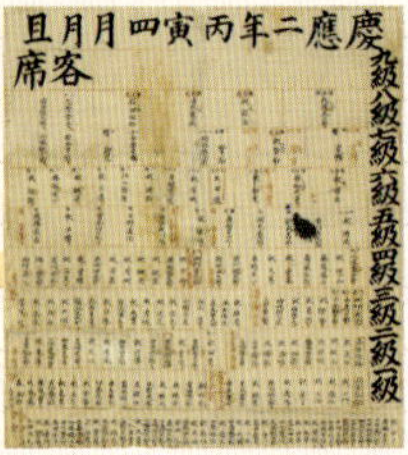

（公益財団法人廣瀬資料館所蔵）

三奪法

入門時に学歴、年齢、身分を問わず、全員等しく無級からスタートさせた。

月旦評

月初めに門下生の学力を客観的に評価して、無級から九級までの等級で席次をつける制度。成績を公表することで学習意欲を高めた。

人間性の向上

規約、職任

規則正しい生活を律する82条の「規約」があった。また、門下生全員を塾や寮の運営に参加させる「職任」で社会性を身につけさせた。

詩作

塾生の情操教育として、漢詩の詩作を奨励した。

個性尊重

淡窓のいろは歌の一首「鋭きも鈍きも共に捨てがたし　錐と槌とに使い分けなば」（鋭い錐も鈍い槌も共に捨てがたい、それぞれの役目があって使い分けることが必要である。同じように、人はそれぞれ違った個性や才能を持っており、それを活かしていくことが大切である）は、咸宜園教育を象徴する歌とされている。

写真:日田市提供

江戸時代の学園都市・豆田町

当時の豆田町の人口は約1100人、それに対して門下生は最大で200人を超えており、学園都市さながらだった。豆田町出身の門下生も多く、咸宜園と豆田町には深いつながりがあった。淡窓は町に出て詩会や書会などの出前授業を行った。

咸宜園の門下生

全国60ヶ国以上から入門者が訪れ、92年間で5000人ほどが巣立った。約4800人の氏名・出身地・年齢等を記した入門簿が残っている。門下生は儒学者や教育者、医者、政治家など多分野で活躍した。

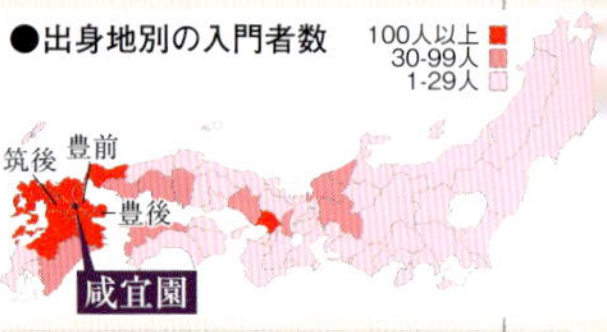

咸宜園教育研究センター調べ
（2016.1.22）

大村益次郎

大阪の適塾で塾頭を務め、長州へ戻ると高杉晋作らと倒幕に身を投じ、戊辰戦争では薩長連合を指揮して倒幕に貢献した。

長三州

明治新政府で学制取調掛を命じられ、学制五篇の案を作った。現在の文部科学省の創設と学制の基礎づくりに携わった。

高野長英

幕府の異国船打ち払い令を批判し、弾圧を受けても開国を訴え続けた。淡窓から教え子の中でも常に国の行く末を憂いてた人物と評された。

上野彦馬

日本の写真術の先駆者。江戸で活躍後、長崎に開いた写真館で坂本龍馬や高杉晋作ら幕末の志士を撮影した。

取材・文／佐々木恵美 撮影／西田佳世

茨城県水戸市

旧弘道館

藩主自らが先導した日本最大規模の「藩校」

写真:大森通明／アフロ

正庁・至善堂

藩主臨席のもと諸儀式や試験などが行われたのが正庁。奥の至善堂は藩主が休んだり、慶喜など藩主の諸公子の勉強場所にもなった。

徳川斉昭（1800〜1860）

水戸藩第九代藩主。30歳で藩主となり種々の藩政改革を実施。烈公と称され常磐神社の祭神になっている。（幕末と明治の博物館所蔵）

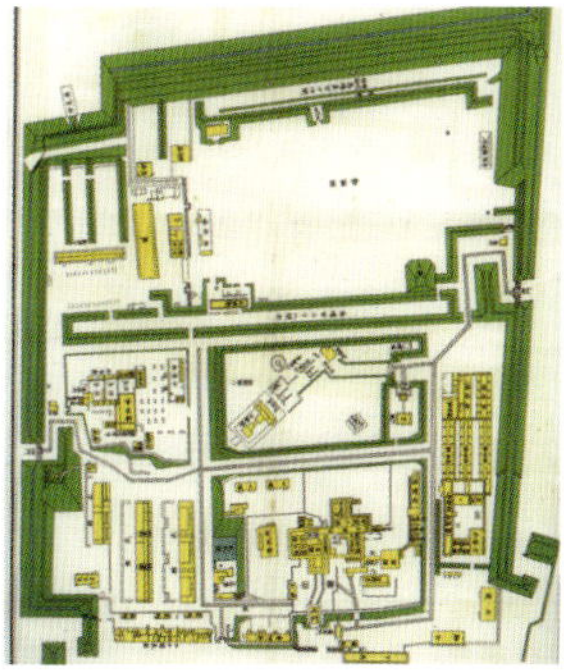

弘道館全図

管理棟である正庁をはさんで北側に文館、南側に武館を配置して「文武一致」、中央の聖域に鹿島神社と孔子廟を並置して「神儒一致」をあらわしている。（弘道館事務所所蔵）

明治維新の発火点となった尊王攘夷思想を学んだ

天保12年（1841）に、水戸藩9代藩主、徳川斉昭によって水戸城三の丸内に開設された日本で最大規模の藩校。当時、全国260ほどあった藩のほとんどが、藩士の子弟を教育する藩校を設けていた。その中で、弘道館は、江戸の高等教育の到達点を示す例として、大きな意義を持つ。

小藩の場合、国元の藩士が少ないこともあり、江戸藩邸の藩士の教育が重要であった。また、中藩、大藩の場合も、国元の、江戸の最新情報や文化は魅力だった。しかも、藩邸が並ぶ江戸では、藩をこえた交流も活発で、有名な学者の私塾も多かったため、ハイレベルな教育が受けられた。このため、諸藩は国元の藩校のみならず江戸藩邸にも藩校を設け、藩官僚のレベルアップにつとめたのである。

御三家の中で唯一参勤交代がなかった水戸藩は、歴代藩主は長く江戸で生活したにもかかわらず、斉昭がわざわざ国元に弘道館を造った理由として、2代藩主の徳川光圀に始まる水戸藩の学問的伝統を引き継ぎ、充実させることを目指したためといわれている。

水戸藩の学問は、光圀の『大日本史』編纂の過程で成立した朱子学の大義名分論を基本とする。幕末期に藤田幽谷や子の東湖らによって、尊王思想、さらに尊王攘夷思想へと発展し、明治維新の発火点となった。しかし、弘道館の教えは保守一辺倒ではなかった。攘夷とは、単に外国人を排斥する思想ではなく、外交テクニックでもあった。

弘道館では、学問のみならず武芸も重視され、文館では儒学・礼儀・歴史・天文・数学・地図・和歌・音楽など、武館では剣術・槍・柔術・兵学・鉄砲・馬術・水泳などが教えられた。現代に繋がる、全人格的な教育が展開され、各地の藩校のモデルにもなった。

㊟茨城県水戸市三の丸1-6-29
☎029-231-4725
休館日：12月29日〜12月31日

徳川斉昭と弘道館の教育

特別講師

弘道館事務所 学芸担当
小圷《こあくつ》のり子先生

斉昭の思想

徳川斉昭が藤田東湖に命じて起草させた建学の精神が『弘道館記』。敷地の中央に位置する八卦堂の中に高さ3mを超える石碑（通常非公開）が現存する。

『弘道館記』
〜弘道とは何ぞ
人能く道を弘むるなり〜

5つの方針

忠孝一致	君主への忠義と親への孝行は一致する。
文武一致	学問と武芸の一致。弘道館では双方を学ぶ専門の場があった。
学問事業一致	教育の成果が現実の政治のうえに活かされることの重要性。
神儒一致	鹿島神社を祀り孔子廟と対にして崇拝、神儒をともに重視した。
治教一致	政治と教育の連携。役人と教授の兼務態勢などもあった。

弘道館と偕楽園の関係＝「一張一弛」

写真:飯田信義／アフロ

「一張一弛」とは

弓は弦を張りつめる時とゆるめる時があって常に強い弓であり続ける、という意味を人に例え、厳しいだけでなく時にはゆるめて楽しむことも重要だとする考え方。斉昭は、造園の主旨をあらわした『偕楽園記』に「一張一弛」を記し、弘道館（一張）と偕楽園（一弛）のコンセプトを示している。

好文亭と梅

偕楽園の一角に斉昭が別邸として建てたのが「好文亭」。中国の故事で梅は「好文木」というのが由来で、斉昭は高齢の庶民をも招いた養老の会や、藩士と詩歌の宴などを催した。2月下旬から3月中旬に満開となる梅の花はまさに絶景。食用としても有用な梅は美と実を兼ね備えた花として園内ところ狭しと植えられている。

杉戸の韻字

36畳の板張り大広間である「西塗縁」の杉戸には8000もの韻字が杉戸にびっしりと書かれている。漢詩などを作るときに辞書代りに使ったのだ。学問への創意工夫が見られる。

建学の精神
→藤田東湖（1806〜1855）
斉昭の側用人として藩政改革を推進した学者。斉昭に命じられて建学の精神である『弘道館記』を起草する。

初代教授頭取
→会沢正志斎（1782〜1863）
弘道館の初代教授頭取を務めた水戸藩士で儒者。斉昭を擁立して藩政改革を行い、彰考館における修史事業にも参加した。

影響を受けた人
→吉田松陰（1830〜59）
尊王攘夷運動の指導理念となった水戸学を学びに諸国から志士が訪問。松陰のほか真木和泉や久坂玄瑞なども訪れた。

学んだ人
→徳川慶喜（1837〜1913）
斉昭の子で江戸幕府15代将軍となった慶喜も5歳の時から弘道館で教育を受けた。大政奉還の後は館内の至善堂で謹慎した。

水戸彰考館と大日本史

明暦3年（1657）に水戸藩2代藩主・徳川光圀によって編纂を命じられた歴史書が『大日本史』。全397巻にも及ぶ書物で、編纂のために設けられた史局が彰考館だ。『大日本史』は林家の『本朝通鑑』に対し、徹底した調査に基づいて独自の編纂を断行。その編纂過程で生まれた水戸藩の学問的伝統が弘道館の根幹だ。

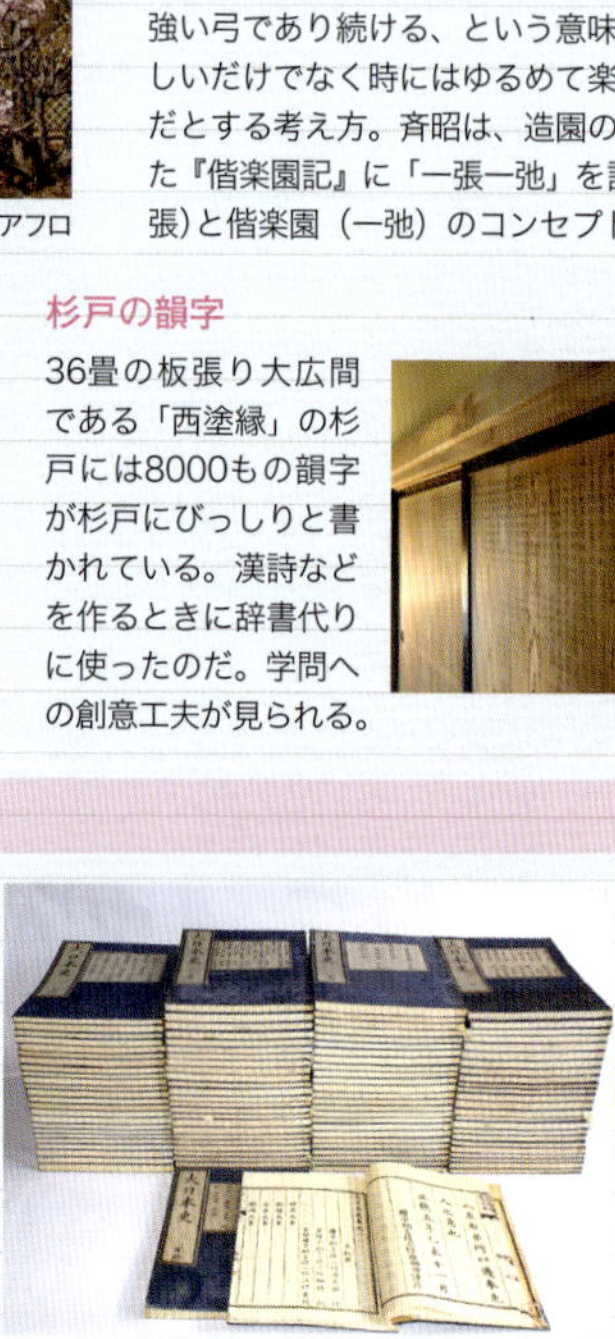

3つの特徴

- 神功皇后を后妃伝に収める
- 大友皇子の即位を認める
- 南朝の天皇を正統とする

取材・文／石﨑貴比古 撮影／殿村誠士

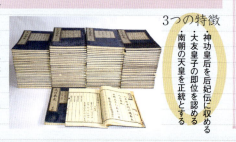

日本遺産
もっと
楽しむ
＋プラス1

茨城県
水戸市

教育遺産を訪れた機会に是非、立ち寄りたい4市それぞれ自慢の観光スポット

徳川ゆかりの地、水戸で市民が愛してやまないスポットを歩く

千波湖《せんばこ》

偕楽園の南東に位置する周囲約3kmのひょうたん形の湖。桜並木の遊歩道が湖をぐるっと囲っており、ウォーキングやジョギングが楽しめる。湖畔西側には徳川光圀公（水戸黄門）像が建っており、近くの「好文茶屋」や「好文cafe」ではゆっくりくつろぐこともできる。

(住)水戸市千波町3081　☎029-232-9214（水戸市公園緑地課）(交)電車・バス／水戸駅北口6番バス乗り場から乗車し15分、千波湖で下車（※6番乗り場発のバスは、偕楽園行きを除き、千波湖に停車します）　車／常磐自動車道・水戸ICから約20分

森のシェーブル館

森に囲まれた手作りチーズ工房。ヤギ乳100%のチーズ「シェーブル」（6～11月頃）と地物の牛乳を使ったチーズを製造している。一番人気はレアチーズタルト（写真）。他では味わえない「ホエードリンク」や、新鮮で濃厚な「ソフトクリーム」も美味しい。

(住)水戸市全隈町1454 水戸市森林公園内　☎029-255-1482　(営)9：00～16：30　(休)月曜日（月曜が祝日又は振替休日の時は翌日）年末年始（12月29日～1月3日）

水戸芸術館

市制100周年を記念し開館した複合文化施設。高さ100mの塔をシンボルとし、音楽、演劇、美術の芸術活動が、それぞれの専用空間で繰り広げられている。また、塔の展望室（86.4m）からは市内を一望できる。

(住)水戸市五軒町1-6-8 ☎029-227-8111 (休)月曜日（月曜日が祝日の場合は火曜日）、年末年始　(営)9:30～18:00（催事により延長あり）塔(料)（展望室）大人：200円、小人：100円（小・中学生）館内ツアー（火～日）大人：500円、小人400円

伝統文化・備前焼に触れ
風光明媚な自然を楽しむ

備前焼ミュージアム

釉薬を使わず良質の陶土をじっくり焼き締める備前焼は、使い込むことで焼き色が深みを増し、しっとりと落ち着いた風合いへと変化していく姿から「育てるうつわ」として愛されている。

館内には、約千年の歴史を持った備前焼について、古備前から現代に至る作品及び備前焼に関する資料を一堂に集め、展示・公開・解説している。

(下)所蔵作品／海揚り緋襷鶴首徳利

(住)備前市伊部1659-6 ☎0869-64-1400
(営)9：00～17：00 (休)月曜日（月曜日が祝日の場合は翌日）、12月29日～翌1月3日 (料)大人500円、大学生・高校生300円、中学生以下無料

備前焼まつり

毎年10月の第3日曜日とその前日の土曜日に備前市伊部で開催される。2日間で、約40万点もの備前焼が販売され、日本全国から十数万人の方が訪れる大規模な祭り。土ひねり体験など、備前焼制作の手ほどきを作家から受けることもできる。

日生諸島

瀬戸内海に浮かぶ大小13の島からなる日生諸島。温暖な気候に恵まれ、一年を通じて豊富な魚介類や、季節の果物を愉しむことができる。水面にはたくさんのカキ筏が整然と並び、まるで海上の畑のようにも見える。

日生カキオコ

日生特産のカキをふんだんに使った名物お好み焼き。

八塔寺ふるさと村

かつては「西の高野山」と称される程に仏教が栄えていた標高400mの高原に開ける村。まるでタイムスリップしたかのような清閑な風景は、時を忘れて過ごしたい方には最適。茅葺屋根の農家を移築、改造した宿泊施設では昔ながらの日本の暮らしが体験できる。

(住)備前市吉永町加賀美 ☎0869-84-2513（備前市吉永総合支所管理課）
(交)JR山陽本線吉永駅から車で30分、山陽自動車道備前IC，または和気ICから車で40分

民窯の代表・小鹿田焼《おんたやき》の里を歩き ご当地B級グルメも楽しむ

唐臼

小鹿田焼の唐臼は、日本の音風景100選のひとつ。水の力で陶土をつく心地よい音が、里に響く。

小鹿田焼

民衆の暮らしのための日用雑器“民陶”。“官窯”とは異なり、華麗さや繊細さはないが、質実で柔らか、素朴で温かみがある。

日田市内から車で30分ほど山の中に入れば、国の「重要文化的景観」にも選ばれている里に着く。里を流れる川の流れを利用して土を作る唐臼の音や、数軒の窯元が共同で使う登り窯など、歩くだけでも癒される風景がそこにある。

㊐日田市小鹿田焼陶芸館　☎0973-29-2020

㊌大分自動車道「日田インターチェンジ」から車で25分。JR九州・久大本線「日田駅」からは車で30分。

共同窯

現在10軒の窯があるが、そのうちの5軒が共同窯に属している。

天日干し

山間にある皿山では、日照時間も限られる。太陽が出れば、そこここで天日干しの風景が見られる。

三隈川屋形船

200年の伝統を誇る屋形船は、全国でも長良川と並び称される規模。40艘以上の屋形船が川面にならぶ姿は古くより日田の風物詩となっている。

日田焼きそば

炒める焼きそばと違い、鉄板上で一部が焦げるほど硬めに焼く麺に特徴がある。ソースで味付けし、具はもやし、ねぎ、豚肉を主に入れる日田のご当地グルメ。

歴史を感じさせる町・足利で やすらぎの時間を過ごす

史跡足利氏宅跡（鑁阿寺）

足利学校の北西に隣接する。足利学校の創建説の一つである源姓足利氏二代目の足利義兼が、平安時代末期から鎌倉時代初頭に当地に居館をかまえ、後に現在の鑁阿寺となった。本堂は平成25年に国宝に指定された。

(住)足利市家富町2220　☎0284-41-2627　(交)ＪＲ両毛線足利駅から徒歩10分、東武足利市駅から徒歩15分、北関東自動車道足利ＩＣから車で10分

史跡樺崎寺跡

源姓足利氏二代足利義兼が創建した中世寺院の遺跡。鑁阿寺の奥の院にして、足利氏の廟所跡。現在、復元整備が進められている。

(住)足利市樺崎町1723　(交)北関東自動車道足利ICから車で５分。JR足利駅から車で15分、東武足利市駅から車で20分

足利織姫神社

足利の織物産業を信仰の面から支えてきた神社で、宇治の平等院鳳凰堂を模したとされる現在の社殿は昭和12年に、当時としては珍しい鉄筋コンクリートで建てられた。朱色の建築が緑の山並みに映え、ひときわ鮮やかに目に残る。

(住)足利市西宮町3889　☎0284-22-0313（足利織姫神社奉賛会）(交)ＪＲ両毛線足利駅から徒歩25分、東武足利市駅から徒歩25分、北関東自動車道足利ＩＣから車で15分

あしかがフラワーパーク

600畳もの大きさを誇る大藤や長さ80mの白藤、きばな藤のトンネルなど、4月中旬から5月中旬にかけて藤の花が咲き誇る。冬はライトアップも行われ、1年を通して花の演出が楽しめる。

(住)足利氏迫間町607　入園料：300円～1700円　(営)9：00～18：00（ライトアップ期間は21：00まで）
※入園料と時間は季節によって変動あり。
㊡2月第３水・木曜日、12月31日

滋賀県
大津市
彦根市
近江八幡市
高島市
東近江市
米原市
長浜市

日本遺産を旅する

琵琶湖とその水辺景観
―祈りと暮らしの水遺産

作家・安部龍太郎さんが巡る 祈りと暮らし、食文化を支えた琵琶湖の「水」遺産

琵琶湖の水が織りなす日本の原風景に出合う旅へ

青々とした湖面を輝かせ、満々と水を湛える琵琶湖。水資源としてだけでなく、豊かな生態系を育み、固有の文化や景観を形成してきた〝母なる湖〟を抱く滋賀県を訪れると、各地で水を介して人々が育んできた様々な「水の文化」と出合うことができる。

そこで今回、歴史小説家・安部龍太郎さんと共に、琵琶湖の水と人々が織りなす文化を集めた場所へと旅に出た。そこには、祈りと暮らし、食文化といった、季節に寄り添いながら自然と共生していく知恵と文化、そして人々の営みという日本の原風景があった。

滋賀県には全国的にも著名な大寺院や大社が数多く、特に琵琶湖の周辺に鎮座している。水は神聖な力を持つと信じられ、その水を豊かに湛える琵琶湖は古くから信仰の対象であったことから、多くの寺社が建立されてきたのだ。

その顕著な例の一つが、名刹・比叡山延暦寺《ひえいざんえんりゃくじ》。平安時代に最澄《さいちょう》は、

ストーリー

穢れを除き、病を癒すものとして祀られてきた水。琵琶湖では「水の浄土」に臨んで多くの寺社が建立され、暮らしや食文化にも琵琶湖の豊かな水が活用されてきた。そして、水と人の営みが調和した水辺の景観などもあり、他にはない、日本人の高度な「水の文化」の歴史が集積されている。

安部龍太郎

1955年福岡県生まれ。1990年『血の日本史』でデビュー。2005年『天馬、翔ける』で中山義秀文学賞を、2013年『等伯』で直木賞を受賞するなど、歴史時代小説の大作を次々と発表する歴史文学の第一人者。

取材・文／野上知子　撮影／宮前祥子　写真協力／滋賀観光情報フォトライブラリー　地図製作／ジェオ　古地図製作協力／大溝の水辺景観まちづくり協議会

琵琶湖の水の恵み溢れる姿を見て、ここを理想郷と讃え、琵琶湖を臨む霊峰比叡山の山上に同寺を建立した。この地を訪れた安部さんは、「俗世」から隔離された神聖なこの場所から望む琵琶湖は、生命力に溢れ力強さを感じさせます。この光景を先人たちは畏敬の念を抱き眺めたのだろうと思うと、背筋がすくっと伸びますね」。

比叡山延暦寺
最澄が水の恵み溢れるこの世の楽園、理想郷と讃え、「天台薬師の池」に見立て、比叡山に延暦寺を建立。今も不滅の法灯とともに、「水の浄土・琵琶湖」を見守り続けている。

白鬚神社
創建1900年、湖中に朱塗りの大鳥居があることから「近江の厳《いつく》島《しま》」とも呼ばれる近江最古の大社。延命長寿・長生きの神様として知られ、祭神として猿田彦命《さるたひこのみこと》を祀る。

琵琶湖とその水辺景観がもたらしたもの

琵琶湖とその水辺景観―祈りと暮らしの水遺産
構成文化財位置図

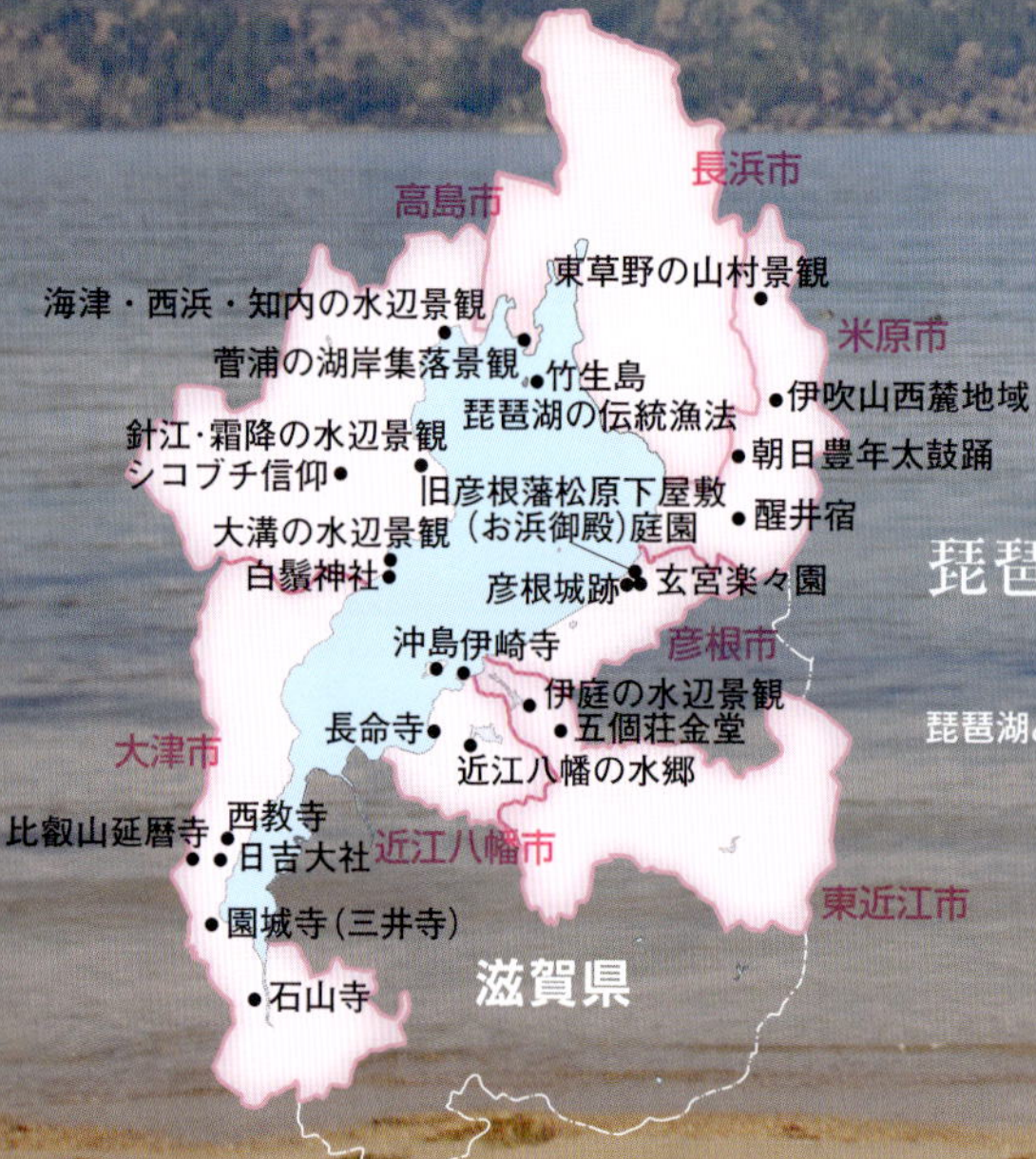

と、感慨深げに話す。

また、日本で最も歴史がある巡礼行である西国三十三観音霊場の14番札所の園城寺《おんじょうじ》（三井寺《みいでら》）は、御本尊に水と深い関わりのある薬師如来《やくしにょらい》を祀り、如来の棲まう極楽《ごくらく》浄土《じょうど》への信仰として、今も人々の崇敬を集めている。さらに、古事記にも登場する日吉大社《ひよしたいしゃ》、琵琶湖の中に朱塗りの大鳥居を構える白鬚神社《しらひげじんじゃ》も水と深い関わりがあるなど、人々は水の浄土に安らぎを求め、敬い続けてきたのだ。

園城寺（三井寺）
天台寺門宗の総本山。天智・天武・持統の古代三帝の産湯に用いられた霊泉（井戸）が境内にあり、「御井の寺」と称されたことが三井寺の由来に。本尊は水と関わりの深い薬師如来。

日吉大社
延暦寺の守り神として厚い崇敬を集めてきた大社で、社殿も比叡で生まれ琵琶湖に降る水の流れを意識している。7基の神輿が琵琶湖を渡る壮大な水のまつり「神輿渡御」も有名。

豊かな水を大切にする暮らしを巡る

近江八幡

近江八幡の水郷

近江八幡の水郷は琵琶湖八景の一つに数えられ、日本で最初の重要文化的景観に選定された。なかでも八幡堀は江戸時代に栄えた当時の面影を伝える風光明媚な観光地として人気。

近江商人の発祥と町の発展に大きな役割を果たしたのがこの八幡堀。昭和初期まで町の人々の経済・流通路として活用された。

水を要とした三者三様のまちの姿

滋賀のまちを訪れると、至るところで水と人々の暮らしが密接で、穏やかな風景を作り上げていることに気付かされる。まさに暮らしと共に〝生きている水〟に出合うことができるのだ。

湖東に位置する近江八幡《おうみはちまん》市は、日本最大の水郷地帯が今も残るエリア。現在は櫓漕《ろこ》ぎ舟による水郷巡りが有名だが、なかでも豊臣秀次が築いた八幡堀は白壁の土蔵や町家が堀に沿って建ち並ぶ風情ある町並みを楽しむことができる。

「川岸に降り、水面の位置に立つことで見える景色がありますね。賑やかであったろう城下町としての往時の姿が思い浮かべられて心が躍ります。水郷を通して多くの人や物資、情報が入ってきたのでしょう。いい町ですね」

と、安部さんは興味深げに堀を見渡しては散策を楽しんだ。

また、湖北の高島市にも特徴的な水辺の景観がある。大溝《おおみぞ》は織田信長が琵琶湖掌握のために築いた大溝城跡《おおみぞじょうし》と旧城下町が残る地域。

「歴史小説家として、ここは以前から訪れたかった場所です。大溝城は長浜城などと同様に、琵琶湖や内湖を自然の要害として利用した水城だったんですが、ここは今でもその雰囲気がよく残っていて、創作意欲がかき立てられますね」。

そして、同じく高島市にある針《はり》江《え》・霜降《しもふり》は湧き水の豊富な地域で、その水を利用した〝カバタ（川端）〟と呼ばれる洗い場・水場が残され、現在も暮らしの中で使い続けられている。ある民家を訪れ、カバタの湧き水を飲んだ安部さんは、そのまろやかな味に、

「この水のおいしさからも、この地域の方たちがどれほど水を大切にし、誇りにされているかが分かりますよ」。

と、語って目を細めた。

大溝城跡

明智光秀の縄張り（設計）によって織田信長の甥・信澄が築城。本丸の南東には琵琶湖の内湖である乙女ヶ池があり、この内湖を自然の要害として利用した水城だった。

町割り水路

城下町の町割りの整備により造られた飲用・防火用の生活用水路。豊かな水の恵みを利用して城下町形成が行われていたことが分かる。

大溝

高島びれっじ

築150年の旧商家を商工会の有志が改修し、「びれっじ」として再生。現在は食事処や手作り体験の店舗として多くの観光客が訪れている。

石垣に囲まれた小高い森が大溝城の本丸跡。周囲の田圃は水堀の跡になり、この城が琵琶湖に浮かぶ水城だったことを今に伝えている。

大溝陣屋総門

総門は大溝陣屋の正門になり、大溝陣屋関連で唯一現存する建造物。この正門を境に、南は武家屋敷地、北は町人町として区画していた。

針江・霜降

創業110年という上原豆腐店では、カバタの水を使った手作りの木綿豆腐が購入できる。

針江地区は今も各家々にはこんこんと水が湧き出す「カバタ（川端）」がある。野菜を洗ったり、果物を冷やしたりと、生活用水として利用されるなど、今も豊かな湧水が人々の暮らしを支えている。

良質の地元米と清冽な伏流水を用いた芳醇な日本酒が味わえる川島酒造も立ち寄りたい。

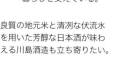

水の恵みを生かした大名庭園を巡る

水を巧みに取り入れた情緒溢れる景観を愛でる

白亜三層の天守が今も気高い勇姿を誇る彦根城。そのふもとには日本屈指の大名庭園が二つある。

その一つ、玄宮楽々園《げんきゅうらくらくえん》は江戸時代前期に彦根藩4代当主井伊直興《なおおき》によって造営された彦根藩の下屋敷で、広大な池水を中心とした回遊式庭園になる。池の水は城下町の湧水を外堀からサイフォンの原

楽々園は玄宮園とともに井伊直興により建立された彦根藩の下屋敷。かつては現在の建物のおよそ10倍の規模があったといわれる。

藩主が客人をもてなすために使われていた鳳翔台。現在は抹茶席として利用でき、雄大な庭園を眺めながら一服できる。

玄宮園図

古絵図では広大な池水を中心に、「玄宮園十勝」と呼ばれる十景が示されている。（彦根城博物館蔵）

玄宮楽々園

延宝5年（1677）に4代当主井伊直興が造営。彦根城や木々を背景に、池中の島や入江に架かる9つの橋など変化の富んだ作庭になっている。現在は建物部分を楽々園、庭園部分を玄宮園と分けている。8:30～17:00。入場料（彦根城と共通）大人600円。無休。

庭園内にはかつて茶室があった場所を忍ばせるようにつくばいの一部が今も残っている。

松原下屋敷 文化7年（1810）に井伊直中によって造営。淡水（琵琶湖の水）を利用した汐入形式の手法を用いた庭園としては全国で唯一。現在は新緑の春と紅葉の秋にのみ特別公開されている。

西側　**東側**

松原御下屋敷御庭之図

絵図同様に西側は州浜が広がり、東側は築山が折り重なる凝った作庭になっている。（彦根城博物館蔵）

理によって導水するという方法が用いられ、小島の岩間から水を落として滝に仕立てるなど、水を巧みに取り入れる。まさに日本を代表する情緒豊かな名庭である。

「彦根城を借景にした技巧を凝らした作庭ですね。満々と水をたたえた池の周りの石畳は高低差がつけられていて、場所ごとに変化する風景が楽しめます」と、安部さん。

そして、もう一つの大名庭園となる松原下屋敷（お浜御殿）は、11代当主井伊直中《なおなか》によって造営された下屋敷で、玄宮楽々園とは立地や趣も異なる公式性を離れたプライベートなものに。

「琵琶湖の水位と連動して変化する汐入形式の池を中心としたこの庭は、琵琶湖の水、そして周囲の自然を活かした景観が素晴らしい。庭の先には伊吹山を望むこともでき、この穏やかな景色に当時の藩主が心を癒していた様子が目に浮かぶようです」。

松原下屋敷と玄宮楽々園は内湖を介して水路で繋がり、御成りには御座船で出向いていたそう。そのことからも、かつて彦根の地は水運と水辺の風景に恵まれた土地だったことが伺える。

「江戸時代の彦根城は内堀、中堀、外堀という三重の掘に囲まれた大城郭で、琵琶湖から水の恵みを受けた水城でした。そして、藩主たちは庭園にもその水を巧みに利用しては安らぎの場としました。硬軟両面において、水の恵みがこの地を支えていたんだと、しみじみ感じさせられますね」。

水がもたらす独自の食文化と伝統漁法を巡る

ハス甘酢漬け

ビワマスの刺身

ハス

琵琶湖淀川水系および三方五湖水系にしかおらず、淡白で上品な白身の魚。ハスの稚魚（ハスゴ）の酢漬けは格好の酒肴として人気。

ビワマス

サケ科の魚の中で一番旨いという評価もある琵琶湖にだけ生息するサケの仲間。造りが定番で、特に夏季は脂がのり、その味は格別。

この地ならではの美味、琵琶湖八珍を食す

日本最大最古の琵琶湖は、長い歴史の中で多くの固有種が生息し、独自の湖魚を使った食文化が育まれてきた。その中でも、琵琶湖を代表するビワマス、ニゴロブナ、ハス、ホンモロコ、コアユ、イサザ、ビワヨシノボリ、スジエビを湖魚ブランド「琵琶湖八珍」として選定されている。滋賀県内のホテルや飲食店ではこれらを使った料理を提供しているが、休暇村近江八幡では琵琶湖八珍を一度に味わえるコースが人気を博している。これらを食した安部さんは開口一番、「うまい！」と相好を崩す。

「この地にこれほどの郷土食があるとは知りませんでした。滋味深く、染み入るようなおいしさです」。

さらに琵琶湖特有の料理として思い浮かべるのが、鮒《ふな》ずしをはじめとした湖魚のナレズシだろう。ナレズシは産卵期に大量に川を遡上した魚を1年以上保存する伝統食品で、琵琶湖の恵みを凝縮したような深い味わいは、貴重な食料を長きに渡って保存するための先人の知恵の結晶でもある。

モロコ南蛮漬け

ホンモロコ

琵琶湖の固有種で、モロコ釣りは琵琶湖の春の風物詩に。なかでも春から初夏にかけての子持ちモロコは味がよく、珍重されている。

イサザの佃煮

イサザ

琵琶湖にしか生息しない体長3cm前後の小さなハゼの仲間。たっぷりと出汁が出る魚で、濃い味付けにも負けない強い旨みが特徴。

えり漁のための杭が湖中に並び、まるで絵画のような叙情的風景を醸し出す。

Biwako Hacchin
琵琶湖八珍

琵琶湖八珍のロゴマークは、8種の食材を8つの円形で表現。

「手間暇のかかる鮒ずしをはじめ、湖魚をおいしく食べる食文化が今も受け継がれているのは、この地に暮らす人々が琵琶湖に寄り添い共に生きてきた証なんですよ」

と話す休暇村近江八幡の支配人、高山智行さんの言葉に安部さんも深くうなづいた。

また、琵琶湖では湖魚を漁獲するため、独特の漁法が展開されてきた。内水面という限られた漁場で漁業を持続させるために魚群を一気に大量漁獲することはせず、魚の習性をうまく利用して捕獲する〝待ち〟の漁法が特徴的で、その代表が琵琶湖独特の景観でもある〝えり（定置網）漁〟だ。また、鳥の羽を付けた竿で網に追い込む〝追いさで漁〟は春の風物詩的な光景にもなっている。

安部さんは最後にこう話す。

「琵琶湖に溢れる豊かな恵みを分かち合い大切に伝えてきた食文化からも、琵琶湖と人との繋がりがこれからも脈々と受け継がれていくことを願わずにいられません」。

海老豆

スジエビ

琵琶湖八珍の中で唯一の甲殻類。漁獲量が多く、滋賀の伝統料理である大豆と炊き合わせる「海老豆」の素材として親しまれている。

焼き鮒寿司（鮒の押し寿司）

ニゴロブナ

珍味「鮒ずし」の原料として使われる琵琶湖の固有種。造りにすれば歯応えと甘みがあり、海の魚を凌駕する旨みが楽しめる。

休暇村近江八幡では琵琶湖八珍を一堂に会した料理を提供している。

コアユ天ぷら

コアユ

琵琶湖には川に上らず、小さいままで琵琶湖に留まるアユがたくさんおり、コアユと呼ばれ親しまれる。天ぷらや串焼きが絶品。

ウロリ卵焼き

ビワヨシノボリ（ウロリ・ゴリ）

琵琶湖の固有種で、稚魚を利用する琵琶湖の食文化の代表。漁獲後すぐに処理しないと溶けてしまうほど繊細で柔らかな魚。

上／春になると、湖岸のコアユの群れをカラスなどの羽をつけた竿で網へ追い込む追いさで漁の光景も見られる。左／「琵琶湖の珍味と滋賀の地酒との相性は格別」と安部さん。

日本遺産
もっと
楽しむ
＋プラス1

滋賀の追加認定構成文化財5件一挙紹介

平成28年4月に長浜市の竹生島と菅浦の湖岸集落景観、大津市の西教寺、石山寺、彦根市の彦根城跡の計5件が追加認定され、長浜市が新たに構成団体に加わりました。

彦根城跡

琵琶湖や松原内湖から引かれた城の堀は、城下町への物資の輸送路としても利用された。その痕跡は、堀沿いの船着き場跡や、船町という地名、船頭や漕ぎ手（かこ）の屋敷などに見ることができる。今日でも屋形船が観光客で賑わうなど、堀は市民の憩いの景観の一部となっている。

竹生島

戦国時代に豊臣秀頼が寄進した都久夫須麻神社本殿と宝厳寺唐門や、日本三弁天で知られ、日本で最初に弁財天信仰が根付いた地と言われる。この地に、初めて寺を開いたのは、奈良時代の僧行基で、平安末期には、西国三十三所の巡礼が風習化し、室町時代までには三十番札所となった。古来より、浅井姫命が鎮座し、水神として崇められ、付近を通る船の安全航行を守る神として地域に根付き、今でも琵琶湖に浮かぶパワースポットの島として、内外から多くの人が訪れている。

琵琶湖とその水辺景観
―祈りと暮らしの水遺産

菅浦の湖岸集落景観

奥琵琶の急峻な湖岸地形に形成された独自の集落構造を示す菅浦は、万葉集にも詠まれた。古くから湖上交通の重要な港として知られる。中世の「惣」に遡る強固な共同組織によって維持されてきた湖岸集落からは、古くから続く水辺の暮らしが今も息づいている。

石山寺

日本を代表する古典文学『源氏物語』が起筆された寺院として知られる。紫式部が石山寺に参籠中、十五夜の月が琵琶湖に映える様子を見て、この物語の着想を得たという。琵琶湖からたったひとつ流れ出る瀬田川のほとりで、神秘的・芸術的な空間として、また心を映す景観として、水とくらしの文化の一つを形づくっている。

西教寺

天台真盛宗の総本山で、聖徳太子の創建と伝わる。文明18年（1486）に真盛上人が入寺して、堂塔と教法を再興、不断念仏の道場とし、以来全国に約四百余りの末寺を有する総本山となった。重要文化財客殿の山側には、琵琶湖の形を模した池泉がしつらえられており、信仰の形を庭園という形で具現され、琵琶湖と祈りが結びついた独自の景観を生み出し、訪れる人々に祈りの姿を伝えている。

JAPAN HERITAGE

日本遺産を旅する

日本茶800年の歴史散歩

歌舞伎役者・中村時蔵さんが
見て、歩いて、味わった！

芳醇な香りに酔う
日本茶八〇〇年の聖地へ

ストーリー

お茶が中国から日本に伝えられて以降、京都・南山城は、お茶の生産技術を向上させ、茶の湯に使用される「抹茶」、今日広く飲まれている「煎茶」、高級茶として世界的に広く知られる「玉露」を生み出した。この地域は、約800年間にわたり最高級の多種多様なお茶を作り続け、日本の特徴的文化である茶道など、我が国の喫茶文化の展開を生産、製茶面からリードし、発展をとげてきた歴史と、その発展段階毎の景観を残しつつ今に伝える独特で美しい茶畑、茶問屋、茶まつりなどの代表例が優良な状態で揃って残っている唯一の場所である。

類稀なる宇治茶を育む 天与の恵みと人の手わざ

宇治川が滔々《とうとう》と流れ、源氏物語の舞台でもある山紫水明の地、宇治を現代歌舞伎界を代表する女方・中村時蔵さんと訪れた。

「茶と歌舞伎の縁はじつは深いんですよ」と時蔵さん。南北朝の頃より、京では茶の産地を当てる〝闘《とう》茶《ちゃ》〟という遊びが文化人の間で流行り、やがて茶歌舞伎として広まったという。

宇治・山城のお茶の歴史 いざ、日本茶のふるさとへ！

宇治茶800年の足跡

時代	主なできごと
鎌倉前期	明恵が宇治に茶種をもたらす。宇治で茶の栽培開始（駒蹄影園跡碑）
室町	「宇治七名園」の成立（奥ノ山茶園）
	覆下茶園の出現（日本特有の抹茶の誕生、覆下栽培）
安土桃山	豊臣秀吉 京都北野で大茶会を催す（上林記念館、宇治茶まつり）
江戸初期	隠元が淹茶法を伝える（萬福寺）
江戸中期	永谷宗円が宇治製法を発明（日本固有の煎茶の誕生・永谷宗円生家）
江戸後期	江戸で煎茶が大流行。幕末までに全国に宇治製法が普及する
	宇治で玉露が開発（覆下栽培＋宇治製法）
江戸幕末	覆下栽培が木津川沿いの河川敷や丘陵に拡大（浜茶、河川敷茶園）
	神戸港開港に向けた輸送のための上狛茶問屋街が形成される
	和束町などで、山頂まで「山なり開墾」が進む

宇治の茶づくりは、13世紀に遡る。栄西禅師が中国からもたらした茶の栽培法を、明恵上人が宇治の里人に伝えたもの。

中村時蔵（五代目）
四代目中村時蔵の長男。56年、歌舞伎座にて『妹背山婦女庭訓』のお三輪ほかで五代目中村時蔵を襲名。美貌と美声、気品を備え、古典歌舞伎の王道をゆく女方の一人。

宇治川の水面から立ち上る川霧、肥沃な土壌、茶の木を弱らせる霜が降りにくいなど、茶の栽培において天与の環境が揃っていたことから、宇治では茶の生産が盛んに行なわれるようになった。室町時代には三代将軍足利義満がこの地に七つの茶園をつくり、さらに茶の湯文化の隆盛に伴って、茶はますます珍重されるようになる。その後も豊臣秀吉や徳川幕府など、権力者の庇護のもとで、茶の生産は手厚く保護されてきた。

平等院にほど近く、茶舗や茶店が点在する一角に、ひときわ目を引く重厚な長屋門がある。宇治御茶師の末裔として、450年の歴史を誇る上林春松本店である。上林家は茶師として秀吉に重用され、さらに徳川幕府より、宇治から江戸に茶を運ぶ『御茶壺道中』の一切を仕切る茶頭取を任命されていた。

「茶師とは、茶葉の選定と合組（ごうぐみ＝ブレンド、調合）を行なうもので、茶人の好みに合わせた茶をつくるなど創意工夫を重ねてきました。美味芳醇な宇治茶は、茶師あってこそ生み出されてきたのです」と第十四代当主春松氏の長男、秀敏さんは言う。

「人の知恵と工夫があってこその宇治茶の美味しさなのですね」と時蔵さんも興味深げに展示物に見入る。その中に、〝御茶入日記〟に、『極上　初昔』という茶銘を見つけた時蔵さんが声を上げる。

「歌舞伎の十八番『毛抜き』という演目に〝上林の初音〟という台詞があるんです。まさにこちらのお茶のことだったんですね…！」

茶と歌舞伎の思わぬ縁に、名役者の顔が嬉しそうにほころんだ。

宇治・上林《かんばやし》記念館

茶師・上林家の歴史を「茶師の長屋門」（歴史的記念物）をはじめ、利休・織部・遠州からの消息など、貴重な蔵品を見学できる。

☎0774-22-2513
㋲10時～16時
入館料 大人200円 ㊡金曜

 取材・文／郡 麻江　撮影／木下清隆　溝縁ひろし　地図製作／ジェオ

抹茶の誕生

16世紀後半

駒蹄影園跡碑《こまのあしかげえん》

萬福寺の前にある碑で明恵上人が騎乗のまま畑に乗り入れ、馬の蹄の後に茶の種を蒔くよう宇治の里人に教えた伝説を記している。

16世紀には、宇治において葦で編んだ葭簀《よしず》を茶畑に覆いかけて遮光し、渋みを抑えた茶葉をつくる『覆下《おおいした》栽培』が始まり、濃緑色で旨みの強い抹茶が作られた。宇治市街地から山ひとつ隔てた白川の地で、代々続く茶農家・小島確二さんは伝統的栽培法で抹茶の元となる碾茶《てんちゃ》を生産する。

「稲藁で覆う藁振りなどすべて人の手作業なので重労働で大変です」と笑うが、稲藁から降りた朝露が茶葉に適度な水分を与え、葭簀の間から微かに陽光が差して、茶葉に旨みと甘みをもたらすのだ。4月末から5月初旬には、丹精こめて育てた茶葉を地元の女性たちが一芽ずつ、丁寧に手で摘み取る。「簀を稲藁で覆うところから手摘みまで、じつに人の手がかかっているんですね」と時蔵さん。

奥ノ山茶園

室町幕府三代将軍足利義満や八代将軍足利義政が認める七名園のうち、唯一現存する茶園。毎年、良質な宇治茶が生産されている。

玉露の誕生

19世紀前半

宇治市地図

碾茶（抹茶）と玉露などの覆下茶園による茶の栽培を行なう茶畑が点在。室町末期以来の歴史ある茶問屋が並ぶ趣ある都市景観も残る。

抹茶・煎茶・玉露の誕生地を歩く
日本茶はすべてこの地で生まれた！

18世紀 煎茶の誕生

白川地区からさらに奥へ進むと、宇治田原町の山間、煎茶の故郷、湯屋谷がある。湯屋谷生まれの永谷宗円は、露天栽培で美味しいお茶が出来ないかと試行錯誤し、1738年、柔らかい新芽を蒸して焙炉という器具の上で茶葉を乾燥しながら手で揉む宇治製法（青製煎茶製法）を考案。味よし、香りよし、水色よしの煎茶が誕生した。

「江戸時代、高級な碾茶はごく限られた上流層の飲み物やったんですが、宗円さんは、なんとか庶民にも美味しいお茶を飲ませたいと頑張ってくれはったんやと思います」と〝宗円さんの里づくり会〟会長の谷村稔さんは微笑む。

宗円の生家で谷村さんがゆっくりと淹れてくれた煎茶に、「ああ、美味しい」と時蔵さんは心底、美味しそうに一服を堪能した。

煎茶のふるさと・湯屋谷

湯屋谷は谷深い地だが宗円が江戸への販路開拓も成し遂げたため、茶農家だけでなく、茶問屋も軒を連ねる独特の集落形態を持つ。

永谷宗円生家

木々に囲まれた茅葺き屋根の風情ある生家内には、宗円が発明した焙炉跡（上）が当時のまま据えられている。近くには茶宗明神社がある。

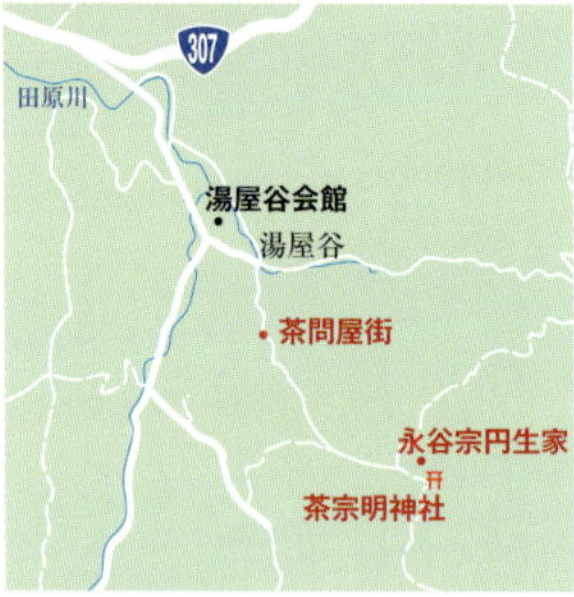

宇治田原町地図

信楽街道と田原川が交差する交通の要所で宗円の宇治製法の発明により生産地として発展。寒暖の差を活かした香りのよい煎茶を産する。

玉露発祥之地碑

玉露は『山本山』の6代当主、山本嘉兵衛が宇治・小倉にて生み出したとされる。近鉄・小倉駅からほど近い場所に碑が建つ。玉露の茶葉は、収穫前に日光を遮る被覆を施される。被覆により特徴的な滋味と香気を放つ。

宇治茶を育む茶畑を訪ねる
見渡すかぎり茶の桃源郷が広がる

時代とともに発展した特徴ある茶畑の景観美

宇治茶の生産地には、特徴的な景観をかたちづくる場所が多い。玉露の名産地である京田辺市の飯岡は古墳が点在する歴史ある地域。古墳の丘陵を取り巻くように覆下茶園が広がり、丘陵の周囲には水田、上部に集落と茶畑という垂直配置が特徴的な景色を見せる。

また、南山城村の童仙房《どうせんぼう》は、標高500mの山間の平坦地に、明治初期に開墾された集落で、茶園と水田が谷間に沿って対をなす独特の景観が広がる。当時、多くの士族を転住させ、茶を生産する開拓村が開かれた。最も古く開墾された地域から順に番号で呼び、一番から九番まで、その呼び名は今も生きている。当時は荒れ果てた土地で、人々は苦労して山を開墾し、茶畑を開いていったとか。

和束町・石寺（上）、原山（下）

和束町石寺や原山などの地域は、山なりに開墾された茶園と集落が織り成す独特の景観が見られ、府の文化的景観に選定されている。「お茶とワインは似ていますね。茶農家さんと話していると、ワイナリーの生産者と変わらぬ誇りと情熱を感じます」と時蔵さん。

和束町は京都府内で最多の茶生産量を誇る煎茶の一大生産地である。鎌倉時代には鷲峰山《じゅうぶさん》山麓で茶栽培が始まっていたとされるが、最も発展したのは19世紀以降のこと。生糸と並んで需要の双璧だった煎茶の輸出需要に応えるため、標高の高い山の斜面を利用した〝山なり開墾〟が拡大した。ひときわ壮大な〝山なり開墾〟を見られるのが鷲峰山の麓に広がる原山だろう。斜面を駆け下り、はるか下の低地まで、すべてのすべてが茶畑。全身が緑に染まりそうな、息を飲む景観が目の前に展開する。

このあたりの茶農家は比較的小さな茶畑をいくつも持っている。家から離れたところに茶山を持つのではなく、家のそばに少しずつ

宇治市・白川

谷筋を埋めるように覆下茶園が広がる白川地域の茶畑は国の重要文化的景観に選定。宇治市域の茶園の原型ともいうべき風景である。

京田辺市・飯岡

古墳群のある低い丘陵が特徴的な飯岡は玉露の産地として有名。丘陵地は覆下茶園や集落に利用され、周囲に水田が広がるという独特な景観をつくっている。

南山城村・童仙房

(右)明治初期に京都府の主導により開拓された童仙房に広がる大規模な山なり茶園。府の文化的景観に選定されている。(左)開拓100年を記念してたてられた開拓碑。

茶畑の畝一つにも、茶農家さんのさまざまな思いが込められている。美味しいお茶を飲むたびに、この美しい景色が蘇ってきそうです。

八幡市／城陽市／久御山町
流れ橋と両岸上津屋・浜台の「浜茶」

砂地栽培が適する碾茶は、19世紀後期以降は木津川河川敷の八幡市と城陽市にまたがる『上津屋』久御山町「浜台」に浜茶として広がった。時代劇ロケ地で有名な『流れ橋』が両岸をつないでいる。

木津川市・上狛茶問屋街

杉板塀が続く上狛の街角。現存する茶問屋の建物は幕末のものから大正、昭和初期のものまで多様。山城各地から集められた茶が木津川・淀川を経て神戸港に運ばれ、世界各地へ輸出された。

茶畑をつくって広げていったためで、暮らしそのものが茶畑とともにあるのも和束の特徴といえる。

「すぐ隣り合わせの畝でも生産者によって苅り方がちがうでしょう？ 苅り方で誰の畑かわかりますし、それぞれに茶づくりのこだわりがあるんです。和束町では今後、畑ごとに個性あるお茶を打ち出していきたいと考えているんですよ」と同町農村振興課の馬場正実さん。

「まるでブルゴーニュのぶどう畑のようですね」と時蔵さんが応えると、馬場さんもにっこり。

「ええ、そうなんです！ まさに目指すのはフランスワインの考え方です。畑が変わればお茶の味も価値も変わる。将来的には畑ごとに等級があっても面白いですし、そんな新しいお茶づくりを和束から発信していきたいんです」

馬場さんの言葉に時蔵さんも頷く。

「畑ごとの個性ある日本茶。ワインのように自分好みの味探しも新たな魅力になりそうですね」

どこに行っても丁寧に淹れていただいたお茶の美味しかったこと…！美味しい日本茶を飲めることの幸福に改めて感謝したいです。

人と人が未来へつなぐ素晴らしき宇治茶文化

日本最古の架け橋といわれる宇治橋のたもとには、これも日本最古の茶屋といわれ、狂言や吉川英治の小説「宮本武蔵」にも登場する『通圓茶屋』がある。店の伝えでは、創業は平安時代末期に遡る。

一休和尚作
「第七代通圓」木像

通圓茶屋の店内に祀られた第七代通圓の木像。とんちで有名な一休和尚と親交が厚かった第七代の死に際し、一休から「一服一銭一期の泡」の書が贈られたという。

次代へつなぐ、宇治茶の文化を体験する 天晴！ 極上の味わいに思わず感服

店の間には数百年を経た茶壷が並び、足利義政・豊臣秀吉・徳川家康などがここを訪ね、茶を所望したことが記録に残っている。

若き24代当主、通圓祐介さんは、新しい茶の品種開発など、お茶を現代の暮らしに根付かせたいとさまざまな取り組みにチャレンジしている。美しい点前で通圓さんが淹れてくれたお茶を時蔵さんはゆっくりと飲み干す。

「舞台の後にいつも妻にお茶を点ててもらうのですが、男性のお点前でいただくお茶はどこかきり

通圓茶屋

日本最古の茶屋といわれる『通圓茶屋』にて、二十四代当主、通圓祐介さんが点てた一服のお茶をじっくりと堪能する。

☎0774-21-2243
㊔9時30分～17時30分。無休。

っとした味わいで美味しいですね」

宇治川を挟んで通圓茶屋の対岸にある料亭『辰巳屋』では、生の大豆からつくった抹茶豆腐をはじめ、一つのコースで七服分もの抹茶を使った、茶どころにふさわしい抹茶料理を、七代目当主と若主人が丹精こめて料理し、提供する。

茶農家、茶問屋、茶屋、料亭など、人々が繋ぐ宇治茶文化は、さらにさまざまな広がりを見せる。和束町の『茶房竹の子』では、お茶のプロである日本茶インストラクターが常駐して、日本茶の楽しみを教えてくれる。日本茶インストラクターを置く『宇治茶カフェ』は、現在、府内に23店舗あるという。

「どの地を訪ねても、お茶の美味しかったこと…！みなさんがお茶を敬い、大切に誇りをもって淹れてくださったお茶の美味しさは、忘れがたいものがあります。美味しいお茶の陰には、それを真摯に守り続ける人がいる。伝統芸能にも通じる〝力〟を感じました」

先人の智恵を受け継ぎつつ、革新を続ける茶の聖地、京都・山城。茶を愛し、茶に携わる人々に出会う旅は、〝茶は人なり〟を実感する貴重なひとときとなった。

宇治茶まつり

栄西禅師、明恵上人、千利休への報恩感謝を込めて、毎年十月『宇治茶まつり』が行なわれる。(上)名水汲み上げの儀(宇治橋三の間)。(中)茶壷口切の儀と(下)茶筅塚供養の儀（興聖寺）。

京料理・抹茶料理 辰巳屋

宇治川を眺めつつ、先付から締めの御飯、デザートまで香り高い抹茶をふんだんに使った抹茶コース料理（6000円、税・サ別）を堪能。

☎0774-21-3131 ㊖11時～14時30分。16時30分～20時。㊡水曜日、その他不定休。

『宇治茶カフェ』茶房竹の子

日本茶インストラクターに美味しいお茶の煎れ方、飲み方を聞きながら、産地ならではの本格的な宇治茶や茶団子を楽しむ。

☎0774-78-3630
㊖8時30分～17時。無休。

日本遺産 もっと楽しむ ＋1

日本茶800年の歴史散歩の新しい魅力発見！

精華町・稲《いな》八《や》妻《づま》医師茶園

戦国時代・豊臣秀吉に仕えた武士を初代とする町医者の茶園。

木津川市・京都府立木津高等学校付属茶園、製茶工場

100年より前からお茶づくりの学校。現在でも我が国唯一の茶業教育を行う高等学校として続いている。

宇治市・小倉の天然覆下茶畑

今でも昔のまま、丸太と竹で組み、葭簀《よしず》と藁《わら》とで覆う茶畑。玉露発祥の地とも伝えられている。

井手町・多賀の「森の茶園」

多くの茶畑が木々に覆われていく中、良質茶葉を産出するが故に森の中に密やかに残る茶園。

笠置町・笠置有市の茶畑・索道台跡

人の通えない渓谷の山肌にも茶畑が広がる。1200mにも及ぶ索道の台跡は、先人の苦労を物語る。

日本茶のふるさと・ゆかりの古寺社

宇治神社

創建された時期は不明。隣接する宇治上神社とは対をなす。鎌倉時代初期に建設された本殿と、内部に安置される菟道稚郎子命《うじのわきいらつこのみこと》坐像は重要文化財に指定されている。祈祷は16時まで。拝観料 無料。

宇治上神社

創建時期は不詳。平安時代に建立された三殿からなる本殿（国宝）は日本最古の神社建築である。世界遺産の構成要素のひとつとして登録されている。9時～16時30分。拝観料 無料。

海住山寺《かいじゅうせんじ》

聖武天皇が大仏造立平安祈願のために、天平7年（735年）に創建。建保2年（1214年）に慈心上人により建立された五重塔は国宝に指定されている。9時～16時30分。拝観料 大人400円。

鷲峰山金胎寺《じゅうぶさんこんたいじ》

標高682Mの鷲峰山にある金胎寺は白鳳4年（675年）創建と伝わる。鎌倉時代の多宝塔が現存。境内へと続く登山道中には、かつての栄華を偲ばせる痕跡が残される。9時～14時頃。拝観料 大人300円。

宇治・山城へのアクセス

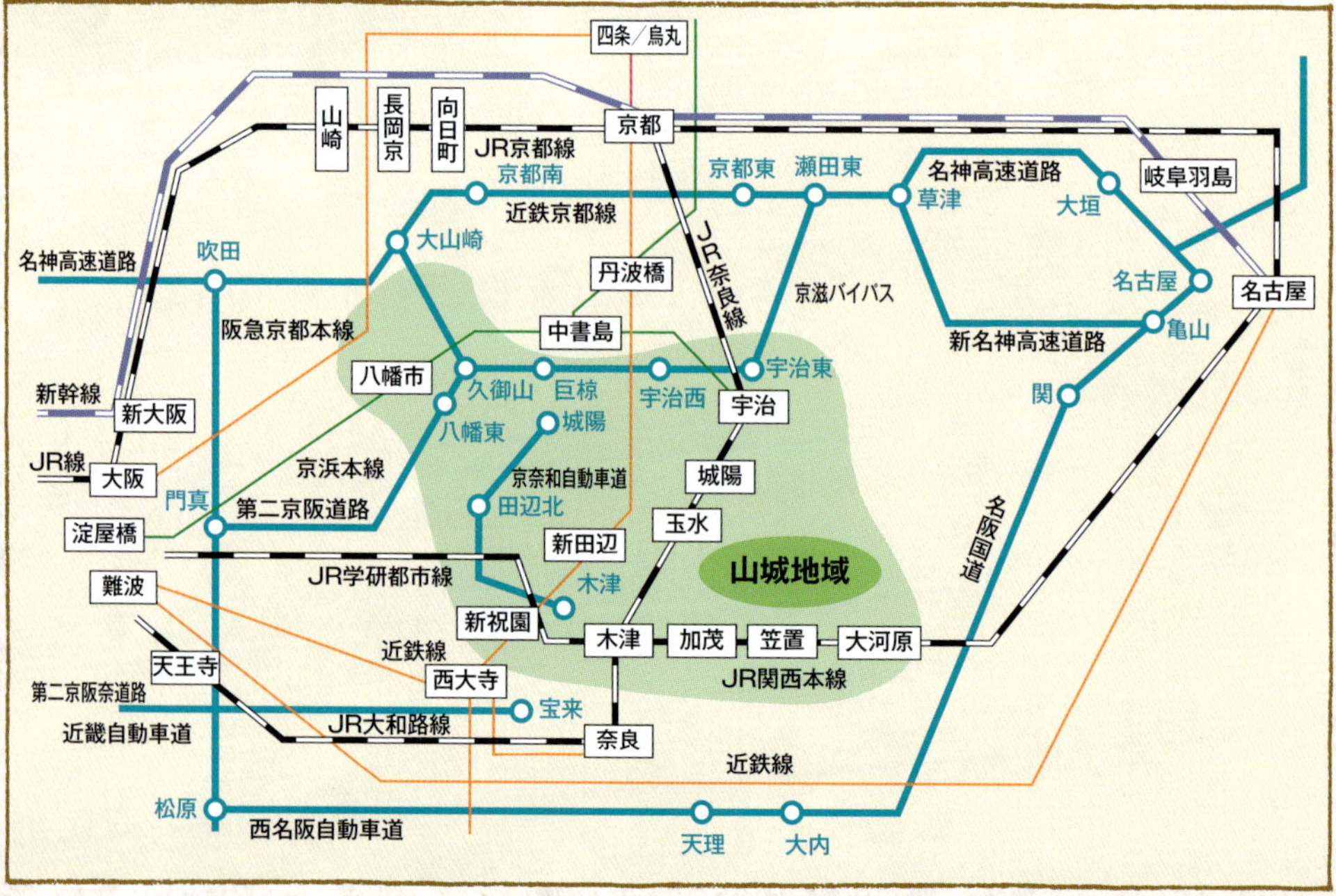

島根県
津和野町

日本遺産を旅する

津和野今昔 ～百景図を歩く～

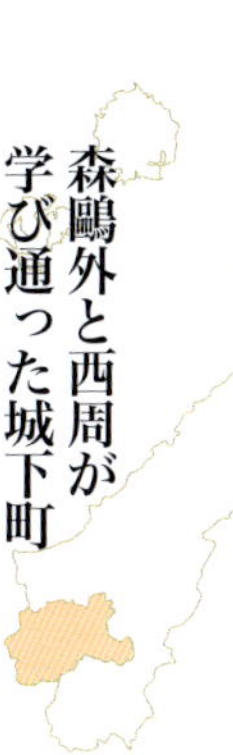

江戸戯作文藝研究の第一人者 棚橋正博先生の「津和野百景図」謎解き散歩

森鷗外と西周が学び通った城下町

『津和野百景図』は津和野町が日本遺産に認定される鍵となったが、その津和野については江戸情緒の残る町として近くにある萩と双璧だといった予備知識しか持ち合わせてなかった。だが、『津和野百景図』に収まる百枚の絵を眺めてゆくと、そこには間違いなく〝江戸〟そのものの息づかいが漂っている。その一枚一枚が歴史探訪の興味を誘ってやまない。

格齋が追憶するままに描いた故郷津和野の江戸時代の風景と今の津和野を見比べてみようと、泉下の格齋に誘われるようにして津和野への旅に出た。

津和野の築城は永仁3年（1295）、能登からこの地に来た吉見氏が館を構えたことに始まる。

戦国時代も終息し豊臣秀吉亡きあと、徳川家康の時代を迎える。津和野では坂崎直盛を初代当主として迎えた。時は大坂夏の陣（1615）、豊臣方の真田幸村は、捨て身となり家康の本陣を急襲する。そのとき大坂城では、坂崎《さかざき》直盛《なおもり》が千姫（二代目将軍秀忠の娘）を救い出すドラマが展開されていた。だが、千姫は直盛に心を許し嫁すことなく、直盛は失意のうちに江戸屋敷で自刃し果てる。

その後の天和3年（1617）

ストーリー
幕末の津和野藩の風景等を記録した「津和野百景図」には、藩内の名所、自然、伝統芸能、風俗、人情などの絵画と解説が描かれている。明治以降も町民は古き良き伝統を継承してきた。百景図に描かれた当時の様子と現在を対比させつつ往時の息吹が体験できる。

監修・文／棚橋正博《たなはしまさひろ》
1977年早稲田大学大学院修了。文学博士（早大）。元帝京大学教授、現早稲田大学院講師。専門は近世文学。主な著書として『江戸のくらし風俗大事典』（柏書房）がある。

【二十二】大橋
橋のたもとにある松の大木は2代目だが、百景図が描かれた当時を彷彿とさせる。

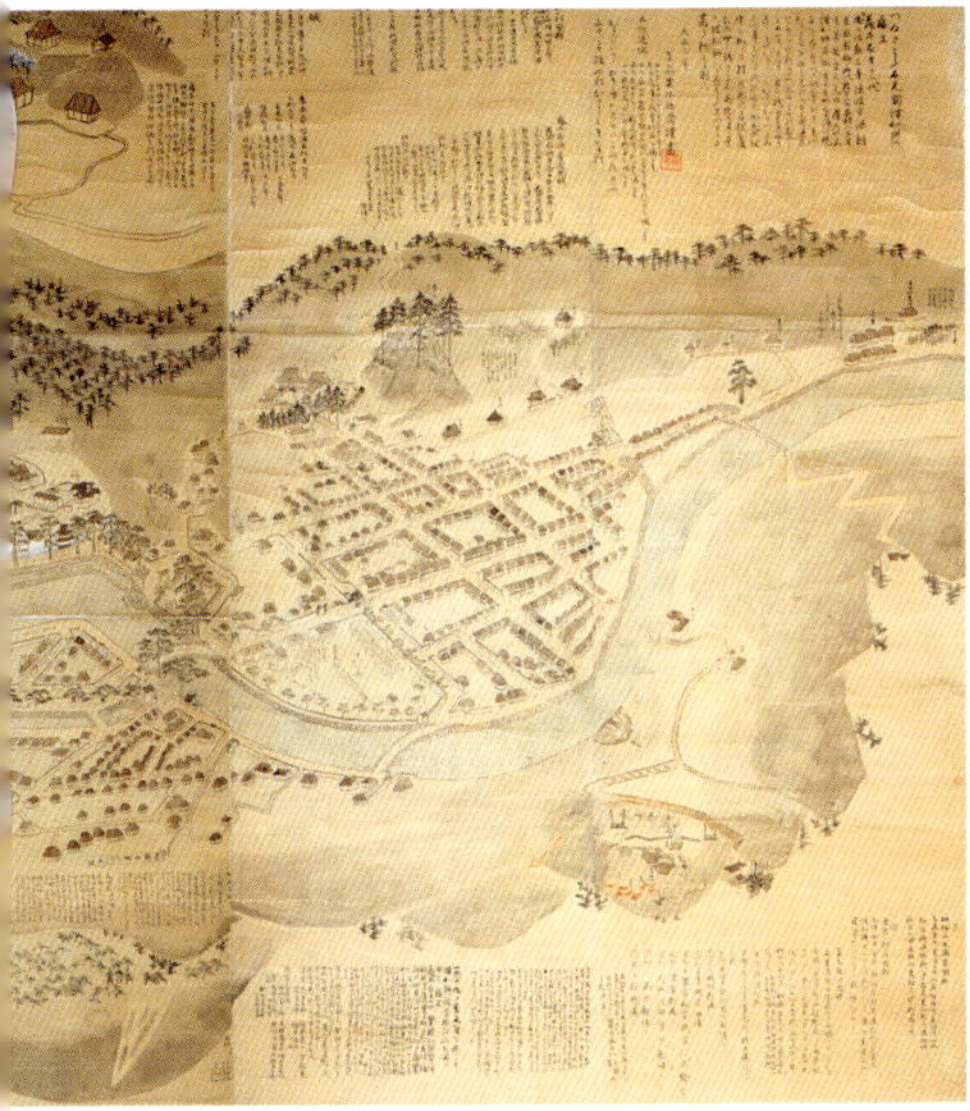

津和野城下絵図
大正3年に『津和野百景図』の作者・栗本格斎が描いた図。今日でも当時と町並みがほとんど変わっていない。『津和野百景図』がベースとなっており、比べてみると面白い。（津和野郷土館蔵）

なぜ「百景図」が誕生し、大切に残されてきたのか

7月、因幡国《いなばのくに》鹿野からやって来た亀井政矩《かめいまさのり》が津和野藩主に就く。以来、明治維新を迎える十一代藩主亀井茲監《これみ》まで、亀井家が代々津和野藩の藩主を勤め、津和野は城下町として繁栄した。

天明5年（1785）、六年に起こった飢饉後、時の藩主矩賢《のりかた》は町の復興と同時に永年の課題であった藩校養老館を開き、闇斎学《あんさいがく》を中心にした学問の振興と文武両道に力を入れた。

津和野出身というと、明治の文豪森鷗外と、近代哲学の父と謳われた西周《にしあまね》をすぐに思い起こされることであろう。彼らは幼年時より養老館へ通い学んだ。彼らと格齋が主君と仰いだのは、最後の藩主となる亀井茲監であった。

茲監と格齋の信頼関係から誕生した百景図

『津和野百景図』に藩主亀井茲監が描かれた図が5種ほどある。

茲監が藩主に迎えられたのは天保10年（1839）のこと、もう幕末を迎えようとしていた。

江戸幕府の財政立て直しの天保の改革（天保13年から）後も幕府は財政立て直しに懸命であった。津和野藩も藩政を司るのが難しい時節で、藩主として茲監は国家老多胡《たご》一族たちと藩政に腐心していた。そんな中、江戸から帰藩した藩主の横顔を格齋が描くということは、藩主に信頼を得ていればこそであったろう。

そう考えれば、茲監にとって格齋は身近に仕えていた忠臣の一人で、それ故に主君に対する敬愛と、郷愁の念を込め『津和野百景図』が画かれたことが知られる。

【三十七】鷲原《わしはら》愛宕神社の大杉

鷲原八幡宮の西側から山道を少し上ると、幾多の火災や落雷に耐えた巨大杉がある。

【三十一】常盤橋《ときわばし》

外堀の終点、常盤橋。右手に連なる家の一軒で森鷗外は10歳まで過ごした。

栗本格齋（1845~1925年）

御数寄屋番《おすきやばん》として藩主に仕え、絵は狩野派に学ぶ。晩年京都で過ごし、津和野の名所や風俗、生活文化を『津和野百景図』に記録した。

亀井茲監（1825~1885年）

久留米藩主の子として生まれ、石見津和野藩亀井家の養子となって最後の藩主を努めた。また皇政復古に際し皇事に努めた。

「津和野百景図」の世界を楽しむために知っておきたい3つの特徴

百景図の世界 1

狩野派の絵筆の心得が見られる。

格斎はいつ、誰から狩野派の絵を学んだのか

栗本格斎は、幕末近い弘化2年（1845）に石見国津和野鷲原村の落合実太郎の長男として生まれた。藩の狩野派の絵師から絵を学んだといわれている。たとえば『津和野百景図』のなかでも「城山《しろやま》の松茸」「御園内の花菖蒲《はなしょうぶ》」「幾久《いくさ》鴨猟場」などの画風の随所に狩野派流の心得があると思われる描法がみられる。

【五十一】幾久鴨御猟場

津和野町市街の西にあった藩主も楽しんだ鴨の猟場。籾を餌に網を使い捕えた。

POINT

二本の樹木の間に鴨が群集い遊ぶ図の構図そのものが狩野派の描写手法といっていい。樹木の描き方や鴨の動く様や、彩色された鴨の色使いもまた狩野派流の描法を体現している。

【二十五】牧氏の孟宗竹

殿町にあった牧氏の屋敷裏の竹藪に生えていた三尺あまりの竹の子の図。

画本虫撰《えほんむしえらみ》

美人画でならした絵師喜多川歌麿が可憐な草花と虫のいろいろを流麗な筆致で描いた狂歌絵本。上図は「けら」と「はさみ虫」を描き、その虫を詠み込んだ狂歌を載せている。

『津和野百景図』の中で描かれた絵から推測するに、少年期に格斎が絵の手ほどきを師匠から受けたとは考えがたい。

これは研究者の勘で、年代を調査し、詳しく考証する必要があることを前提とするが、永明寺にあったと思われる花や鳥・文人が描かれた杉板絵が存在する。それらが藩主茲監の要請で描かれた頃、狩野派の絵師と格斎との出会いがあった可能性が高いのではないだろうか。

永明寺に狩野派の画家が逗留したか、藩主から菩提寺や藩邸内の屏風図などを依頼され、津和野に狩野派の絵師が招かれ、絵心があった格斎が選ばれて絵師に師事したことは十分考えられる。

なお浮世絵師からの影響という点では「牧氏の孟宗竹」は『画本虫撰』から、「高津の渡船場」は葛飾北斎の『絵本隅田川両岸一覧』（寛政12年）からの影響がみられる。

百景図の世界 2

記録に残すことがタブーだった江戸時代の光景が再現されている。

【二十七】永明寺坂

津和野邸より代々藩主の菩提寺・永明寺に正式行粧で参拝に向かう奥室の行列。

「公朝」に関わる図をなぜ世に出せたのか

今がもし、江戸時代であったとすると、『津和野百景図』はおそらく門外不出か、あるいは秘蔵のままで煙滅《えんめつ》して陽の目をみることがなかったであろう。

たとえば百景図のなかの「覚皇山永明寺《ようめいじ》」「永明寺坂」に見られる十一代藩主茲監や奥室が藩の元祖政矩を祀る永明寺参拝の光景図、藩主の「御旗上覧」、または参勤交代の行列の図かと思わせる豪華な参拝の図である「喜時雨《きじゅう》庄屋の前」「鷲原口屋外」などは、「公朝」にかかわる光景図として秘笈《ひきゅう》に蔵されて世に出なかったはずである。

公朝にかかわるとは、江戸幕府や各藩の参勤交代などの公式行事、主君の式典、内密非公開な式典等について、その警備配置図などは機密事項にして、まして光景図を描くことは御法度《タブー》だったことをいう。

【三十二】鷲原口屋外

毎月6日に幸栄寺参詣に向かう行列の先頭。奴行列として津和野の秋の行事として今も残る。

【四十六】喜時雨庄屋の前

喜時雨にある藩祖元武社参詣の図。石高から考えるとあまりにも豪勢な行列。

【九十八】御旗上覧

毎年５月５日に藩邸内の庭園馬場で行われていた旗奉行の隊列を上覧する図。

こうした大名の行列は小説類の口絵・挿絵に描かれることはままあっても、津和野藩という特定の藩の機密事項にかかわる行列の絵などは憚《はばか》られるものであった。四万三千石規模の小藩の大名の例だとしても、秘密のベールに包まれるべき事項が、『津和野百景図』では具体的に描かれている。これは廃藩になった故に、『旧事諮問録《ふるきことたずねしきろく》』(※)などのように公開が許され描けた貴重な資料である。

百景図の世界 3

京のおどけた戯画の影響を受けた独特の画風。

略画っぽい画風は、京都で学んだのか

明治維新後、格齋は主君亀井茲監も亡くなったことから、妻子などとともに京都に移り住む。格齋は51歳、当時の年齢からすると、隠居生活を送っても不思議ではない。

移住後、格齋は、この地で、あらためて画業を習得したと考えられる。

『津和野百景図』に描かれている人物画については、狩野派の人物画とは、ちょっと趣を異にしている感じで、京都で学んだ画風が織り込まれていると見てよい。

人物略画については、手近なところでは、葛飾北斎の人物略画の諸本に接して刺激を受けたと思われるが、「年始《ねんし》家中出《かちゅうしゅつ》殿《でん》」「天神祭」などの人物画を見ると、北斎の影響というよりはむしろ、『文鳳麁画《ぶんぽうそが》』に代表される京都の河村文鳳《かわむらぶんぽう》（1778～1821）の麁画と呼ばれる人物略画からの影響が見てとれよう。かの『東海道中膝栗毛』を著した戯作者十返舎一九《じっぺんしゃいっく》が師事していた文鳳・琦鳳父子の流派を継いだ京都の門人に学んだと考えたほうがよかろう。

また「祇園会車芸」の役者姿絵を見ると、やはり京都でおどけ戯画絵師として活躍した耳《に》鳥齋《ちょうさい》から、上方歌舞伎役者似顔絵を継承した流光齋《りゅうこうさい》と、その系統の浮世絵師を模倣したか、上方在住の誰かから役者似顔絵描法を学んだかと思われる。

晩学ながら、狩野派ほか江戸時代の伝統的な画風だけではなく、明治に盛んになる遠近法も採り入れていた洋画も含めて独学したことは確かであろう。

POINT

略画であることによって、動きのある図となり掛け声も聞こえてくるような臨場感あふれる画面となっている。筆の躍動感がそのまま人々の表情として伝わる。

【九十八】天神祭 松林山天満宮の秋の祭事。弥栄神社にある神輿を担いで城下を練り歩く。

文鳳麁画
（立命館大学ARC所蔵、Ebi0332　3･6ページ）

岸派の絵師岸駒（1756～1838）に師事した河村文鳳(1779～1821)の描いた図。文鳳は、のちに各派の絵を学んで独自の画風を確立し、歌川国芳など後代の浮世絵師等にも大きな影響を与えた。

（※）『旧事諮問録』江戸幕府内の事情を江戸幕府役人たちの証言を得て記録した書。

棚橋先生、津和野へ。

家老たちの屋敷があった「殿町」に百景図のなごりを見つける。

往来の中心地をまずはふらり歩いてみる

殿町に屋敷を構える多胡家は、多胡主水真清以来、代々家禄一千石を拝領していた家老職で、安政年間に再建された表門が今も残る。

元和3年に津和野に入封した亀井政矩は幼少時から徳川家康・秀忠に仕えていたが、京都で落馬したのがもとで30歳の若さで亡くなった。政矩急逝時、嗣子大力《だいりき》を3歳の幼少で、家康の孫娘だった母光明院が家督相続をさせたことから藩政をめぐる主導権争いが両多胡家の間で起こった。いわゆる津和野騒動である。

この騒動は多胡勘解由《かげゆ》追放で終息するも、以後、津和野藩は幕府の管理下におかれていた。

そうした情況にあって津和野藩はかなり窮屈な藩政を強いられていた。しかし、『津和野百景図』を見る限り、幕末の藩主などの行動は思いのほか自由に見える。そこには家老多胡家の周到な配慮があったものと察せられる。

江戸中期以後は商業主義の発達による経済の混乱で、全国どこの藩の財政も窮乏しており、津和野藩も同様だったろう。津和野のほぼ中心地で往来の要である殿町に国家老が屋敷を構えていたのが経済勢力を背景に台頭してくる町人社会と武家社会の融和に奏していたといえよう。ここからは正面に藩校養老館の武道稽古場があって武士たちの日常が見え、殿町通りからは町家街が一望できる。そして藩主邸を背に青野山を仰ぎ、武家屋敷街を眺望しながら、藩政を執ることに腐心を続けていたと思われる。

【二十三】殿町

通りを望むと、手前には筆頭家老の多胡家の門。白漆喰となまこ壁の塀が隣の門までつながっているところも百景図のまま。

【十六】弥栄《やさか》神社

吉見氏によって城の鬼門にあたる地に建てられた。百景図に描かれている拝殿右手の大欅は、樹齢600年と言われ、今なお健在。7月の祇園祭の神事として奉納される「鷺舞」の舞台でもある。

㊟島根県鹿足郡津和野町後田稲成丁
☎0856-72-1771（津和野町観光協会）

津和野町日本遺産センター

「津和野今昔～百景図を歩く」のストーリーを知ることができる。2015年10月にオープン。職員に説明をお願いすれば、百景図に隠された「津和野の魅力」も教えてくれる。

㊟島根県鹿足郡津和野町後田ロ253 ☎0856-72-1901
㊡月（祝日の場合は翌日が休み）9:00～17:00

百景図にもっとも多く描かれる津和野城（三本松城）と青野山は津和野藩民の精神的な拠り所だったのか？

津和野城跡の高台に登って眼下を眺めてみる

『津和野百景図』の巻頭に三本松城（津和野城）が描かれており、格斎にとって、津和野の象徴はやはり城であったのだろう。

『津和野百景図』には、明治7年に山上の城が解体される以前の姿が描かれている。天守閣は貞享3年（1686）の落雷の火災により焼失したため描かれていない。現代ではリフトで途中まで登れるので楽になったが、山が急峻すぎてその後天守の再建はできずに終わっている。格斎が武士であったからであろう、武家屋敷の中の草花が咲き誇る庭園や、馬場や武術稽古にまつわる場所も多く描かれている。

青野山が描かれている図も多い。津和野のどこからでも眺めることのできる山頭が優しい丸みを帯びた象徴的な山だ。別名妹山と呼ばれ、「妹山の景」には朝霧が青野山の麓に広がる様子が描かれている。藩邸の茶室「半峯亭」は俗に月観の御茶屋といい、藩主が青野山から登る月を眺めていたのであろう。江戸時代に発刊された『山水奇観《さんすいきかん》』（※）には、青野山は「石見妹山」として紹介されており、火山として隆起したときにできた崩落の跡がその形から〝剣凹《けんくぼ》〟として紹介されている。麓には桜の名所があり、藩民の憩いの場であったであろう。

城山の北東端にあるのが、代々の津和野藩主の菩提寺永明寺である。今はJR山口線の鉄道で町家街と一線を画されるようになっているが、ここは津和野の曹洞宗の名刹である。代々藩主や奥室も信仰心に篤く、津和野に居る時は、藩主が必ず命日ごとに参拝していたという。だが、最後の藩主茲監が明治維新になって廃仏毀釈の宗教改革に努めざるを得なかった立場だったことで、藩主の菩提寺として維持するために禅僧も苦労したようである。

『津和野百景図』の「覚皇山永明寺」と現在とを比較してをみると、本堂や庫裡《くり》、鐘楼などは今もそのまま江戸の面影を伝えている。

【二】三本松城出丸（津和野城跡）

㊟島根県鹿足郡津和野町後田
☎0856-72-1771（津和野町観光協会）
料金：リフト往復：
中学生以上450円小学生400円
〈利用可能時間（営業時間）〉見学自由（観光リフトは10：00～17：00）
（昇りは16：30まで）
〈定休日（利用可能期間）〉12月1日～2月末は土日祝日のみ運行（ただし1月1日～1月5日は運行）

【八十】妹山の景

妹山は青野山の別名。青野山は津和野町内のどこからでも見ることができる。

【二十八】覚皇山永明寺

歴代の津和野城主の菩提寺。巨大な茅葺き屋根は、息をのむ美しさ。境内には、森鷗外をはじめ、坂崎出羽守ら有名人の墓がある。

島根県鹿足郡津和野町後田ロ107
☎0856-72-0137 ●拝観料　大人300円　中高生200円　小学生150円 ●拝観時間　8:30～17:00

（※）淵上旭光作。「石見妹山」は日本勝地『山水奇観』全十二冊（寛政十一～享和二）の前編に収録される。

江戸時代から変わらぬ
今なお愛される季節の風物詩と伝統行事。

弥栄神社に伝わる神事。毎年祇園祭りの7月20日（渡御）は町内11ヶ所、27日（還御）は町内9カ所の昔から定められた場所で舞う。国の重要無形民俗文化財。

【十七】祇園会鷺舞

鷲原八幡宮

㊟島根県鹿足郡
津和野町鷲原
☎0856-72-1771
（津和野町観光協会）

【三十六】
鷲原のやつさ

【三十四】鷲原大夜燈

津和野城の鎮守社。境内には鎌倉の鶴岡八幡宮を模した、わが国で唯一と言われる流鏑馬専用馬場があり、4月の第２日曜日に流鏑馬が行われる。

藩民のあふれる笑顔が印象的な賑わいの図

津和野の弥栄神社で舞い行われる鷺舞は、天文11年（１５４２）、当時津和野城主だった吉見正頼により疫病鎮護のために山口から伝えられた。戦国時代に一時衰えていたのを津和野藩二代目藩主茲政が京都八坂神社の舞いを学ばせて復活、だから津和野の鷺舞は４５０年余の歴史がある。

『津和野百景図』で弥栄神社と鷺舞を並べて描いた格齋は、この祇園会は津和野の重大な祭式だと述べ、鉦《しょう》・大小鼓・横笛が囃し立て、旧暦の6月7日と14日、十二間（約22m）幅の殿町広小路に観覧席をつくり近郷の百姓たちもこぞって見物に押しかけ、藩主の上覧もあって執り行われたと解説に記されている。

諫鼓《かんこ》を打つと鷺舞の鷺は大鉾と小鉾を従え街を練り歩く。京都に移り住んだ格齋は、京都では鷺舞は絶えて、もうないと伝えている。しかし、伝承が絶えていた京都八坂神社では子供達の小鷺踊りとして復活され、毎年祇園祭（7月）の時に見ることができる。

この祭事が現在の7月20日と27日になったのは、津和野藩の最後の藩主茲監が明治政府の参与職神祇事務局判事となり、廃仏毀釈の推進役として祇園祭を天皇の還幸の日と定めたからである。

鷺舞の弥栄神社から南西、津和野城址跡の下の道を行くと、格齋の生まれた鷲原となる。ここでは今も毎年「やっさ」（流鏑馬）がにぎやかに行われる。馬場の一隅には大夜燈が立つが、奈良春日大社の春日燈籠より大きく趣が異なる。

百景図にも描かれた旬の食材「しし鍋」と「鮎雑煮」を日原町で体感する。

素朴に大切に守られてきた食の文化

津和野の城下町から北に約15㎞、高津川の中流域にある日原で鮎の雑煮に舌鼓を打つことになった。

関東流の正月の雑煮を食べ慣れていると、雑煮は鶏肉に小松菜の取り合わせだが、出汁から全てが鮎尽くしで、川魚の癖もなく、骨抜きになりながらも優美な姿をみせる鮎と青菜と餅とのハーモニーに驚いた。当時の江戸っ子にも軽く美味なる正月の味を教えてくれたに違いない。

『津和野百景図』に見えている「左鐙《さぶみ》の香魚」は、解禁前に群れる鮎の様子であろうとは割烹美加登家の若女将・山根由香さんの見立てである。店では今でも左鐙の川へ投網して採った鮎を膳に載せるというが、近年は鮎の漁獲が減ってきたという。

川の幸があれば山の幸もある。

『津和野百景図』には「きまんごくの景」「吉賀《よしか》の猪」と、鹿と猪の図が見える。鹿狩りは津和野の東南にあたる市街地に近い村の山で、宵から朝にかけて行うと、格齋は図の解説で述べている。

一方、猪狩りは冬の雪深い頃、餌を求めて人里へ出没するのを捕らえるということだが、当時、人なつっこい猪は狩人を恐れることもなく近寄ってきたという。

仏教が布教されていた江戸時代には四つ足の動物の肉を食することを敬遠していた。しかし、江戸時代も半ばを過ぎると、江戸では「ももんじや」と看板を掲げて鹿と猪を鍋料理にして出していた。

江戸の川柳に〝厳寒に酒あたためて紅葉鍋〟とある。紅葉鍋は鹿、牡丹鍋は猪である。

そこで今度は乙なところで猪鍋料理に挑戦しようと車で店に向かう。

猪鍋料理が名物だという『レストハウス げんごろう』でさっそく賞味させてもらうことにした。

江戸では、すき焼、水煮、薩摩汁もあったというけれど、ここは素朴な、すき焼風の猪鍋である。時の野菜と一緒に味噌味で煮た猪肉が柔らかく臭みもない。どんな味かと興味津々、食べて見ると脂身もさほど脂っこくなく、馬肉に近い食感というところである。この脂身こそが猪肉の一番おいしい部分だと言う。

猪肉は現代の湿布代りに使われたのは江戸の昔の話だが、田畑を荒らす害獣として捕獲され食べているのは今も同じであるという。

【八十六】左鐙の香魚

高津川は清流として有名で、古くから鮎の名所として知られる。左鐙には平家の落人伝説がある。

割烹　美加登家

初夏から晩秋にかけて、高津川でとれた天然鮎の専門店として、全国の鮎好きでにぎわう名店。一番人気の天然鮎コースは8000円、10000円、12000円の3コース。

㊟島根県鹿足郡津和野町日原221-2
☎0856-74-0341 ㊖11:30～19:00最終入店（要予約）㊡毎週月曜日

【八十五】吉賀の猪

吉賀町は津和野町の東にあり、旧七日市村、旧六日市村、旧柿木村などからなる。今も雪深き冬に里山にイノシシが出没する。

レストハウス　げんごろう

天然いのししを状態の良い個体のみを猟師から買い取り、一頭一頭丁寧に下処理して臭みのない上品な味わいに仕上げる。いのしし鍋がおすすめ。

㊟島根県鹿足郡津和野町河村543-4
☎0856-74-0247 ㊖11:00～17:00
㊡木曜日

日本遺産もっと楽しむ＋1

津和野を訪れたら是非、立ち寄りたいおとなの時間を満喫できる厳選スポット

森鷗外記念館

幼少期を津和野で過ごした明治の文豪・森鷗外の世界で初めての記念館。旧宅に隣接した記念館では遺品や直筆原稿などを見ることができる。

㊟津和野町町田イ238 ☎0856-72-3210 ㊢9:00～17:00 ㊕600円（森鷗外旧宅の見学料含む）旧宅のみは100円 ㊡月曜日、12月29日～31日

にちはら天文台

ハレー彗星が地球に接近した1985年に全国初の公開天文台として建てられた施設。「すばる」と同じ形式の75㎝望遠鏡では教科書にでているような星々を見ることができる。

㊟津和野町枕瀬806-1 ☎0856-74-1646 ㊢星と森の科学館13:00～21:00　天文資料館13:30～21:00　天体観測19:00～22:00 ㊕500円 ㊡火曜日、水曜日

安野光雅美術館

津和野町出身の画家・安野光雅の美術館。展示室のほか、プラネタリウムや絵本を閲覧できる図書館などを併設し、訪れる人を空想の世界へと誘う。

㊟津和野町後田イ60-1 ☎0856-72-4155 ㊢9:00～17:00 ㊕一般800円 中高生400円 小学生250円 ㊡年末の12月29日～31日の3日間と3月、6月、9月、12月の第2木曜日

旧堀氏庭園

江戸時代、笹ヶ谷銅山の年寄役を務めた名家・堀氏の名園。四季折々の風景が美しく、特に紅葉の名所として知られている。国指定名勝。

㊟津和野町邑輝795 ☎0856-72-0010 ㊢9:00～16:00 ㊕大人500円 中高生300円 小人200円 ㊡月曜日

新山口～津和野 SL「やまぐち」号「貴婦人」に乗りこんで2時間のレトロ旅に出かけよう!

「貴婦人」の愛称でファンに親しまれる「C571」は、新山口を出発して湯田温泉や山口市、長門峡などを通過し、山陰の小京都・津和野までを約2時間かけて走る。運行情報その他、詳細はWEBで http://www.c571.jp/

津和野めぐりはレンタサイクルが便利

津和野の町は南北にわずか3km。見所を見て廻るにはレンタサイクルが便利。まず津和野町日本遺産センターに寄り、コンシェルジュに見所を聞いてから町を巡ると津和野をさらに楽しめる。自転車は駅前や各旅館などで貸し出しています。詳しくは津和野町観光協会（☎0856-72-1771）まで。

㊕2時間まで500円（1時間増毎に100円増）1日800円

津和野へのアクセス

電車でお越しの場合

関東方面から 東京駅　東海道新幹線 → 新山口駅（特急スーパーおき･山口線など）→ 津和野駅（所要時間約6時間）

東海方面から 名古屋駅　東海道新幹線 → 新山口駅（特急スーパーおき･山口線など）→ 津和野駅（所要時間約4時間30分）

関西方面から 新大阪駅　東海道新幹線 → 新山口駅（特急スーパーおき･山口線など）→ 津和野駅（所要時間約4時間）

九州方面から 博多駅　東海道新幹線 → 新山口駅（特急スーパーおき･山口線など）→ 津和野駅（所要時間約1時間50分）

出雲方面から 出雲市駅　特急スーパーおき → 津和野駅（所要時間約2時間10分）

山口方面から 新山口駅　特急スーパーおき → 津和野駅（所要時間約1時間）

バスでお越しの場合

関西方面から 大阪梅田･神戸三宮→津和野駅前（所要時間約9時間）

山口方面から 東萩駅→津和野駅前（所要時間約90分）

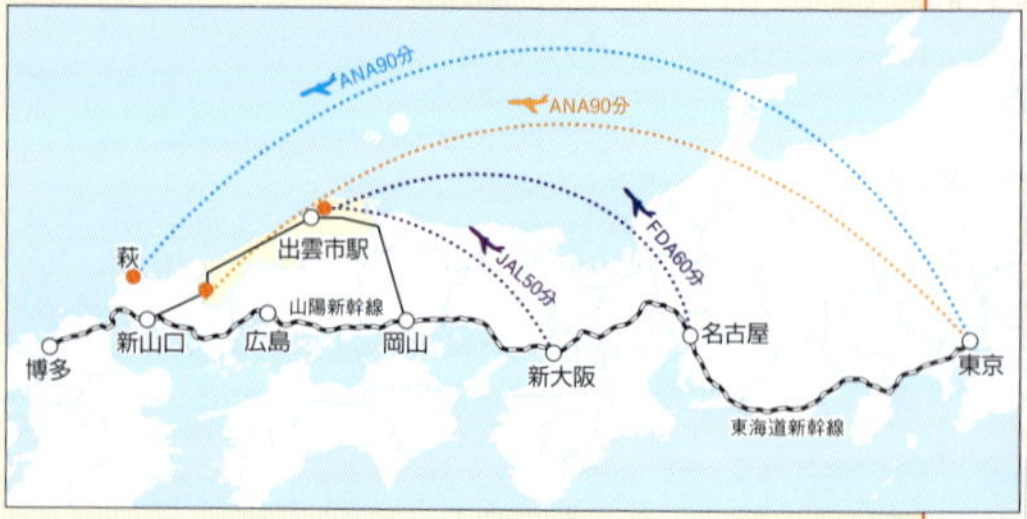

飛行機でお越しの場合

関東方面から 羽田空港 → 萩･石見空港1日2便（所要時間90分）→ 萩･石見空港から車で60分

関東方面から 羽田空港 → 山口･宇部空港1日6便（所要時間90分）→ バスとJRで約2時間

東海方面から 名古屋小牧空港 → 出雲縁結び空港1日2便（所要時間60分）→ 電車または車で約3時間

関西方面から 伊丹空港 → 出雲縁結び空港1日5便（所要時間50分）→ 電車または車で約3時間

JAPAN HERITAGE

福岡県
太宰府市

日本でもっとも大陸に近い古都の遺産を旅します。

歴史作家・澤田瞳子さんが歩いて体感

一三〇〇年前の国際都市・「西の都」太宰府へ時間旅行

ストーリー

大宰府政庁を中心としたこの地域は、東アジアからの文化、宗教、政治、人などが流入・集積するのみならず、古代日本にとって東アジアとの外交、軍事の拠点でもあり、軍事施設や都市機能を建設するのに地の利を活かした理想の場所であった。現在においても大宰府跡とその周辺景観は当時の面影を残し、宗教施設、迎賓施設、直線的な道や碁盤目の地割跡は、1300年前の古代国際都市「西の都」を現代において体感できる場所である。

古代日本の「西の都」〜東アジアとの交流拠点〜

いにしえの異文化花咲く先進シティ・太宰府

菅原道真が左遷された地として知られる福岡県太宰府市。学者から役人となり、異例の速さで右大臣にまで出世した道真が、藤原時平の策謀により突然京の都から西国の果てに飛ばされたのは昌泰4年（901）のことである。

歴史小説家・澤田瞳子さんはこのころの太宰府の街の様子を『泣くな道真 大宰府の詩』（集英社文庫）のなかでこう表現している。

「異国の情緒が漂い、飛び交う言葉にも外つ国の語が頻繁に混じっている。（中略）これほどの賑わいに満ちた都市は、本邦には京と大宰府以外になく、まさに人物殷賑天下の一都会――」。

京を離れ悲憤慷慨する道真が着いたそこは、文華の最先端たる国際都市。大陸の人やモノが溢れたこの地は、並外れた教養を持つ道真にとって魅力的だったのでは？

取材・文／蔵迫由里子　撮影／江藤衛　地図製作／ジェオ

筑紫は万葉の宝庫ですね。紫の官服が旅人かしら。

澤田瞳子

1977年京都府生まれ。2011年デビュー作「孤鷹の天」(徳間書店)で第17回中山義秀文学賞を最年少で受賞。12年「満つる月の如し 仏師・定朝」(徳間書店)で第32回新田次郎文学賞と第2回本屋が選ぶ時代小説大賞受賞。

大宰府政庁跡

奈良・平安時代に九州全土を治め、日本の外交・対外防備の拠点であった役所の中枢。大宰府顕彰のために建てられた3基の石碑の前には正殿を支えた立派な礎石が並ぶ。国指定特別史跡。別名「都府楼跡」。

※「だざいふ」の表記は、歴史上の役所を大宰府、行政上の地名等を太宰府としています。

梅花の宴

梅を愛で歌を詠む文化的な催しは、730年、大宰府長官・大伴旅人邸で行われた。そのジオラマが政庁跡に隣接する大宰府展示館に展示。

朱雀門跡

大宰府政庁の南正面、御笠川の畔にある。1982年、川床から礎石が出土したことで、京の都同様の「朱雀門」があったと推定される。

という観点から物語は展開する。

「小説で描かれた大宰府こそ、西の都そのものの姿だったろうと思います。朝廷が外交の拠点として置いた大宰府は、外国使節の人々に日本の発展をアピールするためにも華やかな街づくりがなされていたと考えられるのです」

そう語るのは、今回旅の案内をしてくれる太宰府市教育委員会・文化財課の井上信正さん。

大宰府造営のはじまりは、道真左遷から200年以上も遡る7世紀後半。ここからいかにして「天下の一都会」となっていったのか。澤田さんの旅は大宰府の中枢・政庁跡からのスタート。1300年前の「西の都」の歴史を探訪する。

01

「西の都」の成り立ちを辿り 古代を生きた人々を思う

大宰府政庁・水城・大野城界隈

ここの景色は
国際都市の
スケールが
実感できます！

岩屋城跡から太宰府を一望する

四王寺山中腹に位置する岩屋城は15世紀前半から16世紀後半の山城。太宰府が一望できる絶景スポットで、「西の都」の配置がよく分かる。

国分丘陵から水城を眺める

いまも1.2kmの土塁が残る城砦。のちに大宰府の出入口となり、外国使節や都の官人らを迎えた。築造は百済の都と同じ技術を採用。

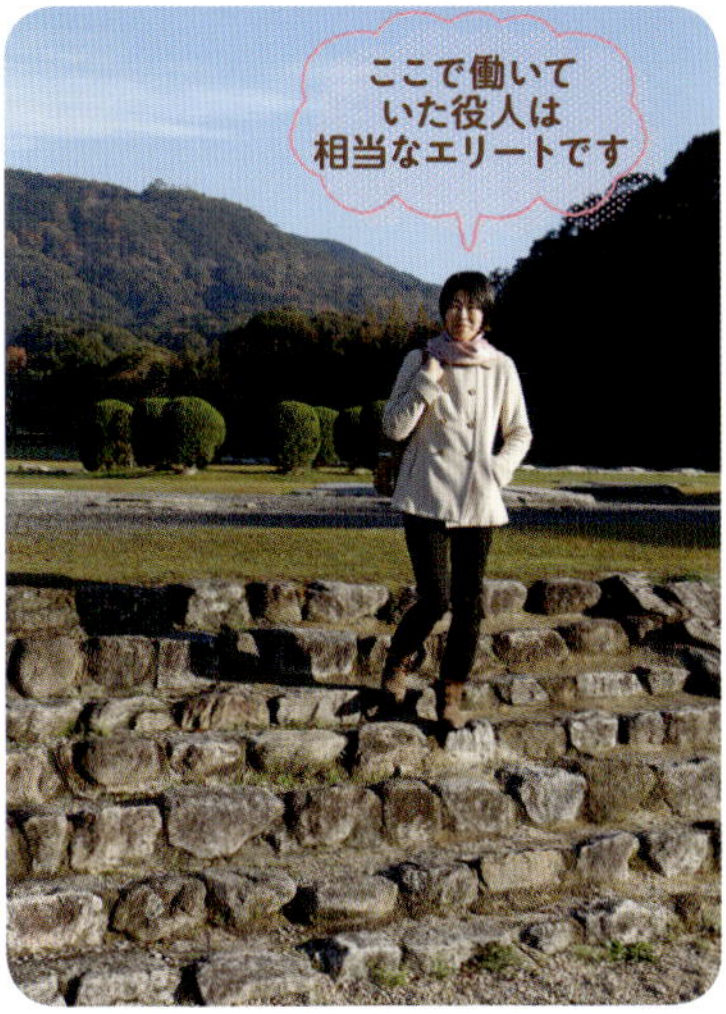
ここで働いて
いた役人は
相当なエリートです

大宰府政庁南門跡

政庁正殿から南に開かれた正門。大宰府の玄関口にふさわしく、2階建て入母屋造りの屋根をのせた壮麗な門であったと推測される。国指定特別史跡。

唐の都と日本の都をモデルに造られた都市

663年、唐に滅ぼされた百済の復興を支援した日本は、白村江（韓国西岸）の戦いで大敗。唐・新羅軍の侵攻を恐れ、太宰府地域に水を貯えた濠と土塁からなる「水城」や地形を生かした山城の「大野城」など壮大なスケールの要塞を次々に築いていった。辺境を守る防人や情報伝達のための烽火を整備したのもこのころである。

やがて侵攻の危機が遠ざかると「水城」「大野城」を外郭（外城）とし、平野部に碁盤目の街区・大宰府条坊が整備される。それは飛鳥の藤原京に倣《なら》ったものであった。そして、遣唐使として実際に長安を見てきた粟田真人《あわたのまひと》が大宰府に赴任すると街区の再整備が行われ、「西の都」がかたちを成していく。710年代後半、大宰府政庁の造営により完成した古代都市は、唐の都「長安城」、日本の都「平城京」と共通した東アジアの国際標準仕様で築かれたものであった。

約2km四方にわたる街区には、北の中央に大宰府政庁や役所を据え、その前面にメインストリート朱雀大路を敷設。官人子弟の教育機関や観世音寺など天皇ゆかりの寺院や客館（迎賓館）、人々の住まいといった宮都と同様の施設が

南館跡（榎社）

菅原道真が謫居《たっきょ》した公邸跡。毎年9月太宰府天満宮の神幸祭では菅公の神霊がここに還り、一夜を過ごして天満宮に帰還する。

外国使節を迎えた迎賓館「客館」

近年、朱雀大路沿い東側で大人数が収容できる建物跡や井戸跡、高級食器などが見つかり、位置や規模、出土品などから、その場所が外国使節に宿泊や食事を提供する「客館」とみられる遺跡であることがわかった。出土した品々は壺や香炉などさまざまで、そのなかに8世紀に唐で広まった喫茶の器なども含まれることから、大宰府が国際的な文化交流の最先端にあったことを伝えている。

客館跡から出土した高級食器

新羅の土器や佐波理《さはり》（銅と錫の合金）、唐の白磁や青磁、日本の漆器や奈良三彩など、出土したのは各国を代表する高級品だった。

作図：井上信正

条坊を敷いた「西の都」

碁盤目に地割した都市は北中央に政庁を据え、前面には朱雀大路を敷設。その造りは平城京と同様に唐の長安城がモデルとなっている。

水城・西門付近

（上）外国使節を迎えた西門跡の切り通し。国力を誇示するため楼門であったと推測されている。（右）水城周辺は整備され散策が楽しめる。

国指定特別史跡

（上）東門跡には城門があったことを示す礎石が残っている。（下）全長1.2km、高さ9m、幅（基底部）80mの土塁の構造を語る太宰府市教育委員会の井上信正さん。

大野城・百間石垣

国指定特別史跡

百済の貴族とともに地形を生かして造られた。北側にある百間石垣は城内最大の全長180m。透水性の高い構造など技術の高さが窺える。

備えられていたと推定されている。

「水城には両端に門が設けられ、大宰府の出入口になりました。人を迎え送り出す場所であったからか、歌枕（和歌に詠まれる名所旧跡）としても有名ですね。妻を亡くした大伴旅人と彼を支えた女性・児島が互いに別れを惜しむ切ない歌も残っています。この時代を生きた人々のことを想像しながら歩いてみると、また違った風景が見えてくるような気がします」

と澤田さん。約1350年前に造られた城砦などが残る太宰府の街では、いまも各所で発掘が行われている。

02

観世音寺界隈

鑑真も滞在した西国一の大寺で、日本最古の梵鐘の「声」を聴く

緑豊かな静寂の古刹で巨大仏像に圧倒される

大宰府政庁跡から東へおよそ600m。樹木に覆われた観世音寺の境内では、いまも日本最古の梵鐘を見ることができる。これは、南館（榎社）にいた菅原道真が「都府楼は僅かに瓦色を看、観(世)音寺はただ鐘声を聴く」と詠んだ、まさにその鐘である。この寺で、日本における律宗の開祖・鑑真は正式な僧になるための授戒を初めて行い、また、空海も長期にわたり滞在したとの記録が残る。

670年頃、観世音寺は天智天皇が母・斉明天皇の追悼のため発願したことに端を発する。しかし、なかなか完成せず、正式な発足は746年。じつに約80年もの歳月を費やして建設された。

大宰府によって造営が行われた観世音寺は、完成後もその庇護のもと「府の大寺」として九州の寺院の中心となる。761年には正式な僧になるための戒律を授ける「戒壇」を設けると、東大寺と下野薬師寺とともに「天下の三戒壇」として権威を誇り、僧尼付与権限

毎年、大晦日には一般の方も撞くことができるんですよ。
道真も詩に詠んだ鐘が現存しているなんてスゴイ。

観世音寺・梵鐘

日本最古の梵鐘（国宝）。698年に鋳造された京都・妙心寺の兄弟鐘とされ、それより20年ほど古いと思われる。鐘の音は神幸祭と大晦日に聞くことができる。

講堂（上）僧房跡（下）

現在の講堂は江戸時代初期に再建されたもの。このまわりに古代の講堂の礎石がそのまま残っている。講堂の北側には修行僧たちの学問所兼寄宿舎のような僧房の建物群があり、その礎石が現在復元されている。

かつて九州中の寺院の頂点に君臨していたお寺です。

を一手に握ったことで九州の仏教界の頂点に君臨した。平安後期には東大寺の末寺となるが、多くの荘園をかかえており、鎌倉時代頃まで九州を代表する大寺院だった。

「1300年の時を経たいまの観世音寺は、楠の大樹と静寂のなかにあります。この辺りは緑豊かな史跡地で、華やかな太宰府天満宮とはまた違った古都の雰囲気を感じることができると思います」

そう語るのは観世音寺住職で文学博士（西南学院大学名誉教授、日本考古学協会会長）の石田琳彰さん。

天災や火災など幾多の危機に晒されてきた観世音寺は、慈悲で衆生を済《すく》う観音様を信仰する民衆によって守られてきた。宝蔵に安置されている古仏（すべて重要文化財）は圧巻で、この寺の崇高なる存在を伝えるものである。

戒壇院･戒壇

戒壇とは正式な僧侶となるために必要な戒律を授ける場所で、本堂に往時の姿を残す。本尊は平安時代の作で国の重要文化財。

戒壇院･本堂

奈良東大寺、栃木下野薬師寺と並ぶ日本三戒壇の一つとして観世音寺に置かれ、鑑真、空海も滞在した。現在は禅寺となっている。

観世音寺･宝蔵

十一面観音立像をはじめ平安時代から鎌倉時代にかけての仏像16躰（すべて重要文化財）や陵王の舞楽面などを収蔵。高さ5m前後の巨像が並ぶ荘厳な空間は、まさに仏教芸術の殿堂である。

観世音寺

創建は7世紀後半、天智天皇の発願により造営され、鑑真が滞在し、天下三戒壇の一つして多くの僧を輩出した。まさに西国における東大寺の役割をになった大寺だった。

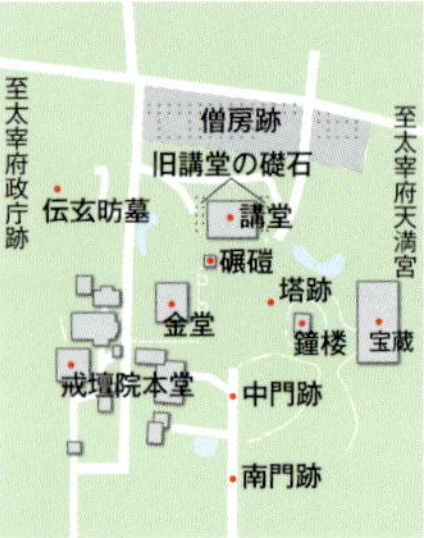

観世音寺の伽藍配置

平安時代末期の当寺の様相を伝えるこの絵図によれば、南に南大門、北東西にも門を設け、塀がめぐる。塀の南西角に戒壇院、南東角に菩薩院がある。中門の内側の東に五重塔、西に金堂を向かい合わせて配置しているのは観世音寺独自の伽藍で「観世音寺式」と呼ばれている。その奥に講堂があり、北門との間に僧房が設けられている。描かれたのは900年以上も後だが、創建時の配置にかなり忠実と思われる。

観世音寺絵図

1526年に描かれた観世音寺の伽藍絵図。現在、九州国立博物館に展示されており、観世音寺の宝蔵では複製画を見ることができる

麒麟、御神牛、桃山建築…天神様の総本宮は見所がつきない

西の都の文化も継承する大学者・道真を祀る神社

手水舎（左）、御神牛（中）、麒麟（右）
楼門前の手水舎に使われている巨大な一枚岩は霊峰宝満山から切り出されたもの。その後ろにある御神牛の頭を撫でると知恵を授かるといわれている。空想上の聖獣・麒麟は天満宮の結界に立ち、悪人が聖域に侵入しないよう振り返って睨みをきかしている。

「道真公にとって、左遷は悲劇でありましたが、太宰府にとっては幸運であったと思います。おみえになったからこそ、この地は特別な場所になったのです」。

と語るのは、道真の左遷に随行した門弟・味酒安行《うまさけやすゆき》42代目の子孫、味酒安則さん。太宰府天満宮禰宜《ねぎ》で学芸員も務めている。

太宰府天満宮は天神さま（菅原道真）をお祀りする全国1万2000社の総本宮。「学問・至誠・厄除けの神様」として崇敬を集め、年間約700万人もの参拝者が訪れる福岡が誇る観光地だ。

903年、道真は住まいであった大宰府の南館（榎社）で59年の生涯を閉じた。大宰府に埋葬するようにとの遺言に従い、味酒安行が亡骸を牛車に乗せて「四堂」（四王寺山か に向かっていると急に牛が動かなくなり、そこに埋葬されることとなった。現在の本殿が建っているのがその場所である。のちに道真の無実が朝廷で証明されると「天満大自在天神」という神様の位が贈られ「天神さま」と呼ばれ崇められるようになった。

太宰府天満宮は、天神信仰の原点であるとともに「西の都」の文化を継承し、後世に伝える役割も担っている。流れてくる酒盃が通

足利尊氏、豊臣秀吉も参詣しているんですね。

太宰府天満宮・本殿 大宰権帥《だざいのごんのそち》として左遷された菅原道真の墓の上に建つ。現在の本殿は1591年の再建で国の重要文化財。五間社流造《ながれづくり》の壮麗な姿が桃山時代の様式をいまに伝えている。

太鼓橋
漢字の心を形造った「心字池」に架かる御神橋。太鼓橋・平橋・太鼓橋の三橋は過去・現在・未来を表している。水の上を歩くことで心身を清め、神前に進む。

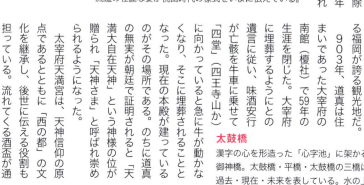

曲水の宴

毎年3月第1日曜に開催。参宴者は平安装束に身を包み、目の前を酒盃が流れ去る前に和歌を詠み酒を飲む雅な神事。

浮殿

名の由来は社殿を巡らす水面に建物の姿が映ることから。秋の神幸祭の御旅所で、御神輿が本殿に戻る時刻までの間ここで休む。

り過ぎる前に歌を詠む「曲水の宴」、道真の御霊を奉安した御神輿の行列が天満宮から榎社へと進む「神幸式大祭」など、およそ1000年前から続く行事は、当時の姿がほぼそのまま再現されている。

「例えば『曲水の宴』も大陸から伝わったものですが、とにかく博多・太宰府の人は新しもの好き。外国の人もモノも拒否せず、受け入れるんですね。そんな気質も手伝って、国際都市として発展していったのではないかと思っています」。

と味酒さん。太宰府天満宮はいまも海外からの参拝客が多く、かつて唐、新羅、百済と呼ばれていた国の大勢の人々の参拝はいたって日常的な風景だ。

旅の最後に太宰府天満宮を訪れた澤田さんはこう話す。

「ここ天満宮の創建は、大宰府政庁が支援したそうです。そういう背景にも目を向けると『西の都』の存在が徐々に鮮明になっていきます。街中に散らばった史跡はジクソーパズルのピースのようで、訪ね歩きながら頭のなかで組み合わせていくと古代都市が現れる。そんな風に楽しめる旅でした」。

本殿の欄間彫刻

華麗な欄間彫刻は、上流に登った鯉の中で険しい滝を飛び越えた鯉だけが龍になるという登龍門伝説に、道真の生涯を重ねたもの。

境内には宝物殿や菅公歴史館もあります

筆塚

空海・小野道風とともに「書の三聖」と称される道真を崇め、書道・学問の上達を祈念して築かれた。古い書記具に感謝し納める場所。

甘木屋と梅ヶ枝餅

太宰府名物「梅ヶ枝餅」の焼きたては必食です。

参道の一番奥にある「甘木屋」の木造3階建ての建物は、太宰府市指定景観重要建造物。明治33年に建てられたもので、店内では焼きたての梅ヶ枝餅や甘酒などが味わえる。

日本遺産 もっと楽しむ ＋1

歴史と文化に触れ 梅ヶ枝餅で癒される 心も体も満腹になる 太宰府まち歩き

宝満宮 竈門《かまど》神社

宝満山の山頂に上宮、山麓に下宮が鎮座する。祭神は玉依姫。大宰府政庁の北東に位置することから、鬼門を守るとされ、現在では縁結びの神として知られている。下宮境内では、春には桜、初夏にはシャクナゲ、そして秋には紅葉が四季折々の彩りを添える。

㊟太宰府市内山883　☎ 092-922-4106　9:00～17:00　お守りお札授与所 8:00～19:00 ㊍西鉄太宰府駅からコミュニティバスで10分

大宰府展示館

特別史跡大宰府跡に隣接し、発掘調査によって検出された遺構（溝）の一部を保存公開するとともに、大宰府の歴史を紹介する展示を行っている。

㊟太宰府市観世音寺4-6-1　☎092-922-7811　㊇9:00～16:30　㊡月曜日、年末年始（12月28日～1月4日）㊍西鉄都府楼前駅から徒歩15分

九州国立博物館

東京・奈良・京都に次ぐ４番目の国立博物館。「日本文化の形成をアジア史的視点から捉える」というコンセプトをもつ。３階の特別展示室、４階の文化交流展示室のほか、１階にはアジア文化の体験エリア“あじっぱ”がある。

㊟太宰府市石坂4-7-2　☎050-5542-8600（NTTハローダイヤル）　㊇9:30～17:00※入館は16:30まで。　㊡月曜日（月曜日が祝日・休日の場合は開館、翌日休館）、年末　㊍西鉄太宰府駅から徒歩10分

古代日本の「西の都」
〜東アジアとの交流拠点

梅ヶ枝餅

もち米とうるち米で作った生地に小豆あんを包み、こんがりと焼き上げた太宰府土産の定番。太宰府で不遇の生活を送る菅原道真に焼餅などを梅の枝に刺して差し上げたりと、なにくれと世話を焼いた老婆の話（浄妙尼伝承）が起源とされている。
※毎月17日「きゅーはく（九州国立博物館）の日」には古代米入り、毎月25日「天神さまの日」にはよもぎ入りの梅ヶ枝餅が販売される。
太宰府天満宮参道、神苑周辺店舗にて販売。

太宰府市文化ふれあい館

大宰府政庁跡をはじめ観世音寺・大野城跡・水城跡などいにしえを物語る多くの史跡地を結ぶ「歴史の散歩道」の中核施設。体験学習広場には精巧に造られた筑前国分寺七重塔1/10の復元模型がある。（写真）
㊟太宰府市国分4-9-1　☎092-928-0800　㊓9:00〜17:00　㊡月曜日（祝日の場合は開館、翌日休館）、年末年始（12月28日〜1月4日）　㊦西鉄都府楼前駅からコミュニティバスで10分

太宰府市へのアクセス

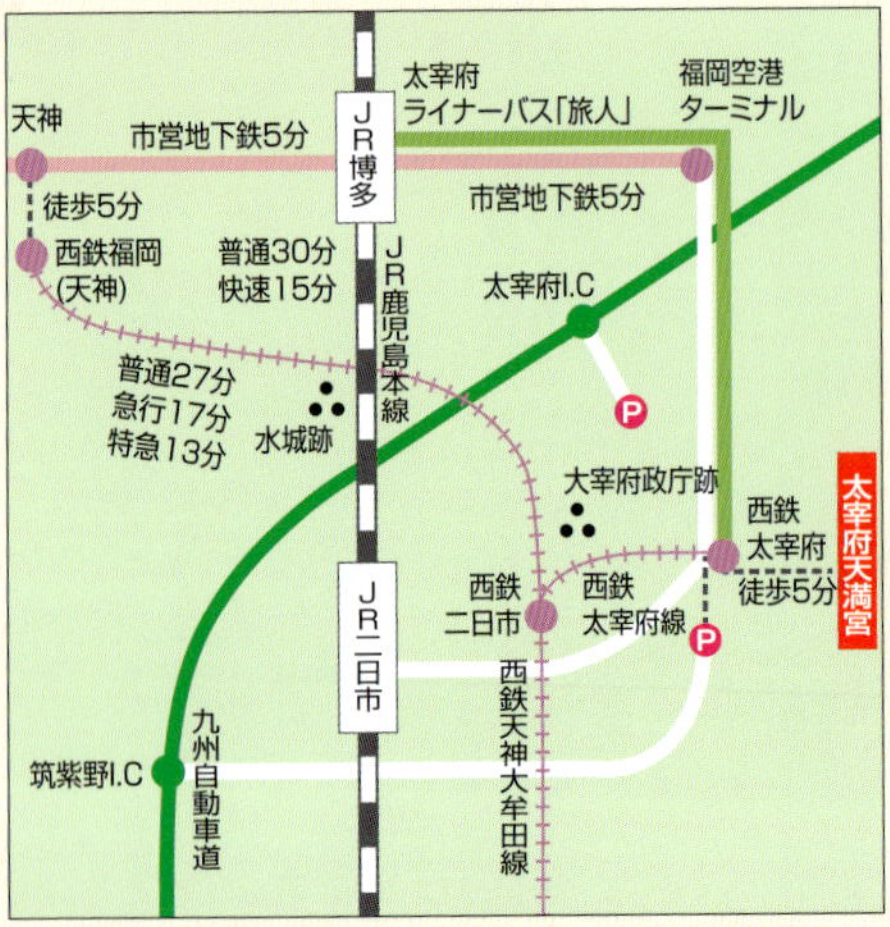

飛行機でお越しの場合

福岡空港（国内線）	福岡市営地下鉄、西鉄天神大牟田線、太宰府線	約50分

電車でお越しの場合

JR博多駅	福岡市営地下鉄、西鉄天神大牟田線、太宰府線	約45分
JR二日市駅	タクシー	約15分
西鉄福岡駅（天神）	西鉄天神大牟田線、太宰府線	約30分

車でお越しの場合

九州自動車道　太宰府ICから約6km／筑紫野ICから約8km

バスでお越しの場合

JR博多駅から福岡空港（国際線）経由、太宰府ライナーバス「旅人」で約45分

群馬県
中之条町
片品村
甘楽町
桐生市

蚕を育て糸を挽《ひ》き、機《はた》を織った女性たち 幕末〜昭和の日本を支えた 上州の〝かかあ〟たち。 その面影が色濃く残る群馬・絹遺産への旅

ストーリー

古くから絹産業の盛んな上州では、女性たちが養蚕・製糸・織物で家計を支え、近代になると、製糸工女や織手としてますます女性が活躍した。夫（男）たちは、おれの「かかあは天下一」と呼び、これが「かかあ天下」として上州名物になるとともに、現代では内に外に活躍する女性像の代名詞ともなっている。

「かかあ」たちの夢や情熱が詰まった養蚕の家々や織物の工場《こうば》等を訪ねれば、日本経済を支えた天下一の上州女の姿が見えてくる。

『機《はた》の音、製糸の煙、桑の海』

中之条町《なかのじょうまち》

蚕と桑と繭《まゆ》と暮らす 養蚕農家のかかあを訪ねる

絹の国・群馬を支えた かかあは天下一の働き者

明治時代、日本では群馬を中心に絹産業が急速に発展したが「養蚕・製糸・織物」という一連の作業を女性たちが主導し、男よりも経済力があったことはあまり知られていない。それは、群馬の男たちが「うちのかかあは天下一（の働き者）」と女房を自慢したことから「かかあ天下」という言葉が生まれたことも同様かもしれない。しかし、群馬の絹物語を旅するにつれ、連綿と受け継がれる働き者の「かかあ」像が少しずつ、しかし確実に見えてくるのだった。

明治の文豪・徳富蘆花《ろか》が随筆「上州の山」で「機《はた》の音、製糸の煙、桑の海」と綴ったように、中

富沢家住宅

江戸後期に建てられた国の重要文化財でもある養蚕農家。木造2階建ての入母屋造で、間口約24m、奥行約13m。蚕室がある2階に光と風が入りやすくなっている。

取材・文／山河宗太（OFFICE-SANGA）　撮影／鈴木竜太　イラスト／アカハナドラゴン

中之条町六合《くに》赤岩
重要伝統的建造物群保存地区
中之条町の西側に位置する集落。まるでタイムスリップしたかのような当時の雰囲気を味わえる。

之条もかつては一面が桑畑で、養蚕業が盛んであった。その面影を今なお残すこの町で、現役の養蚕農家である冨沢さん夫妻を訪ねた。

　人の手がなければ生きることができない蚕は生後約26日で繭をつくる。うまく育てば多くの現金収入をもたらしてくれるが、失敗すれば生活は困窮する。それゆえ、養蚕農家では蚕のことを「お蚕さま（おこさま・おかいこさま）」と呼び、我が子同然に大切に育ててきたのだ。それでも蚕には病気が多い上に、成長過程も独特であり、脱皮毎の変化には常に気を使わなければならない。冨沢さんは「壮蚕《そうさん》期の蚕はとにかく食べる。早朝から桑の葉を何度も取りに行くのよ」と笑いながら話してくれた。しかし、それほど手間ひまのかかる過酷な労働でもかかあたちは文句ひとつ言わず、一生懸命、ときには夫を励ましながら蚕を、繭を育ててきたのだ。

　冨沢さんに別れを告げた後に訪れた六合《くに》の稚蚕飼育所跡でも、明るいかかあたちが我々を迎えてくれた。笑い合いながら壮蚕期の蚕に桑を与え、座繰《ざぐ》りで生糸を挽いたり真綿をかけるその姿に、今も受け継がれている「かかあ像」がぴったりと重なった。

「お蚕さま」と呼ばれた 人間なしでは生きられない昆虫“蚕”の一生

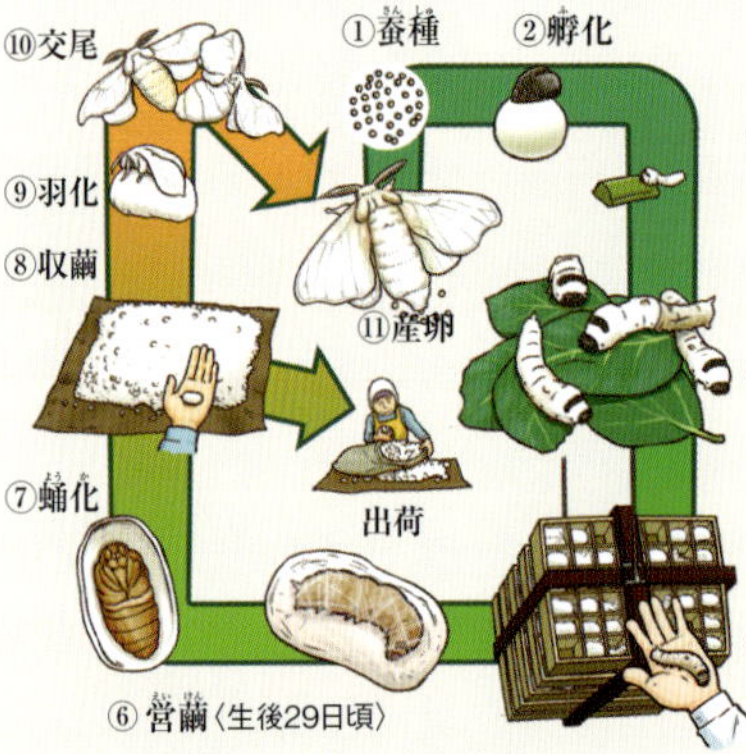

③ 稚蚕《ちさん》期（1～3齢《れい》）
〈生後1～12日頃まで〉
稚蚕飼育所にて2回の脱皮を経て3齢となった頃、各養蚕農家へ配蚕される。

④ 壮蚕期（4～5齢）
〈生後25日頃まで〉
5齢期の食欲は非常に旺盛で、死ぬまでに食べる内の95%をこの期間に摂取する。

⑤ 熟蚕～上蔟《じょうぞく》
〈生後26日頃〉
熟蚕とは体が飴色になった状態のこと。絵のような蔟（まぶし）に入ることを「上蔟」と言う。

⑥ 営繭《えいけん》〈生後29日頃〉
上蔟後2～3日で糸を吐ききった後は、繭の中で脱皮をはじめる。

壮蚕期を迎えた“お蚕さま”たちが桑の葉を食べはじめると、周囲は雨が降ってきたような「ザーザー」という不思議な音に包まれる。

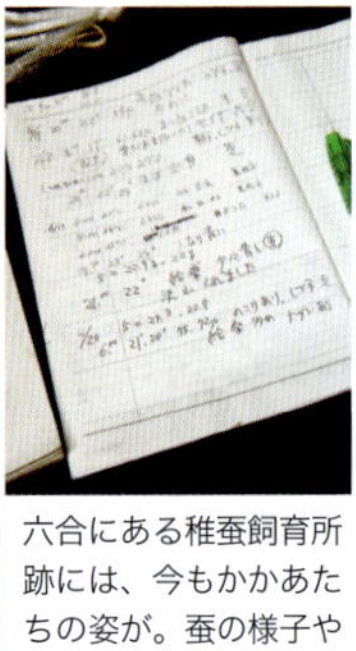

六合にある稚蚕飼育所跡には、今もかかあたちの姿が。蚕の様子や食べた桑の量を細かく記したノートを見ると、養蚕業の鍵はやはり女性だったと理解できる。

『農家の財布の紐はかかあが握るべし』—— 片品村《かたしなむら》

革新的な〝永井流養蚕術〟を確立し、馬に跨がり教えを説いてまわった 群馬絹産業のシンボル的かかあ「永井いと」の人生を追う

69歳でその激動の人生に幕を下ろした永井いとの肖像画。脳卒中に倒れたその瞬間も講義の真っ最中だったという。群馬絹産業の発展に尽くした功労者である（永井啓之氏所蔵）。

利他心《りたしん》から群馬を駆けた「かかあ天下」の体現者

まだまだ男性上位だった明治期の日本社会において家計を支えた群馬のかかあたちは、女性の活躍めざましい現代から見れば、キャリアウーマンのパイオニアだったともいえる。この時代、最も活躍したであろう女性の1人「永井いと」のエピソードを紹介しよう。

天保7年（1836）6月25日、いとは追貝《おっかい》の豪商の家に生まれた。彼女は、養蚕農家の永井家長男、紺周郎のもとへと嫁いだが、当時はまだ養蚕技術は確立しておらず、永井家を含めた多くの農家が繊細な蚕の病気や、不安定な繭の生産量に苦労していた。

そんな中、夫妻は画期的な養蚕術を生み出すことになる。きっかけは戸倉戦争時、永井家に宿を求めた沼田藩士を受け入れたことであった。詳細は次ページのコラムに譲るとして、結果としてここから得たヒントをもとに、夫の紺周郎が永井流養蚕術を編み出していき、やがて、この方法は山間部を中心に普及することとなった。経験に基づく方法論、そして顕著な効果を目の当たりにした多くの養蚕農家がこぞって永井家の門を叩いたといわれている。

いとが人々に頼られたのは、養蚕術だけではなく面倒見のよさにもあったのだろう。とくに紺周郎と死別してからの彼女は、息子（2代目・紺周郎）とともに夫の遺志を継ぎ、積極的に遠方まで講師として出向いたそうだ。馬に乗って出かける大胆さと同時に、夫の遺志を継ぐ「妻としてのかかあ像」も確立していった。また、行った先で子守りをしていた彼女に「母としてのかかあ像」を見た人も多かったという。

彼女は教壇で「農家の財布の紐はかかあが握るべし」と語ったというが、そんな彼女の言葉だからこそ、誰もがこれにならおうとしたのではないだろうか。

彼女は、誰にも分け隔てなく永

紺周郎亡き後、いとは自ら馬に跨がって永井流養蚕術を教えに出向いた。その時、馬上に乗せた鞍が現存している。

永井流養蚕伝習所実習棟
明治21年に永井流養蚕術の伝習所として建設された。教壇でいとは延べ1000人以上の生徒に教えを説いた。

井流養蚕術を教えたが、決して金銭を受け取らなかったという。宿と食事さえ用意してくれたら例え遠方であっても出向くその姿勢があってこそ、また、山間部に適した飼育法であったことから、永井流がこの地域に広まったのだ。

　NHK大河ドラマにもなり、和製ジャンヌダルクと称された新島八重《やえ》をご存知の方は多いと思う。馬に乗って遠征をする永井いと…女性が自ら馬を乗りこなすことなど考えられなかった時代に鑑みれば、いともまた新しい時代を駆け抜けた女性だったのだ。そして、紺周郎によって興され、いとによって広まった永井流養蚕術こそ、この地の養蚕業発展のルーツといえるのではないだろうか。

『永井流養蚕術』の沿革

慶應4年(1868)	沼田藩士が永井家に一泊した際に、「いぶし飼い」のヒントを得る。
明治5年(1872)	紺周郎が熊谷県より蚕種検査および養蚕見回り役を命ぜられる。
明治20年(1887)	紺周郎没。享年54歳。
明治21年(1888)	娘婿にあたる2代目・紺周郎といとが針山に永井流養蚕伝傳所を開設。
明治37年(1904)	いと没。享年69歳。

明治17年に作成された「永井流方人名簿」。よく見ると「蚕」という漢字上部の「天」部分が「神」になっている（※永井留治氏提供）。

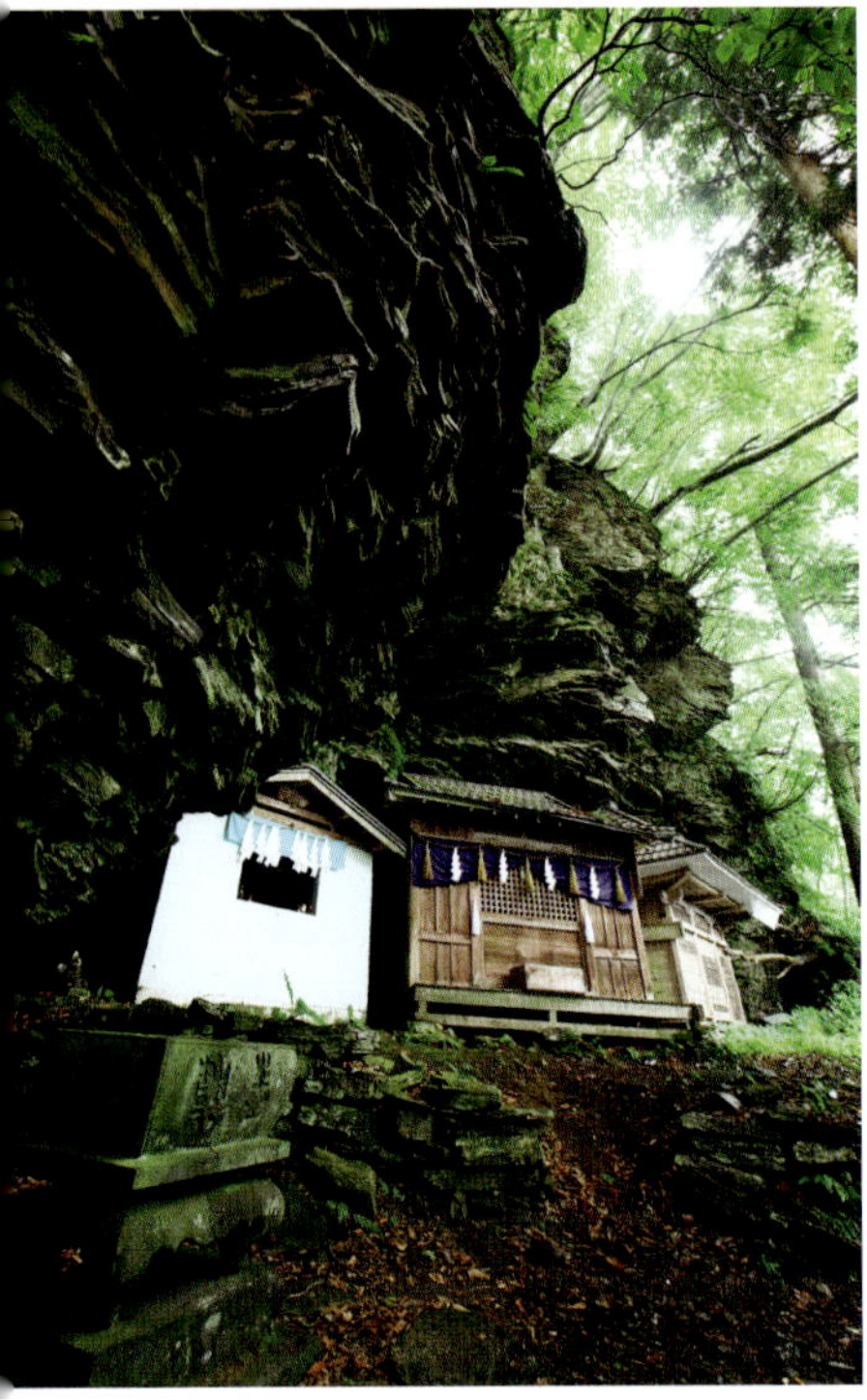

山深い岩肌の下にある厳しい立地にも関わらず、社殿へは養蚕の無事を祈願するために多くの人が通った。

永井紺周郎も神官を務めた養蚕の聖地・蚕稲荷神社を訪ねる

　養蚕技術だけではなく、天候や蚕種によってさえも生産量が左右されてしまう養蚕の成否は、農家にとって死活問題であった。ゆえに、育成の無事を神仏へ熱心に祈願したのも当然のことだったといえるだろう。

　その信仰先であった蚕稲荷神社が建立されているのは、片品村の外れにある山肌から突出した岩の下。鳥のさえずりを頭上に聞きながらここを訪れた人々は、焼き物のキツネを１体拝借して蚕室に捧げた。そして、繭の収穫後には感謝を込めて２体のキツネを返納していった。

写真上・左側にある白い蔵の中には山の様に積まれたキツネがあった。いかに多くの農家がここで、養蚕の成功を祈願したかが窺える。

偶然が生んだ養蚕方法「永井流養蚕術」とは？

　戸倉戦争時、沼田藩士25名が永井家を訪れ、暖と休息をとった。養蚕に火や煙が厳禁とされていた当時、蚕のいる室内で燃える火を眺め、紺周郎は「きっと、この蚕たちはもう駄目だろう…」と感じたという。

　ところが翌日、煙に燻された蚕たちは1日以上も早く眠（脱皮の準備）に入っていたのだった。これにヒントを得た紺周郎は「いぶし飼い」という、蚕室に煙を入れて湿気をとる革新的な養蚕術を思いつくのである。

二人のかかあ、除村《よけむら》さん（左）と山名さん（右）。大切な着物を持って藤岡市からお越し頂いた。

〈世界にひとつだけ。時代を越えても色褪せないシルクの宝物〉

出荷基準を満たせない「くず繭」で作った造花は繭とはわからないほどに精巧。こちらも30～40年ほど前の物だとか。

約60年以上も前につくられたという織物。どこの家庭でも母たちは仕事の合間を縫って、娘に晴れ着や婚礼衣装を誂えていたという。

『邑《むら》ニ養蚕セザルノ家ナク製絲セザルノ婦ナシ』

甘《かん》楽《ら》町《まち》

養蚕・製糸で家計を支えながら、確保した生糸で家族の晴れ着を織る

受け継がれてきた かかあの愛心に触れる

母から娘へ伝える 温かい愛情の連鎖

養蚕農家が丹精込めて作った繭は「製糸」の工程へと移っていく。製糸とは幾つかの繭糸を合わせて1本の生糸を作ることで、女性たちは、その「座繰《ざぐ》り」と呼ばれる製糸技術に磨きをかけた。その結果、「器械製糸」に劣らない品質、生産量を誇っていたというのだから、やはり群馬の女性たちはすごいと言うしかない。やがて、明治5年（1872）に富岡製糸場が創業し、養蚕業にも技術革新が起こると、群馬の絹産業はますます発展していく。そんな中、各農家で作った生糸を集め、品質を揃えて販売する組合製糸ができていくようになり、ここ甘楽町にも「甘楽社小幡組」が組織された。後に建立された同社の由来碑には「邑ニ養蚕セザルノ家ナク製絲セザルノ婦ナシ（村で養蚕をしていない家はなく、製糸をしていない女はいない）」と刻まれており、当時、いかに絹産業が盛んであったかが窺える。

その半生を絹産業とともに歩んだ二人のかかあから、貴重なお話を聞かせて頂いた。

「この歳になって、嫁入りしたときに母がくれた着物に込められた思いが、ようやく理解できた気がするんですよね」と切り出しながら、何やら大切に包まれた箱を取り出す。「授業参観に母が来ないのは当たり前。蚕や繭に母をとられたような気分でした（笑）。でも、そんな忙しい中…娘のために作ってくれていた贈り物。くず繭から作った着物だけど、世界にひとつしかない宝物なの。その思いが理解できたからこそ、私も娘が嫁に行くとき、母がしてくれたように着物を持たせたのよ」

甘楽社小幡組由来碑

「邑ニ養蚕セザルノ家ナク製絲セザルノ婦ナシ」と記された石碑。小幡組が大正6年（1917）に建立。

〈絹産業最盛期を今に伝える〝養蚕・製糸〟の貴重な資料〉

❶

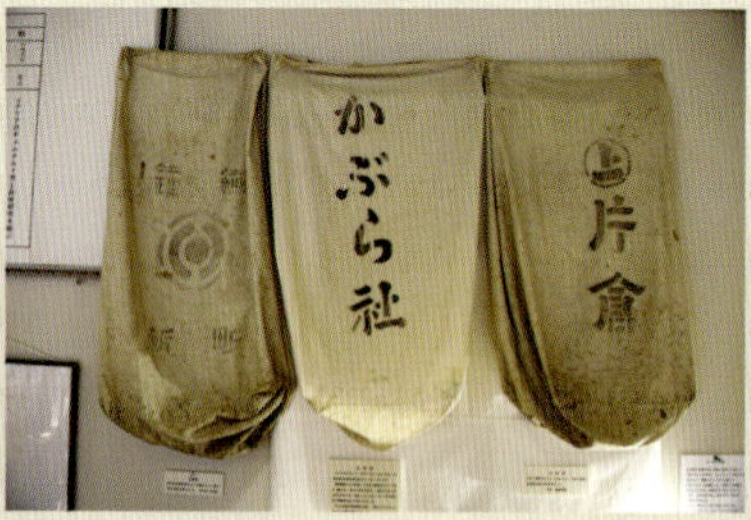

❷

❸

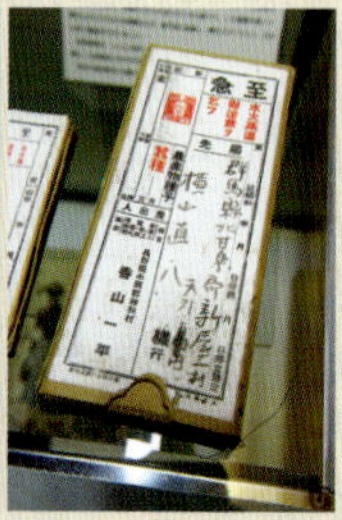

❹

❶生糸は艶やかな見た目とは裏腹に、しっかりとした強度を感じさせる手触りがある。❷養蚕農家が繭を出荷する際に使用した布製の袋。❸県が養蚕農家に向けて製作したポスター。カイコノウジバエは蚕にとって大敵であったため、県が注意喚起をした。❹蚕種を送るための専用の木箱。表には「水火高温注意」とある。

甘楽町の養蚕・製糸・織物資料

㊟甘楽町大字小幡852-1
☎0274-74-5957
㊡月曜日 ㊢9:00～16:30

「村にいる女という女たちが座繰り製糸をしていた」という様子は、浮世絵をはじめ多くの資料に残されている。

お鍋で茹で、繭が柔かくなったところで糸口から糸を引き出す。その後は座繰りで挽きながら撚り合わせていく。

座繰りの実演。写真は鍋の蓋についた糸を伸ばし糸口を探しているところ。余談だが、繭を煮ると牛蒡に近い香りがする。

そう言い終えてから見せてくれたのは約60年前に母が織ってくれたという着物。そこには半世紀以上もの年月を経ているとは思えない輝きがあり、母から娘への愛情がしっかりと織り込まれていた。

「繰る」ことで生まれる 高品質で強く美しい生糸

この日、松井家住宅では座繰りの実演イベントが行われていた。デモンストレーターを努めた除村さんは笑顔で説明をしてくれるのだが、手元の動きは実に複雑だ。

一般的に糸は「紡（つむ）ぐ」といわれるが、これは何本もの短い繊維を撚《よ》り合わせることを指している。しかし、生糸の場合は1本の長い糸数本を撚り合わせることから「糸を繰（く）る」という（※「挽く」と同義）。その方法は、繭を鍋で煮ながら刷毛で回し、糸をほぐしていく。煮た繭から挽いた糸には「節《ふし》」があるが、これをひとつずつ取り除いていく。そして、太さの揃った糸を撚るとようやく「生糸」になるのだ。こんな作業を養蚕業と家事の合間に行いながら娘の着物まで作っていたのだから、当時のかかあは本当に働き者だ。夫たちが自分のかかあを自慢したのも当然だろう。

母娘間の深い愛情と着物の美しさに心を打たれた我々は、絹産業最後の工程である「織物」の物語を目指し、甘楽町を後にした。

桐生織物会館旧館

２階展示スペースには貴重な輸出用の生地見本や古織機が並ぶ。写真は桐生織の中でも特に複雑と言われる「経絣紋織（たてかすりもんおり）」によって作られた着物。

㊟桐生市永楽町6-6　☎0277-43-7272
㊖10:00〜17:00　㊡毎月最終週の土・日曜日

白瀧《しらたき》神社

京都から織物技術を伝えた白瀧姫を祀る神社。境内には耳をあてると機の音が聞こえたという降臨石（写真右側）や樹齢３百年を越すケヤキがあり、神秘的な雰囲気が漂う。

『西の西陣、東の桐生』

桐生市《きりゅうし》

名将・新田義貞も認めた〝桐生織〟、それを支えた女工たち

桐生織の歴史と匠の織技を知る

メイド・イン・桐生 その発展の歴史と現在

桐生市は「西の西陣・東の桐生」と呼ばれた織都である。西陣が朝廷に保護された産業として平安時代から発展してきたことは知られているが、桐生は大正から昭和初期にその最盛期を迎えた。

明治35年（１９０２）に設立された旧模範工場桐生撚糸《ねんし》合資会社はその後、日本絹撚株式会社として発展。やがて工場内に学校が併設されるようになると、女工たちへ技術のみならず教育も施された。それに伴い、桐生で働く女性たちが増え、町には織物に関わる店も多数建ち並んだ。今でも伝統的建造物群保存地区には、彼女たちの寄宿舎や銭湯などが残っており、機織り女と呼ばれた当時の女工たちの暮らしを感じることができるだろう。

桐生織物が発展した背景にはいくつかの理由があるが、織物すべての工程に関する技術が集積した産地であると同時に、県内に養蚕、製糸の拠点があったことが大きい。蚕を育て、糸を挽いたかかあたちの努力が、絹織物の製品化という側面において、ここ桐生に集約されているのだ。

次に挙げられるのは進取の気質だろう。教育を施されて技術を身につけた女工たちは、時代ごとの織機を巧みに操ってきた。元文３年（１７３８）に京都から高機《たかはた》が導入されると、力織機や八丁撚糸《はっちょうねんし》機などを経て、明治19年（１８８６）に外国製ジャカードとピアノマシンが輸入されるまで、国内外

織物参考館“紫”（ゆかり）

㊟桐生市東4-2-24
☎0277-45-3111
㊡月曜日　㊖10:00〜16:00

旧模範工場 桐生撚糸《ねんし》合資会社事務所棟

大正６年（1917）に建築された、糸の「撚り掛」を機械化する撚糸工場の事務所棟。群馬県最古級の洋風石像建造物であり、現在は多くの郷土資料を展示している。写真は当時の工場内の様子。

㊟桐生市巴町2-1832-13
☎0277-44-2399
㊡月曜日　※祝日の場合は翌日
㊖9:00～17:00

を問わず、常に最新技術を貪欲に吸収してきた。

また、西陣織と比較されるように品質も良く、それは7つの技法を用いた桐生織に顕著であった。お召《めし》織、緯錦《よこにしき》織、経錦《たてにしき》織、風通《ふうつう》織、浮経《うきたて》織、経絣紋《たてかすりもん》織、綟《もじ》り織がそれであり、昭和52年（1977）に伝統的工芸品桐生織の指定を受けるに至った。

明治時代には既に海外へ輸出されていた桐生織は、早くからブランドとして認知されていたのだ。さらに、歴史を遡れば縁起ものとしての桐生織も見えてくる。鎌倉幕府を倒した新田義貞は、桐生織物を旗印として参陣したと言われており、徳川家康も関ケ原合戦時の旗布に桐生絹を所望した。ちなみにこの時はわずか1日で着物5000着相当の絹を用意したというのだから、当時のかかあたちの仕事ぶりには本当に頭が下がる。

養蚕から織物まで、群馬の絹産業には常にかかあの存在があった。彼女たちは桑の葉を食べ続ける蚕を優しく見守る目を持っていた。繊細な手つきで娘のために座繰りをする献身的な姿を見せてくれた。そして、家族と日本を支える勤勉さと強さを持っていた。

中之条・片品・甘楽・そして桐生と巡った今回の絹遺産の旅中、幾度となく当時のかかあの姿が浮かんでは消えた気がする。それは今なお群馬に「かかあ天下」が受け継がれている証拠なのである。

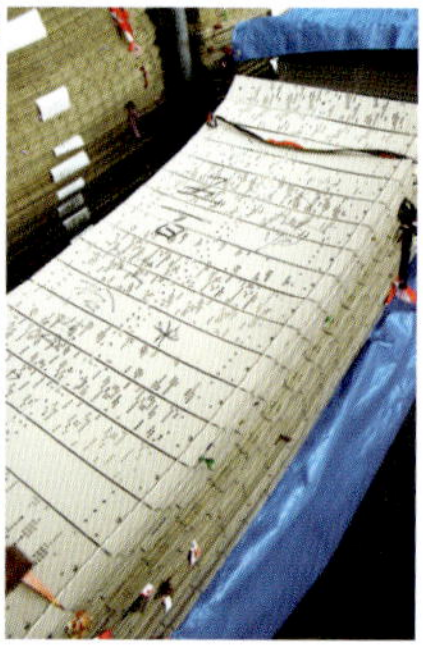

後藤織物

ノコギリ屋根を持つ工場では今も紋紙（織物模様を記録したパンチカード）とシャトルを操る女性が帯を作っており、映画やドラマの衣装としても重宝されている。また、広い敷地にある蔵や倉庫が当時の雰囲気を残してくれている。

㊟桐生市東1-11-35　☎0277-45-2406
㊖月～金曜日　※要予約

日本一大きな高機をはじめとした、絹産業にまつわる歴代の器具や貴重な織機の展示・保存だけではなく、生産現場の見学も可能な体験型の博物館。案内人の解説のもと、藍染めや織機の体験も可能である。

日本遺産認定群馬の4市町、わが町の「是非、寄って頂きたい」観光スポット

甘楽町

楽山園

江戸時代初期に織田氏によって造られた小幡藩邸の庭園。池泉回遊式の借景庭園で、「戦国武将庭園」から「大名庭園」へと移行する過渡期の庭園と位置付けられ、県内では唯一の大名庭園である。名前の由来は、「知者ハ水ヲ楽シミ、仁者ハ山ヲ楽シム」という論語の故事から名付けられたと言われている。

㊟甘楽郡甘楽町大字小幡648-2 ☎0274-74-4795 ㋐3月～10月 ㋔9:00～17:00 11～2月／9:00～16:00 ㊡年末・年始（12月29日～翌年1月1日） 観覧料：高校生以上300円 中学生以下無料

桐生市

桐生明治館

明治11年（1878）に群馬県衛生所として前橋に建てられた擬洋風建築。現在は、貴賓室や会議室などが一般公開され、企画展などの催しも開催される。建物内の喫茶室ではコーヒーを飲みながら当時の雰囲気を味わうことができる。国指定重要文化財。

㊟桐生市相生町2-414-6 ☎0277-52-3445 ㋔9:00～17:00 ㊡月曜日・祝日の翌日（月曜と重なる時は翌日）年末年始 大人（高校生以上）150円 小人（小中学生）50円

片品村

尾瀬国立公園

尾瀬への入山で群馬県側の玄関口があるのが片品村。トレッキングシーズンになるとその壮大な湿原を訪れる人々で賑わう。下山後は駐車場付近にある尾瀬ぷらり館の日帰り温泉・戸倉の湯へ疲れた体を癒しに立ち寄りたい。

【尾瀬ぷらり館】㊟利根郡片品村戸倉736-1 ㋣☎0278-58-7263（尾瀬戸倉観光協会） ㋔10:00～18:00（冬期は12～19時） ㊡【夏期】第2・第4水曜日【冬期】毎週水曜日 料金：入浴料 大人500円、小学生200円

中之条町

四万温泉（清流の湯）

四万川のほとりにある、町営の日帰り温泉施設。純和風の建築の中には、露天風呂「ひょうたんの湯」「おぼろ月の湯」と大浴場「扇の湯」「矢羽の湯」、飲泉所や談話室があり、川岸に広場も設けられている。個室も有料で利用できる。

㊟吾妻郡中之条町大字四万3830-1 ☎0279-64-2610 ㋔10:00～21:00 ㊡第4水曜、年末年始は要確認 2時間 / 大人500円、小人300円

かかあ天下―ぐんまの絹物語

世界遺産 富岡製糸場

日本初の本格的な器械製糸の工場で、1872年の開業当時の繰糸所、繭倉庫などが現存している。日本の近代化だけでなく、世界の絹産業の技術革新・技術交流にも大きく貢献した。「富岡製糸場と絹産業遺産群」の構成資産として、2014年世界遺産に登録された。

㊟富岡市富岡1-1　問☎0274-62-5439（富岡市観光おもてなし課）開9:00～17:00（受付は16:30まで）休12/29～31　大人1,000円、高校・大学生250円（要学生証）、小・中学生150円

絹の国・群馬へのアクセス

石川県
七尾市
輪島市
珠洲市
志賀町
穴水町
能登町

〝祭りの国〟能登の灯籠神事

キリコ祭りに出会う旅

「能登はやさしや土までも」とたとえられてきた能登では、自然と神仏、そして人々が一体となった独自の風土が育まれてきた。〝祭りの国〟〝祈りの国〟といわれる能登を代表するのが、毎年7月から10月にかけて、世界農業遺産「能登の里山里海」の各地、約200カ所で開催されるキリコ祭りだ。直方体をした灯籠をキリコ（切籠《きりこ》）と呼び、地域により形や大きさはさまざまだが、火を灯したキリコが神輿を誘導するという祭りのスタイルは同じ。人々はキリコの灯りに熱狂し神々に祈りを捧げる。キリコ祭りに出かければ、能登の精神風土に出会うことができる。

ストーリー

日本海文化の交流拠点である能登半島は独自の文化を育み、数多くの祭礼が行われてきた。その白眉はキリコ祭りと総称される灯籠神事。夏、約200地区で行われ、能登を照らし出す。日本の原風景である素朴な農漁村で神輿とともに、最大で2トン、高さ15メートルのキリコを担ぎ上げ、激しく練り回る。祇園信仰や夏越しの神事から発生した祭礼が、地区同士でその威勢を競い合う中で独特な発展をし、そしてこれほどまでに灯籠神事が集積をした地域は唯一無二。夏、能登を旅すればキリコ祭りに必ず巡り会えると言っても過言ではなく、それは神々に巡り会う旅ともなる。

能登人の純真な祈りがキリコという灯に宿る

夏から秋の能登を彩るキリコ祭り。太鼓や笛、鉦《かね》が奏でる祭囃子の音曲と威勢のいい掛け声の中、キリコと呼ばれる華やかな直方体の灯籠が町内に担ぎ出され、来臨した神が乗る神輿の巡行路を照らし出す。キリコ祭りは灯籠神事であり、「祭りの国」能登の白眉だ。

祭りのルーツについて、元キリコ会館館長でキリコ文化に造詣が深い藤平朝雄氏は次のように話す。

「中国唐代の灯火祭りである元宵《げんしょう》節《せつ》だと考えられます。都人は中国の文化に敏感で、最も楽しく盛大な元宵節が日本に入り、京都を経て全国へと伝わったのです。人の目を引く華やかな意匠の風流灯籠が室町時代に都で流行し、八坂神社で今も受け継がれる祇園祭の宵《よい》山《やま》もまたその影響を受けました。都で興隆した風流灯籠文化が全国各地へと伝播し、地方色豊かな灯籠が誕生する中、能登ではキリコ

写真／渋谷利雄（キリコ祭り）、利波由紀子　取材・文／松田佐加恵

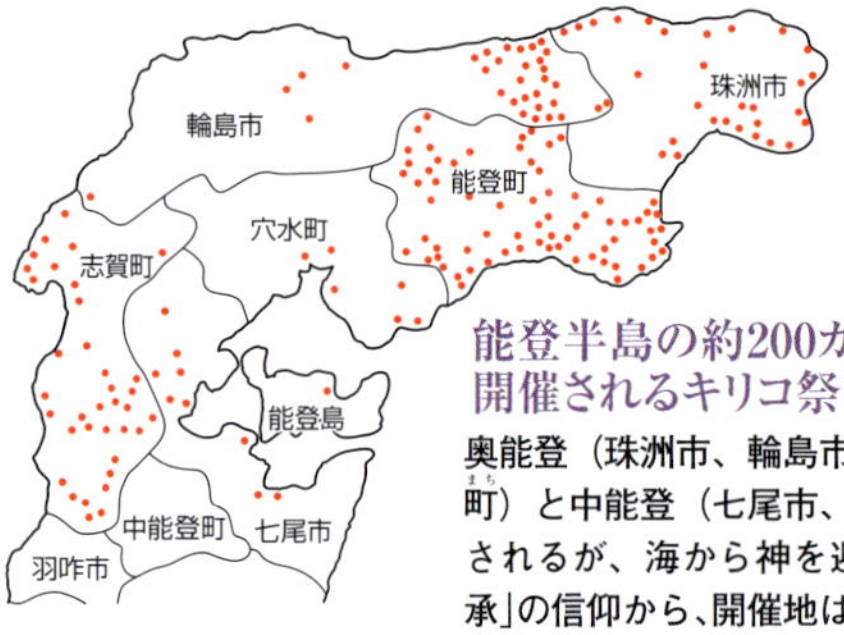

能登半島の約200カ所で開催されるキリコ祭り分布図

奥能登（珠洲市、輪島市、能登町、穴水《あなみず》町《まち》）と中能登（七尾市、志賀町《しかまち》）で開催されるが、海から神を迎える「寄り神伝承」の信仰から、開催地は輪島市東部から珠洲市、能登町の沿岸地に多い。内陸地域は川筋から伝播したとみられる。

7月第1金・土曜に開催される、キリコ祭りの先陣を飾るあばれ祭。約40基のキリコが燃え盛る大松明の周りを乱舞する。

文献に記された全国灯籠神事の略歴史

永禄6年（1563）	京都粟田神社略記『華頂要略《かちょうようりゃく》』に、燈籠が御輿を先行することが記される。
文禄2年（1593）	津軽為信が京都滞在中、二間四方の大燈籠をつくる。
正保3年（1646）	輪島祭礼定書に切籠の名が登場。
享保7年（1722）	『津軽藩御国《おくに》日記』に各町内にネブタが出たと記される。
享保10年（1725）	能登・穴水町美麻奈比古《みまなひこ》神社の夏祭りの『神社日記』に灯籠が捧げられ高さ五間余りの松明が掲げられた旨が記される。
享保16年（1731）	七尾『気多本宮縁起』で「六月晦日、夏禊、御輿晦日川に御幸、本居の諸人数箇の灯籠を捧て供奉」と記される。
天明年間（1781〜）	京都祇園祭の駒型提灯（宵山）、この頃までに始まる。
天明8年（1788）	津軽藩士比良貞彦が『奥民図彙《おうみんずい》』にネブタの図を描く。
寛政8年（1796）	太田頼資《すけより》『能登名跡志』に、重蔵宮、住吉宮、輪島崎町の祭礼で大灯籠が出て供養した旨が記される。
文化5年（1808）	輪島市鳳至町の『住吉神社誌』に切籠の名が記される。

＊『2003能登のくに』（能登のくに刊行会編）掲載「キリコの展開」をもとに作成。

祭りとして郷土化したのです」

江戸時代になると町人文化が花開き、文化交流が盛んになるにつれ、各地でキリコの大きさや勇壮華美が競われていった。文献にキリコ祭りの名が出始めるのもこの頃で、最も古い記録は江戸時代初期の輪島祭礼定書の正保《しょうほう》3年（1646）だ。江戸後期の能登名跡志には『或年《あるとし》大祭の大灯籠太守の忌事《いみごと》ありて延引《えんいん》有りに、其《その》定日の夜大灯籠の行粧《ぎょうそう》例年に変らず近郷所々より見えしといへり』とあり、龍灯伝説にこと寄せてキリコを担ぎ出している。現存する江戸時代のキリコは3基あるうち、弘化《こうか》4年（1847）に祭礼に出された総輪島塗仕上げの紺屋のものと、嘉永《かえい》6年（1853）に豪商中島屋が出した金箔付きの鯱や龍の彫り物を施した総輪島塗仕上げのもの。どちらも10メートルを超える大キリコだ。

「地域ごとに形状や規模は異なりますが、神へ1本のロウソクを捧げ祈り、灯す心は地域に関わらず、ずっと昔から同じです」（藤平氏）

神様の誘導灯として神輿を先導供奉《ぐぶ》する

直方体を基本形とした灯籠

多彩な形態をもつキリコという夜の華

キリコは正式名称を「切子灯籠」と言い、地域によっては、ホートー(奉灯)、オアカシ(御明かし)と呼ぶこともある。その基本形状は直方体の行灯状で、四面に張られた和紙に墨文字や紋、武者絵などが描かれたものだ。長い担ぎ棒が組みつけられたキリコには、提灯や幕など装飾が施されているものが多く、漆塗り仕上げや金箔、彫刻まで施された豪奢なものまである。

「元々は1人で持ち歩けるほど小ぶりな『笹キリコ』が、4人で担ぐ『レンガク』に発展しました。当初は祭礼ごとに竹で組み立てていたそうです。木製に変わってからは、風流ブームもあって巨大で華やかなキリコへ発展したのです」

藤平氏はさらに文献を紐解き、キリコの歴史を辿る。

「北前船が活躍していた江戸時代後期は大型キリコが次々と作られ、文化8年(1811)には能登町松波で高さが約11メートルの大型キリコが担ぎ出されました」

明治時代初期には大型化を競い合ったものの、明治末以降に電線が張られ始めると、キリコは小型化したという。その他には、曲線形のキリコや人形を飾り付けたキリコ、勇壮な武者絵を描いたキリコなど多種多様なキリコが各地で見られる。キリコ祭りと総称しながらも地域によって形態はさまざまで、ひとつとして同じものがないという。

「神に願い、お迎えする神事が軸にあるからこそのキリコ祭りで、ただのパフォーマンスでは続きま

キリコの主な役割
- 神様の夜道の明かり
- 神様の誘導と護衛
- 笛・太鼓・鉦《かね》の囃子で祭りを盛り上げる

寺家キリコ祭りのキリコは高さ16.5メートル、重さ4トンと巨大。意匠も見ごたえがある。

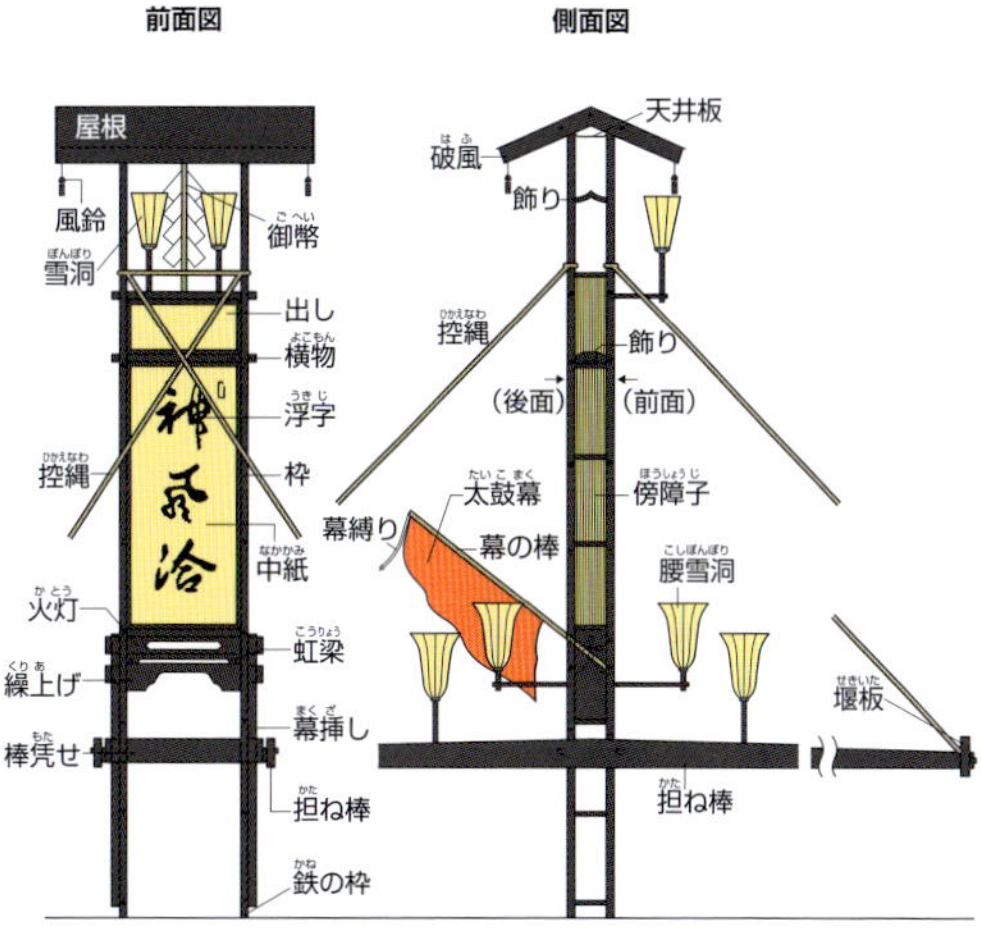

*木下藤次氏提供、藤平朝雄氏所蔵の資料をもとに作図

キリコの立面図(水無月《みなづき》祭りのキリコ)

地域によって形はさまざまだが、「中紙《なかがみ》」と呼ばれる中央の部分に、各地域で選んだ吉祥文字の3文字が記されることが多い。控縄《ひかえなわ》で四方に引っ張りバランスを取りながら大勢で担ぎ、神輿を先導する。

キリコのルーツ・笹キリコ
約4〜5メートルの笹竹上部に小行灯をつけたもので、1人持ちできるサイズ。近年まで、輪島大祭お旅行列の露払い役で子供たちが捧持《ほうじ》した。

武者絵キリコ
胴体部に武者や伝説上の人物が描かれたキリコ。各地区で使う絵柄が決まっていて、石崎奉燈祭など各地域で多く担ぎ出される。

個性豊かな各地のキリコ

せん。幼い頃からキリコ祭りを見て触れているからこそ継承されているのです」

　そう輪島キリコ会館館長の竹中正治氏は話す。家族がそろってヨバレをするのも「人が楽しむことは神も楽しんでもらえること」という能登人の敬虔な感謝が込められているからだ。

　能登には「キリコ祭りにゃ帰って来いや」という言葉もあり、そこには能登人のキリコ祭りに対する真摯な心と地域愛を感じ取ることができるだろう。

御馳走でもてなす招待風習「ヨバレ」
キリコ祭りではこの日のために特別に用意した祭り料理でもてなすため、能登の女の腕の見せ場ともいわれている。

袖キリコ
唯一、曲線を描く形態。夜着の袖を思わせることから袖キリコと呼ばれる。能登町小木地区や鵜川地区など内浦の一部で見られる。

人形キリコ
毎年、趣向を凝らした人形をキリコの正面に飾りつける。キリコの中でも珍しく、能登町松波では松波人形キリコ祭りと呼ばれる。

その他の主なキリコ

レンガク
笹キリコを大きくした形。装飾はなく簡素な直方体型で4人で担ぐ。

竹キリコ
素材に竹を使用。現在も輪島大祭で中高校生たちが担ぎ出している。

短冊キリコ
カラフルな短冊が飾りつけられている。七夕飾りが由来との説も。

額キリコ
胴体上部の張り出した行灯が、まるで額のように見える形態。

現存最古のキリコや現役のキリコを展示 輪島キリコ会館

大小約30基のキリコや大松明などを間近に見られ、いながらにしてキリコ祭りの華やぎを楽しめるテーマ館。予約をすればキリコ担ぎの体験も可能。今年8月20日に完成した総漆塗りの新キリコ「紅鏡赤《こうきょうかく》」も展示されている。

祭り囃子が流れる中、現役のキリコが立ち並ぶ。江戸時代のキリコなども保存展示。
石川県輪島市マリンタウン6番1 ☎0768-22-7100
㊋8:00〜17:00 無休
http://wajima-kiriko.com

能登の約200カ所で開催！代表的なキリコ祭りを厳選紹介

能登半島 内浦エリア
能登町・穴水町・七尾市

（上）多数のキリコが柱松明の周りを乱舞。
（右下）川に投げ込まれる神輿も。
（左下）「置き松明」の中に放り込まれる神輿。

解説
能登半島広域観光協会
相談役
藤平朝雄さん
元キリコ会館館長。歴史民俗に詳しい、能登観光文化の第一人者。

写真
渋谷利雄さん
「能登を彩る三つの朱」をライフワークに、能登の祭りや自然を半世紀にわたり撮影。

能登町
あばれ祭

開催日●7月第1金・土曜
場所●石川県能登町宇出津

神輿を火に投げ水に放ち勇壮を好む神を喜ばせる

数あるキリコ祭りの中でもキリコの数が多く、勇壮豪快だ。

「水責め、火責めなどで神輿を痛めつける一方で、柱松明が燃え盛る中、約40基のキリコが乱舞。その光景は、まさにエネルギーの爆発です。江戸時代に疫病が流行《はや》り、疫病退散を祈願して京都の祇園社から牛頭天王《ごずてんのう》を勧請し、祭礼を行ったところ人々が快癒したといいます。勇壮を好む牛頭天王を喜ばせるため、豪快に暴れるようになったのです」（藤平氏）

破天荒な暴れぶりは、神と人との一体化も感じられるだろう。

穴水町

沖波《おきなみ》大漁祭り

開催日●8月14・15日
場所●石川県穴水町沖波

日中の海に1基ずつ キリコが入り禊を行う

夜間にクライマックスを迎えるキリコ祭りが多い中、沖波《おきなみ》大漁祭りは珍しく朝から昼が見どころだ。初日の夜、神輿と4基のキリコが沖波諏訪神社と恵比寿神社間の集落を経て練り歩き、2日目の朝に遠浅の浜に集まる。

「朝9時、キリコが1基ずつ沖へ進みます。担ぎ手は胸まで海に浸かってキリコを担ぎ込み、禊《みそぎ》を行い、大漁と海の安全を祈願します。禊後は氏子たちが短冊を持ち帰って神棚にお供えする習わしがあり、祭りと暮らしの結びつきも感じられます」（藤平氏）

夏空の下、短冊キリコと能登の海を堪能できる清々しい祭りだ。

海中乱舞に合わせて太鼓が打ち鳴らされる。ちなみに沖波大漁祭りの短冊キリコは、穴水町出身の力士・遠藤関も担いだという。

七尾市

石崎奉燈祭《いっさきほうとうまつり》

開催日●8月第1土曜
場所●石川県七尾市石崎町

誇りをかけて担がれる 6基の巨大な奉燈

かつては石崎《いっさき》八幡神社の納涼祭りで、山車が出ていたが、度重なる火災により焼失、中断してきた経緯がある。明治中頃に奉燈が移入され、今に受け継がれている。

ここではキリコを「奉燈」と呼び、高さ約15メートル、重さ2トンという、担ぐキリコでは最大級のものが6基担ぎ出され激しく乱舞共演する。

「昼2時から深夜0時頃まで、1基につき100人の男衆が意気高らかにキリコを担ぎ上げます。狭い路地の軒をギリギリにかすめたり、角を曲がったりと統制がとれた小気味よい動きは必見です」（藤平氏）

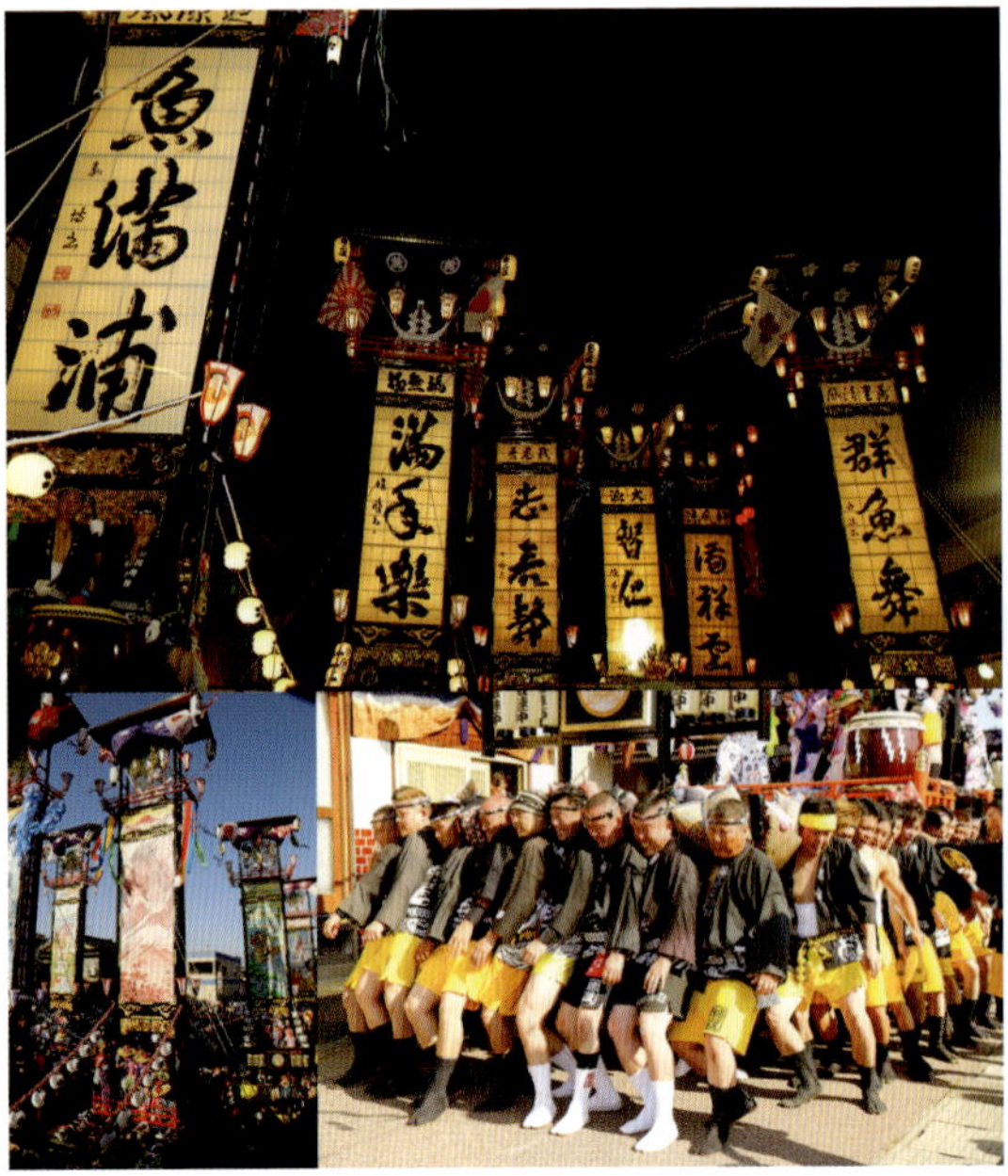

大漁の祈りを込めた大書と武者絵などの裏絵が奉燈に映える。能登の荒海で鍛えられた男衆ならではの奉燈の乱舞共演は、見る者を興奮させる。

能登半島 外浦エリア
珠洲市・輪島市・志賀町

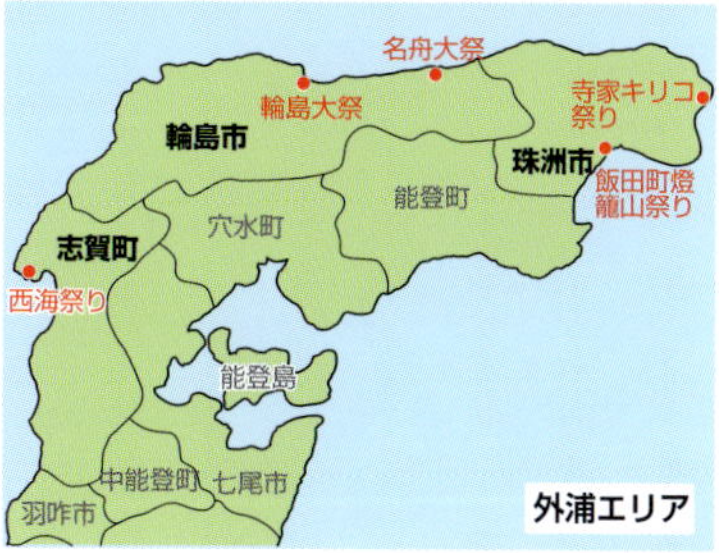

珠洲市
寺家《じけ》キリコ祭り

開催日●9月第2土曜
場所●石川県珠洲市三崎町寺家

夜通し巡行される雄々しい巨大キリコ

「東北鬼門日本海の守護神」と伝わる古社・須須《すず》神社の秋祭り。「最大のものは屋根面積畳12枚分、高さ約16メートル、豪華絢爛なキリコ4基が揃う姿は圧巻。21時に神事が行われた後、神輿の前後にキリコがつき、巡行は翌朝まで続きます。朝焼けに染まるキリコは実に美しい」(藤平氏)

須須神社前の海岸沿いに整列する巨大なキリコ。

漆塗り仕上げ、金箔張りの彫り物が施された巨大キリコがゆったりと巡行。夜が明けると須須神社で「火渡りの神事」が行われる。

輪島市
輪島大祭

開催日●8月22日～25日
場所●奥津比咩《ひめ》神社大祭／石川県輪島市海士町、重蔵《じゅうぞう》神社大祭／石川県輪島市河井町、住吉神社大祭／石川県輪島市鳳至町、輪島前神社大祭／石川県輪島市輪島崎《さき》町

4つの祭りが連日続き輪島が最も熱くなる

輪島大祭とは、輪島中心部の4地区で連日行われる祭りの総称。「御幣《ごへい》を奪い合う松明炎上神事や、神輿が海に入って豊漁を祈願する神事のほか、ひきずり松明が担ぎ出されるなどそれぞれ特徴がありますが、いずれも神の『お旅まつり』で、総漆塗りのキリコが巡行し、雅やかな雰囲気です」(藤平氏)

珠洲市
飯田町《いいだまち》燈籠山《とろやま》祭り

開催日●7月20・21日
場所●石川県珠洲市飯田町

絢爛豪華な燈籠山が幻想的に川面に映る

寛永年間に始まったとされる春日神社の夏季大祭。祭りの華は約6メートルもの人形が掲げられた3基の巨大な曳山《ひきやま》「燈籠山」だ。「夜8時頃に吾妻橋上に燈籠山と曳山が一列に並び、その明かりが川面に映る様子は風情があり、京都らしさも感じられます」(藤平氏)

初日の夕方から3基の燈籠山と6基の曳山が町内を練り歩き、夜に橋の上でそろう。「きゃーらげ」と呼ばれる祭り唄が味わい深い。

（上）神輿の入水神事。（奥津比咩神社大祭）（右下）燃え盛る柱松明。（重蔵神社大祭）（左中）御神事太鼓の先導でお旅するキリコ行列。（住吉神社大祭）（左下）張り子のタイと竹キリコの乱舞。（輪島前神社大祭）

輪島市

名舟《なふね》大祭

開催日● 7月31日〜8月1日
場所● 石川県輪島市名舟町

荒々しい太鼓の音に心が揺さぶられる

船で神を送迎する厳かさや、御《ご》陣乗太鼓《じんじょだいこ》の迫力など、魅力が多い。「御陣乗太鼓は戦国末期に上杉軍を村人が奇怪な面をつけて太鼓を打ち鳴らし退けたことが由来。これを御神徳と仰ぎ、名舟大祭でも奉納されるようになりました。神輿の道中を音で清める役割もあります」（藤平氏）

御陣乗太鼓（県無形民俗文化財）の奉納。迫力ある音色が腹の底まで響いてくる。

志賀町

西海《さいかい》祭り

開催日● 8月14日
場所● 石川県志賀町西海風無《かざなし》・西海風戸《ふと》

女性もキリコを担ぐ華やかさと勇ましさ

「能登有数の漁師町で、かつて漁や航海で不在がちの男性に代わり、大漁と安全を祈願して女性も祭りに参加し、キリコを担ぐようになりました」（藤平氏）

夕暮れに「冨木御幸《とぎみゆき》太鼓」が打たれると祭りの始まり。そろいの白い前掛けをつけた女性が楽しげにキリコを担ぎ上げる。

（上）神輿とキリコの競り合いもある。男性は白いシャツに黒いズボンとベスト、ゲートル姿。

（左）女性は未婚なら赤、既婚ならピンクの腰巻きに浴衣を着て白い前掛けと、独特の装束姿。

日本遺産 もっと楽しむ ＋プラス1

日本海で育まれた能登の豊かな食と心洗われる雄大な景色に感動する

見附島

島の形が軍艦に似ているところから別名「軍艦島」とも呼ばれる高さ28mの奇岩。能登のシンボルとしても有名。７月から９月にはシーカヤックの体験もしている。

㊟石川県珠洲市宝立町鵜飼 ㊞☎0768-82-7776（珠洲市観光交流課）㊋能登空港より車で40分

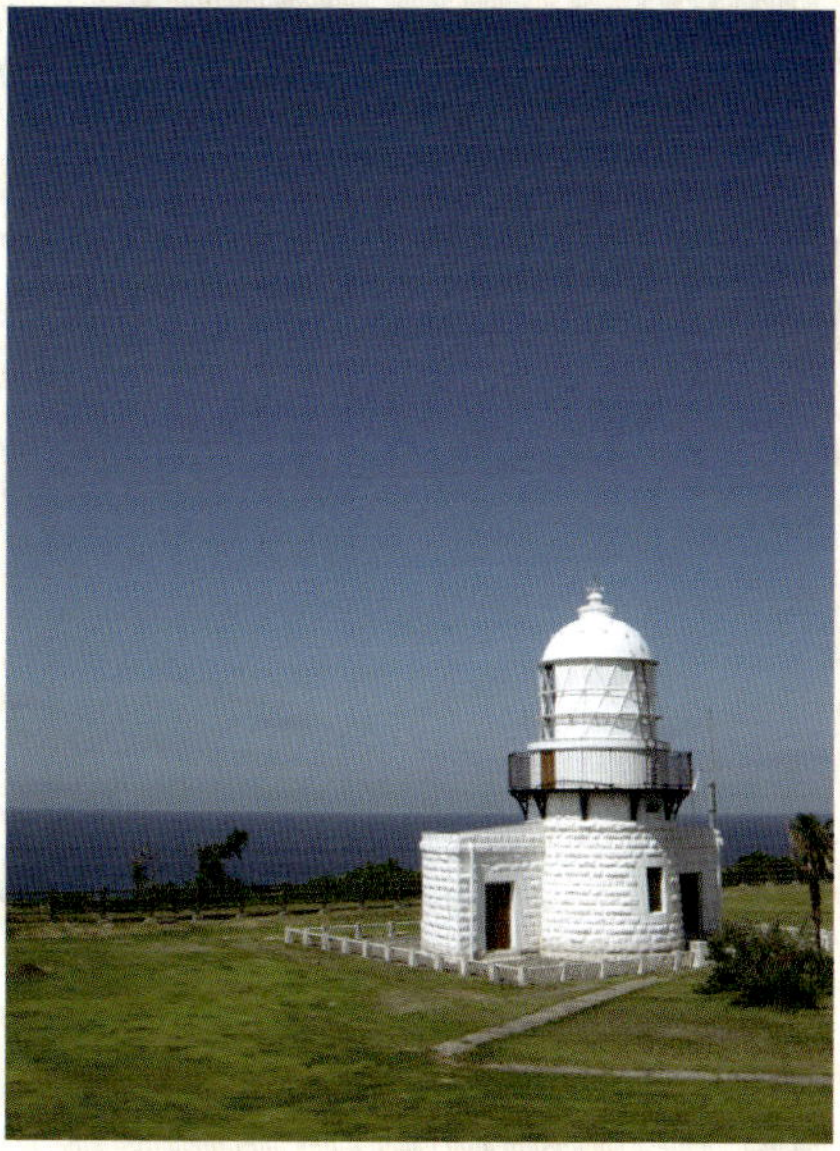

禄剛埼灯台

能登半島の最先端で、ちょうど外浦と内浦との分岐点にあたる場所。明治時代にイギリス人の設計で造られた白亜の禄剛埼灯台。「海から昇る朝日と、海に沈む夕陽」が同じ場所で見られることで有名。無人のため灯台の中は見学できないが、年に数回一般公開がある。

㊟石川県珠洲市狼煙町 ㊞☎0768-82-7776（珠洲市観光交流課） 見学自由 ㊋能登空港より車で70分

花嫁のれん館

花嫁のれんとは、明治頃から加賀藩で始まった婚礼の風習で、花嫁は結婚式当日、嫁ぎ先の仏間にかけられたのれんをくぐり嫁入りをする。2016年4月にオープンした花嫁のれん館では、明治から平成までの花嫁のれんの展示に加え、白無垢か打掛を着て、仏間に掛けられた本式の花嫁のれんくぐりを体験することができる。男性には紋付袴を用意しているので、カップルでも利用することができる。

㊟石川県七尾市馬出町ツ部49 ☎0767-53-8743 ㊌9:00～17:00（入館は16:30まで）休年末年始（12月29日-1月3日）毎月第4火曜日及び展示替え期間 入館料 高校生以上550円 小中学生250円 ㊋七尾駅から徒歩8分

揚げ浜塩田

日本で唯一、珠洲の仁江海岸で受け継がれてきた「揚げ浜式」による塩づくりが行われている。道の駅すず塩田村では塩づくり体験ができる。

【道の駅すず塩田村】㊟石川県珠洲市清水町1-58-1　☎0768-87-2040　㊖9:00～17:00　無休
「揚げ浜式」の塩づくりを今に伝える道の駅。塩の資料館「揚浜館」では世界の塩の文化が紹介されている。

能登前寿し

山々に囲まれ波静かな七尾湾と波しぶきも凍る厳冬の富士湾で水揚げされた魚介と能登産の米を使った寿司を「能登前寿し」と名付け、七尾市内のすし店約40店のうち8店が中心となって、それぞれが腕をふるっている。一貫、一貫がつやつや光って食べるのがもったいないほどだ。新鮮な地物の食材を使った寿司を『すし王国能登七尾』では存分に堪能できる。

http://www.su-si.net/

能登へのアクセス

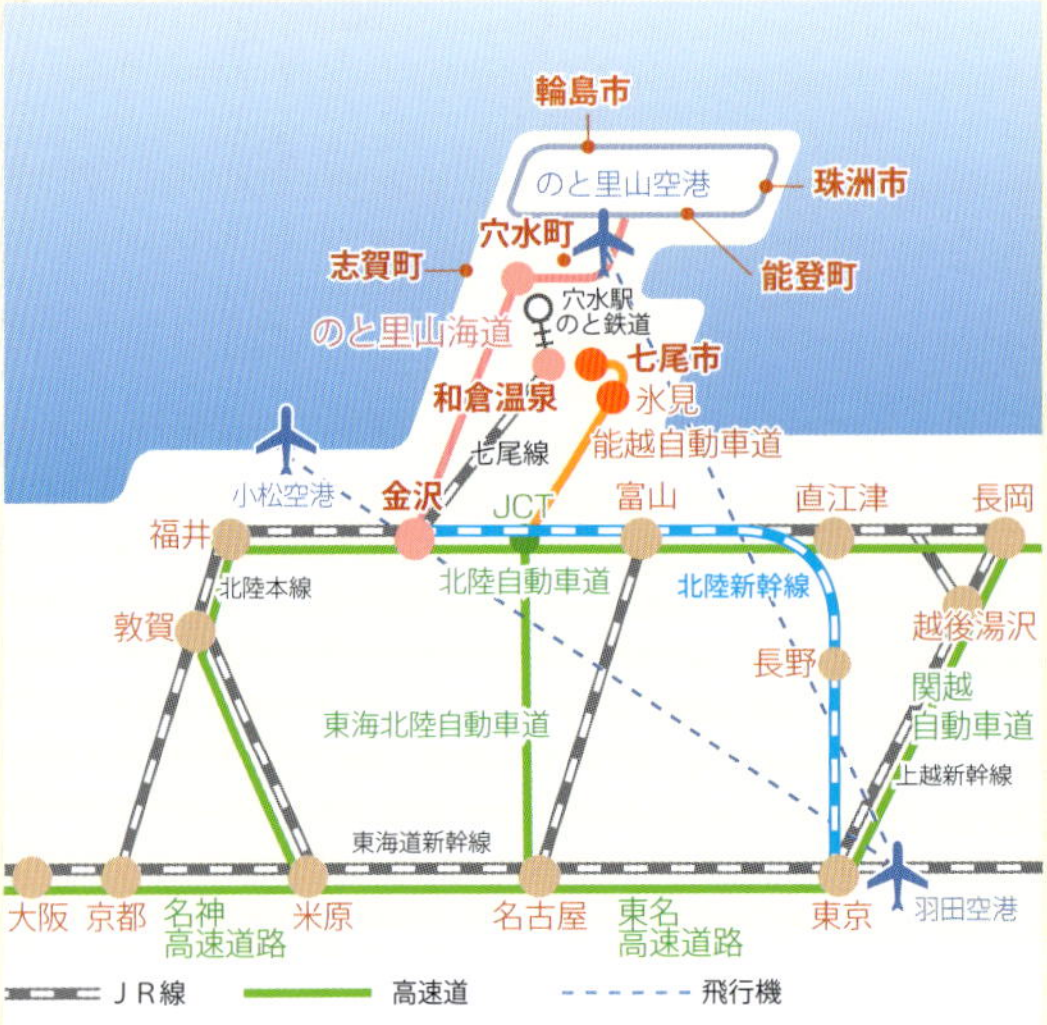

飛行機でお越しの場合

羽田 ⇔ のと里山空港	約1時間［2往復/日］

電車でお越しの場合

金沢⇔和倉温泉	約1時間［JR七尾線］
和倉温泉⇔穴水	約40分［のと鉄道］

※所要時間は最速利用の場合です。

車でお越しの場合

金沢⇔輪島	約1時間50分［115km］
金沢⇔珠洲	約2時間10分［135km］
金沢⇔のと里山空港	約1時間25分［85km］
金沢⇔和倉温泉	約1時間10分［70km］

※上記はいずれものと里山海道を経由した目安です。

バスでお越しの場合

金沢⇔七尾・輪島・珠洲方面ほか	［約20往復/日］

加賀前田家ゆかりの町民文化が花咲くまち高岡 —人、技、心—

直木賞作家・中村彰彦さんの日本遺産紀行

利長が興し、利常が築き、町民が受け継いだ心意気と伝統が溢れる町、高岡にて

利長・利常と高岡

大企業は、本社以外に支社を持っている。おなじく江戸時代に存在した藩には、支藩を持つ例があった。最大の藩であった加賀藩前田家は、その典型といってよい。越中富山藩と加賀大聖寺《だいしょうじ》藩は、加賀藩主が三代前田利常だった時代に、その弟たちを藩主として創設された支藩に他ならない。

しかし、実は加賀藩領の内には、事情が許しさえすれば富山・大聖寺両藩より早く支藩にされても不思議ではない城下町があった。それが越中射水《いみず》郡関野《せきの》あらため高岡、今日の富山県高岡市だ。

高岡という地名の名付け親は、加賀藩前田家の二代目当主前田利長だ。雄大な体躯に長大な鯰尾《なまずお》の兜がよく似合った利長は、慶長10年（1605）金沢城から富山城に引退。4年後に火災に遭って魚津城へ移ると、ただの荒地だった関野を高岡と改称し、客将の高山右近に命じて高岡城を造営させたのだ。

それにしても、なぜ利長は高岡を終《つい》の住処《すみか》に選んだのか。

私は利常・光高・綱紀の前田家三代を描く『われに千里の思いあり』（文春文庫）を構想していた頃、それが気になって初めて高岡市を訪れた。なるほど、富山湾の魚は美味だし水も良いから引退先としては最高だろう。初回はそんなことしか考えられなかったが、このたび9年ぶりに高岡城跡を再訪してみると、改めて気づいたことがあった。

そのひとつはこの城が安土城のような山城《やましろ》ではなく、時代が安定期に入ったことを示す平城として縄張りされていること。平城は山城よりも城下町を周囲に発達させやすく、その分だけ商工業の発展が期待できる。

さらにもうひとつは、城地面積

加賀藩前田家家系図

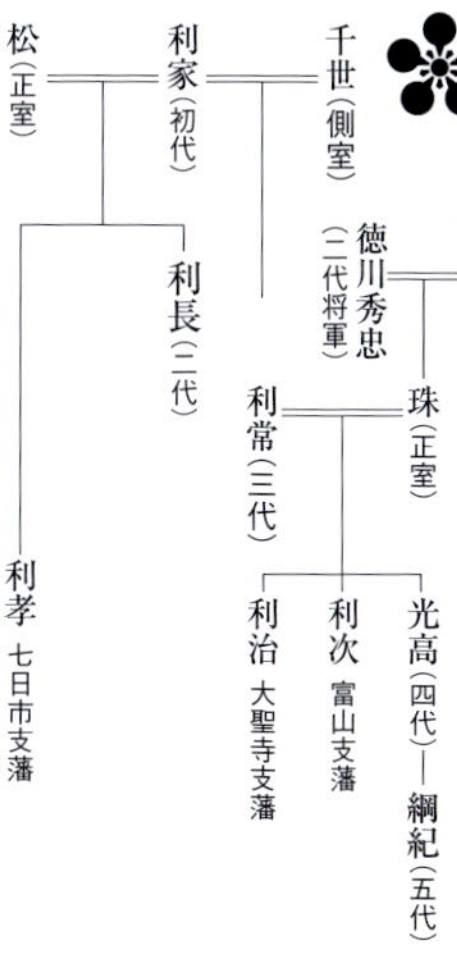

利家の身の回りの世話をするために派遣された正室の松（芳春院）の侍女、千世《ちよ》（寿福院）は金沢城で利家の四男、幼名猿千代、のちの三代当主利常を出産した。利常は二代当主利長にとっては異母弟の関係だが、年齢は31もの開きがあった。

中村彰彦

1949年栃木県生まれ。作家。東北大学文学部卒。卒業後1973年～1991年文藝春秋に編集者として勤務。1987年『明治新選組』で第10回エンタテインメント小説大賞を受賞。1991年より執筆活動に専念する。1993年、『五左衛門坂の敵討』で第1回中山義秀文学賞を、1994年、『二つの山河』で第111回（1994年上半期）直木賞を、2005年に『落花は枝に還らずとも』で第24回新田次郎文学賞を、また2015年には第4回歴史時代作家クラブ賞実績功労賞を受賞する。

撮影／山本哲朗（カメラマンズハウス）、利波由紀子　地図製作（株）ロードランナー

高岡城跡

日本百名城のひとつ。現在は、高岡古城公園として市民に親しまれている。建築遺構は現存しないが、堀や郭の形、石垣の一部や井戸が残っている。

21万平方メートルの内、実に37パーセントが水堀に充てられ、郭《くるわ》が7つもあることだ。ひろい堀に囲まれた郭は、火災に遭いにくく攻めにくい。利長は富山城の火事では衣装や夜具まで消失させてしまったから、城の防備と防火に念には念を入れたようだ。

また、私が利長の正史『瑞龍公世《ずいりゅうこうせい》家《か》』などを読んで面白く感じるのは、高岡入りしてからの利長が越中新川《にいかわ》郡亀谷《かめがい》の銀鉱を掘り、銀貨を鋳造させていることだ。その父前田利家は、日本がゴールドラッシュだった安土桃山時代の武将だけに黄金や金箔を好んだ。そのことと、これとを比べると、利長には実利を重んじるリアリストという側面も感じられる。

そのことは、城下町の造り方にもよくあらわれている。築城用建材の集積地として、木町を設けたこと。砺《と》波《なみ》郡の西部金屋《かなや》から鋳物師《いもじ》7人を招き、今日なお日本最大の鋳物造りの町として知られる金屋町をひらいたことなどは、利長の民政上の功績といってよい。

その利長は、慶長19年（1614）5月20日に53歳にて病没。高岡は、前田利常が直接支配するところとなった。この時、利常が高岡城を中心として支藩を置く、と発想すれば高岡藩が誕生するところだったのだ。

だが、そうはならなかったのは、明けて慶長20年閏《うるう》6月に、幕府が一国一城令を発布し、諸大名に居城以外の城の破却を命じたためだ。高岡城も廃城の止むなきに至ったが、豪胆をもって知られた利常はこの城の土塁や水堀はあえて破却しなかった。

その理由のひとつとしては、異母兄利長が心血を注いで造った名城を破却するのは忍びない、という思いもあったのではあるまいか。利常の自分を後継者に指名してくれた利長への恩義をよりよく示す建造物としては、以下の文化財2点が挙げられる。

利常が利長の菩提寺として建立した高岡山瑞龍寺《ずいりゅうじ》。ひろやかな境内地に展開する伽藍《がらん》配置は壮大そのものであり、仏殿、法堂、そして山門が国宝に指定されている。

もうひとつは、前田利長墓所。これもまた利常が造営したもので、初め墓域は16万平方メートル（約5万坪）もあったとか。今はその四分の一の規模となっているが、白蓮《はくれん》の花咲く内堀の中、戸室石製、3段の石垣の大きさは大名の墓としては日本最大級の大きさ。高さが11・9メートルもあるのには圧倒される。これも利常の気配りなのだろう、瑞龍寺と墓所が八丁道《はっちょうみち》という名の道路でつながれているのも注目に値する。

ストーリー

高岡は商工業で発展し、町民によって文化が興り受け継がれてきた都市である。高岡城が廃城となり、繁栄が危ぶまれたところで加賀藩は商工本位の町への転換政策を実施し、浮足立つ町民に活を入れた。鋳物や漆工などの独自生産力を高める一方、穀倉地帯を控え、米などの物資を運ぶ良港を持ち、米や綿、肥料などの取引拠点として高岡は「加賀藩の台所」と呼ばれる程の隆盛を極める。町民は、固有の祭礼など、地域にその富を還元し、町民自身が担う文化を形成した。純然たる町民の町として発展し続け、現在でも町割り、街道筋、町並み、生業や伝統行事などに、高岡町民の歩みが色濃く残されている。

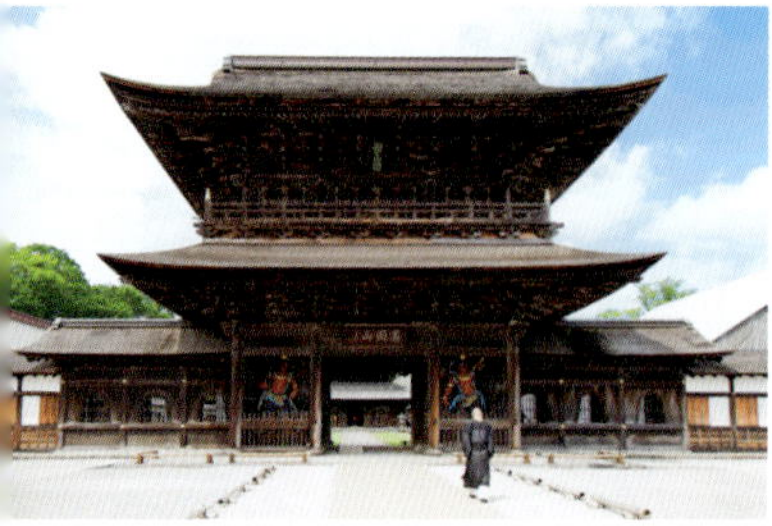

瑞龍寺

前田利長公の菩提寺。加賀藩120万石の財力を如実に示す江戸初期・禅宗の典型的な建物群。山門（写真上）は下層に金剛力士像、上層内部には宝冠釈迦如来と十六羅漢像を安置している。

高岡市関本町35　☎0766-22-0179　㊫9:00～16:30（閉門）大人500円、中高生200円、小学生100円　http://www.zuiryuji.jp/

前田利長墓所

普段は鳥居のところまでしか入れない。石塔のある墓域は9月13日（前田利長が高岡に入城した日）に行われる前田利長公顕彰祭の時だけ一般公開される。

ちなみに高岡市のみなさんは、利長墓所を「利長の墓所」とはいわず、「利長公墓所」と表現する。高岡の開祖に対する敬愛の念は、利常を経て今日に伝えられているのだ。

このほどこれら2カ所を再訪した私は、瑞龍寺住職から親しく解説をうかがうことができた。とくに印象的だったのは、普通、寺の奥殿正面には仏像が安置されるものなのに、瑞龍寺にあっては利長こと瑞龍院殿聖山英賢大居士の位牌が安置されている、と教えていただいたことだ。

前田利家が加賀藩創業の人であるのに対し、二代利長は「守成の人」と形容されることが多い。母お松の方（芳春院）を徳川家へ証人（人質）として差し出すことまでして、加賀100万石を守り抜いてみせたからだ。戦わずに、守る。その心が仏の道に叶うため、ここでは利長自体が信仰対象とされているのだという。

それを受けて利常が高岡の産業育成に努めたことには、別稿で触れることにしよう。

鋳物師の町、金屋

前田利長が慶長19年（1614）に生涯を閉じた結果、その家臣団は金沢へ帰国。翌年、それを追うように幕府が一国一城令を出したため、成立してまだ間もない高岡の町は、にわか存立を危ぶまれるに至った。

かくてはならじと思ったのは、またしても前田利常だ。金沢城下のうねうねと曲った道をまっすぐにするなど都市計画のセンスに恵まれていた利常は、高岡を城下町から地場産業によって生きる商工業地帯へと変身させよう、と考えた。

それには一定以上の民口《みんこう》（町方の人口）の確保が必要と考え、町方の者たちの高岡以外への転出は禁じた。その高岡を麻布の集散地に指定したほか、荷物宿、魚問屋、塩問屋などの新規開店を許した。こういった方針を立てたのは、利常の父利家が金沢城下を発展させるため、故郷の尾張や近江方面から商人・職人たちを移住させたのとおなじこと。おそらく利常は、父の手法に学びつつ高岡再生に乗り出したのだろう。

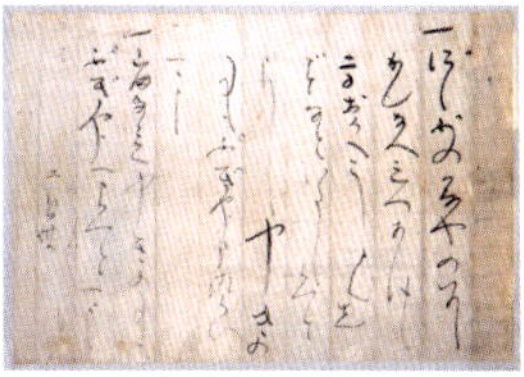

前田利長書状（年未詳5月30日付）

鋳物師たちへ高岡の千保川対岸に5,000坪の土地（拝領地）を与え、様々な特権を与えた。高岡金屋町の鋳物産業の発祥を示す貴重な史料。（高岡市立博物館蔵）

なお道路でいえば、利常は物資運搬の最重要ルート北国《ほっこく》街道（北陸道）が西南から北東へ直線的に走っていたのを再普請。西南から東南へほぼ直角に曲げ、多くの町家がその両側に立ち並ぶようにした。また、利常は高岡城内に藩の米蔵、塩蔵を建造することにより、城址の郭や水堀を今日まで残すことに寄与した。

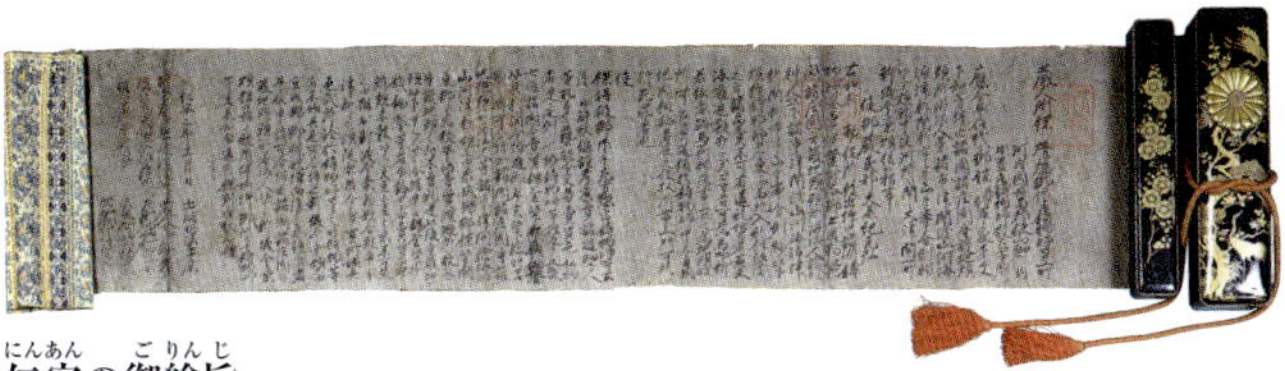

仁安《にんあん》の御綸旨《ごりんじ》

鋳物師に対して全国に鍋・釜・鋤・鍬を販売することを命じ、そのため諸役を免除し全国通行の自由を保証したことを記した史料。

利常の正室は、お珠《たま》の方。お珠の方は徳川二代将軍秀忠の次女であり、利常・お珠の方夫妻は子が生まれ過ぎると乳母が案じるほど仲が良かった。秀忠にとって利常は心強い婿君だったから、厳密にいえば一国一城令に反する利常の高岡における動きも大目に見たのではあるまいか。

さて、その高岡市（JR新高岡駅）は東京とは北陸新幹線で直結され、最速2時間20分で行けるようになった。高岡といえば、鋳物の町。私も史料を読んではものを書く暮らしが長くなったため、母の形見の胡瓜《きゅうり》の形の文鎮や蟹、天狗の面、南瓜などを象った鋳鉄のペーパーウェイトを机上で愛用している。

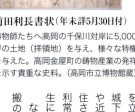

まだ暑かった日に初めて北陸新幹線の乗り心地を楽しんだ私たち夫婦は、瑞龍寺と利長墓所を見学してから高岡の古きゆかしき面影を今日に伝える町並を訪ねた。

高岡市内に「重要伝統的建造物群保存地区」に選定された町並はふたつある。市内のほぼ中心にひろがる山町筋《やまちょうすじ》と、北郊を東西に流れる千保《せんぼ》川《がわ》の対岸に位置する金屋町だ。利長

に敬意を表し、ここでは砺波郡の西部金屋から招かれた7人の鋳物師に始まる金屋町についてまず書いてゆこう。

　高岡市教育委員会文化財課の流森《ながれもり》清悌《きよとも》氏によると、初めこの地で鋳立てられたのは鍋・釜などの台所用品や農具だった由。これらは鉄器だが、次第に銅器の鋳造が始まり、18世紀後半からは香炉、花瓶、火鉢、仏具など文化的な作品への需要が高まった。そのため、次第に工芸品として質の高い製品も造られるようになったという。

　高岡の銅器が有名になったのは、近くに銅山があったからか。勝手にそう考えていた私は、ほど近い伏木《ふしき》港が北前船の寄港地とされていたため原材料を得やすかった、と知って目から鱗が落ちた。

　そういえば後に立ち寄った城跡内の高岡市立博物館には、まことに美しい花瓶の写真が紹介され、明治6年（1873）ウイーンで万国博覧会が開催された際に日本から出品された作品だという説明文が添えられていた。当時のヨーロッパでは、ジャポニスムがブームとなっていた。高岡銅器はこのブームを支える役を果たし、かつ今もなお国産鋳物のシェア8割を占める重要工芸品であり続けているのだ。

　金屋町の特徴は、落ちついた雰囲気の通りに向かい、江戸風の格子戸を見せた家並がつづいていることだった。2、3軒に1軒の割で、家の前に様々のブロンズ像が立っているのは、さすがに唯一「鋳物師の町」として重伝建に選定された土地柄だ。その一軒、体操をする少年像を飾った大寺幸八郎商店では、地元作家たちの多様な作品を展示、販売していて、私はすっかり目移りしてしまった。

　また、このお店はひろやかな住居部分の幾部屋かをギャラリー兼茶房として開放し、中庭に面したふたつの茶室まで見学させてくれる。通りから店―住居部分―中庭と進むとその先に作業所があるのだそうで、風雅な茶室があるのは、茶を喫しながら次にはどんな作品を造ろうか、と話し合うためだ、とは若主人の解説。美術工芸に携わるみなさんは、インスピレーションを大切にするのだろう。

　そのような鋳物師魂は、鋳物工房利三郎を営む神初《じんぱち》宗一郎氏からも強く感じ取れた。観光客を工房に受け入れ、砂で固めた型に熱した錫を注ぐという鋳物造りを教えてもいるこの人は、もう御高齢と見えたが、鋳物造りの話になると目が少年のよう

金屋町重要伝統的建造物群保存地区

およそ500メートルにわたって続く石畳の道と格子造りの古い家並みが見事に調和し、一帯は明治・大正時代を彷彿させ、今でも美しいたたずまいを見せている。

大寺幸八郎商店

万延元年（1860）に鋳物工場として創業し、現在は鋳物のショップ＆ギャラリーとして自宅を解放している。6代目大寺康太さんとお母様の笑顔に癒される。

高岡市金屋町6-9　☎0766-25-1911　㊑9:00～17:00　㊡木曜日　オリジナルのすずアクセサリーが作れる体験コーナーがある、一般2000円／1人（予約不要）
http://www.ootera.com/

銅造阿弥陀如来坐像（高岡大仏）

地元の銅器製造技術の粋を集め、明治40年（1907）より26年の歳月をかけて完成。銅器日本一の高岡の象徴的存在。奥様と。

高岡市大手町11-29
☎0766-23-9156　㊑6:00～18:00（大仏台座下回廊）無休

鋳物工房利三郎

高岡市金屋町8-11　☎0766-24-0852 ㊑10:00～18:00 ㊡第4日曜日　見学は無料。体験に伴う費用3,000円
http://www13.plala.or.jp/jinpachi/

初代利三郎が始めた双型鋳物の伝統的技法を明治初期より守っている。店内には高岡銅器の花入れ、茶道具の風炉、蓋置、香立、香炉など手作りのおみやげ品が並んでいる。

に輝く。
その翌日、私たちは城跡の大手にある銅造阿弥陀如来坐像―通称「高岡大仏」に参拝した。高さ15・85メートル、重さ65トンに及ぶこの大仏さまは、奈良、鎌倉のそれと並ぶ日本三大仏のひとつだという。プロのカメラマンもやってくるこの地は、もっと知られていい観光ポイントだ。

山町筋と御車山祭

金屋町が千保川の対岸にひらかれたのは、鋳物師の使う炉から火事が起こっても市街に飛ばないように、という工夫だそうだ。前田利長の慎重さがよくうかがえる町造りだが、つづいてもうひとつの重伝建、山町筋の歴史を振り返っておこう。

明治16年（1883）、富山県が石川県から独立し、富山市が県都（県庁所在地）となると、江戸時代から資本を蓄積してきた高岡の豪商たちは、この地を商都に育てることに活路を求めた。18年、高岡米商会所創設。22年以降は銀行が次々に誕生し、26年には高岡紡績（株）と綿織物業の戸出物産合資会社が設立され、31年には官設北陸鉄道（現、あいの風とやま鉄道）の金沢・高岡間が開通。

以上は高岡市立博物館発行『常設展「高岡ものがたり」ガイドブック』に「近代化へのあゆみ」として記されたところで、高岡経済の中心地山町筋には豪商が多く住んでいたという。

なるほど、その山町筋を訪ねてみると通りの左右には黒瓦白漆喰《しっくい》塗り、あるいは黒漆喰塗りの重厚な土蔵造りの大店《おおだな》がめだつ。しかも電線が地下へ埋められ、電柱が取り払われているので、通りがすっきりと見わたせる。

この山町筋が重伝建に選定された背景については、その代表的建造物として重要文化財に指定されている菅野家住宅のご当主の長男、菅野《すがの》克志さんからレクチャーを受けたので、それを紹介したい。

「高岡では明治33年（1900）6月に大火が起こりまして、市街地の約6割、二千数百軒が焼き尽されてしまいました。そこで、町並を火に強い土蔵造りに改めたのが今日の山町筋の始まりです。かつては通りに面して500メートルもずらりと土蔵造りの家が並んでいたので、屋根から屋根へと飛び移ることもできたそうです。今も表通りに面して約50棟、付属建物を合わせると100棟はありますから、山町筋は埼玉県の川越市や福島県の喜多方市とおなじく蔵の町です」

山町筋が重伝建に選定されたのは、これら伝統的建物が高度な建築技術で造られ、よく保存されているため

菅野家住宅

山町を代表する土蔵造りの家。北海道との通商で巨万の富を築いた高岡有数の商家。現在も住居として使用されているが、御当主のご理解のもと、店の間、本座敷、仏間などを一般に公開している。

高岡市木舟町36　☎0766-22-3078　㊎9:30～16:00　㊡火曜日、8/13～17、年末年始、厳冬期(1月～2月)大人200円／小中学生無料

高岡御車山会館

御車山を通年で観覧できるほか、４Kの高精細画質シアターでの祭の準備から祭礼当日の追体験もできる。

高岡市守山町47-1　☎0766-30-2497　㊎9:00～17:00　㊡火曜日(火曜日が祝日の場合は翌平日)、年末年始 有料ゾーン観覧料　一般(高校生以上):300円 http://mikurumayama-kaikan.jp

御所《ごしょ》参内《さんだい》・聚楽第《じゅらくてい》行幸《ぎょうこう》図《ず》屏風《びょうぶ》

豊臣秀吉が贅を尽くして京都に建てた聚楽第に後陽成天皇が行幸する光景と、御所へ出迎える秀吉の行列を描いた六曲一双の屏風。高岡御車山は、この図に描かれている御所車を前田利家が拝受し、さらにそれを子利長が新しく町づくりした高岡の町民に与えたものが起源と伝えられている。
(小林英好氏所蔵・上越市総合博物館寄託)

だ。しかし、昭和40年代以降にマイカーブームが到来すると、土蔵造りの家々は車の駐車スペースが乏しいため、土蔵を解体するケースが増えてきた。そこで町並を歴史的景観として保存し、観光資源として活用する気運が高まってきたのだそうだ。

菅野氏に屋内を案内していただいた。かつて菅野家は北前船の船荷を扱う富商だったそうで、金具の眩《まばゆ》い仏壇にしても、仏壇職人20人が3年がかりで造ったという壮麗さなのには驚かされた。

山町筋とは、毎年5月1日におこなわれる高岡御車山《みくるまやま》祭で御車山と呼ばれる曳山《ひきやま》(山車《だし》)を保有する町筋、という意味だ。市内守山町の高岡御車山会館を訪ねて学芸員中村知子さんに教えていただいたのは、左のようなことどもだった。

天正16年(1588)4月に後陽成《ごようぜい》天皇が関白豊臣秀吉の聚楽第《じゅらくてい》に行幸した時、秀吉は天皇を迎えるため御所車に乗って宮中に参上した。その乗物は秀吉から古い友人前田利家へ、利家から長男の利長へと与えられ、利長は高岡開町の折にこれを町人たちに授けたといわれている。

これが御車山の起源だが、今日の御車山は通町、御馬出町《おんまだしまち》、守山町、木舟町、小馬出町《こんまだしまち》、一番街通、二番町の計7基ある。二番町のは2輪、他は4輪を付けた構造ながら、地山の上に花傘の飾りを立て、車軸に取り付けた轅《ながえ》で曳きまわすのはいずれも同じこと。しかし、ほかの地方の曳山と高岡の御車山の印象がかなり異なるのは、後者の姿があまりにも豪華だからだ。

それは、これらの御車山が漆工品(高欄《こうらん》、後屏《こうへい》、花傘上部の鉾留《ほこどめ》)と金工品(彫金金具、建築金具、鋳金金具、七宝金具)によって装飾されていることによる。また車輪は黒呂色《くろろいろ》(黒蝋色)仕上げといって、光沢のある黒漆塗り。その全面に加賀前田家の家紋である剣梅鉢《けんうめばち》、桐、竜、桐唐草文などの彫金金具が配されているのは、高岡漆器職人、彫金師(錺師《かざりし》)たちが名工ぞろいであることを物語る。

会館内に展示されている一基に目を瞠りながら、私は妻に話しかけた。

「この車輪を見ていると、高台寺の持仏堂を思い出さないか」

京都の好きな妻は、こくりとうなずいた。京都東山の高台寺は秀吉の正室北政所《きたのまんどころ》が出家して高台院となり、終の住処とした名刹《めいさつ》だ。その持仏堂には秀吉の御座船《ござぶね》の用材が再利用され、天井の中央部には、かつて高台院が太閤の正室として使用した牛車《ぎっしゃ》の屋形の金箔押しの天井がはめこまれた。高台院は、自分たち夫婦の追憶の品々に塗りこめられるような晩年を送ったのだ。

このように京や伏見城から高台寺へ運ばれた秀吉の遺品もあれば、前田利家、利長父子の手を経て高岡の町衆に与えられ、御車山の起源となった御所車もあった。まことに不思

高岡御車山祭

毎年5月1日に行われる。前田利長を祀る高岡関野神社の春季例大祭で、高岡の開町当時から続き、市内中心部を奉曳巡行する。

鉾留

木舟町山車の胡蝶の鉾留。鉾の先端に付いており、竹籠の編み残しを装飾化したものとされている。

後屏

通町山車の後屏。孔雀と牡丹が彫られた朱漆塗りで高岡漆器の元祖といわれる辻《つじ》丹甫《たんぽ》の作。

車輪

二番町の山車の車輪は、7基ある高岡御車山の中で唯一の2輪。直径が2メートル、重量350キロもある。

彫刻金具

小馬出町の幕押の金具は龍、鶏の親子、虎に竹、猿のデザイン。細部にわたって精緻な彫金が施される。

議な取り合わせだが、こう考えると多少の感慨なきにしもあらず。御車山は、高岡の町民の心意気と漆工品、金工品の美の極致を示す一方で、秀吉と利家の終生変わらなかった友情をも今に伝えているのだ。

港町伏木と勝興寺

高岡の中心部から北東へ車で15分ほどゆくと、富山湾に面した小矢部川河口に伏木富山港（伏木港）がある。その西寄りは、名勝雨晴《あまはらし》海岸。快晴の日、ここから富山湾のかなたに立山連峰を仰ぐと、海の青さと銀雪の対比が感動的ですらある。

しかし、この日は二の腕にも汗の滲む暑さだったので、まっすぐ蓮如上人が土山御坊《どやまごぼう》を開き越中布教の拠点としたのが起源である浄土真宗本願寺派の雲龍山勝興寺《しょうこうじ》を見学にいった。浄土真宗は一向宗と呼ばれることがあるが、一向宗といえば石山本願寺（大坂）をめぐる織田信長との攻防戦で知られ、勝興寺は越中一向一揆の旗頭として活躍した、と聞いたからだ。

私がこれまで各地を旅した経験によると、かつて仏都と呼ばれた地域ほど漆工、金工、鋳物の技術をよく伝えている。これは大仏壇や仏具、梵鐘などを造る必要があったからか。金沢で漆器や金箔の生産が盛んなのも、加賀一向一揆が柴田勝家に滅ぼされるまで、百年間「百姓の持ちたる国」だったことと関わりがあろう。

さて勝興寺は目下「平成の大修理」中。総門は別の場所に移されており、私たちは修理の終わった唐門と本堂しか見られなかった。檜皮葺《ひわだぶき》の唐門は、明和6年（1769）に京で建立。明治26年（1893）に北前船2隻でここ勝興寺に運ばれたと伝えられている（同寺文化財保存・活用事業団専務理事大巻宏治氏・談）。

また寛政7年（1795）に、西本願寺の阿弥陀堂を模して建てられた本堂は間口39・3メートル、奥行が37・4メートル、棟高23・5メートルという大規模なもの。釘・鎹《かすがい》を使わず木組みだけで構築されており、耐震補強をする必要もないという。この本堂は住職から還俗《げんぞく》して加賀藩十一代藩主となった前田治脩《はるなが》の支援を受けて建立されたもので、唐門および諸堂諸門11棟とともに重要文化財に指定されている。

また、やはり重要文化財である「紙本金地著色洛中洛外図」六曲一双屏風の、本堂に展示されているのは写真版だが、まことに興味深かった。か

勝興寺本堂

中世城郭寺院の威勢を示し、国宝・重要文化財としては日本で8番目の規模を誇る。現在、平成32年度完了予定で本堂を除く重要文化財11棟の修理を実施している。

高岡市伏木古国府17-1 ☎0766-44-0037 ㊫9:00～16:00 無休 大人300円（工事修復協力金） 中学生以下は無料 http://www.shoukouji.jp/

伏木北前船資料館

高岡市内で唯一望楼が残されている廻船問屋の町家である旧秋元家住宅を伏木北前船資料館として開放。古地図や引札、船主の生活道具など、貴重な資料を展示している。

高岡市伏木古国府7-49
☎0766-44-3999 ㊫9:00 ～ 16:30 ㊡火曜日、年末年始 高校生以上210円、中学生以下無料

紙《し》本《ほん》金《きん》地《じ》著色《ちゃくしょく》洛中洛外図

洛中洛外図屏風の中でも二条城が描かれた一双屏風としては最も古い。右隻には豊臣秀吉が創建し、秀頼が再建した方広寺、そして御所が大きく描かれ、左隻には徳川政権の権力の象徴である二条城の偉容が大きく描かれている。重要文化財。（勝興寺蔵）

つて二条城に5層の天守閣があったとは、この図を見て初めて知った。

その後は、ほど近い伏木北前船資料館（旧秋元家住宅）へ。秋元家は船頭、水主たちの宿泊施設から出発し、文化年間（1804〜18）を迎えるころから北前船を所有する廻船問屋へ成長したのだとか。玄関を上がると、いくつもの部屋があって面喰らうほど。蔵も米蔵、衣装蔵、調度蔵と3つもあり、往時の繁栄が偲ばれた。

車に戻ろうとすると、先に出た妻が屋根を振り返って、あら、望楼がある、といった。

秋元家は出船入船にいつも注意していたのであろう。

越中福岡の菅笠職人

もう20年ほど前のこと。加賀藩を舞台とする長編歴史小説を書くうちに史料に「加賀笠」という言葉があらわれ、この笠を見れば一目で加賀藩士と知れる、とあった。

しかし、どんな時代考証辞典を見ても「加賀笠」の特徴に言及したものはなかった。一体「加賀笠」とは何か。以来それが気懸りだった私は、今回の高岡市訪問で福岡町に最後の笠骨職人、木村昭二氏（89歳）がおいでと聞き、作業場へお邪魔してみた。

菅笠の用途は野良仕事用、日除、雨具、祭礼用とまちまちだが、越中福岡こと福岡町は菅の植え付け、刈り取りから竹による笠骨の製作、笠縫いまで、一貫した菅笠作りの生産技術体系を保持する日本唯一の地域だそうだ。現在も、菅笠の9割以上が福岡町で生産されているという。

「明治の最盛期には年に200万から300万以上作っていましたが、今は3万5000以下だな」

と木村氏は語るが、テレビ時代劇「水戸黄門」を観ていても、登場人物のかぶっているのは自分の作品だとすぐわかるとか。

同氏は厳密には「骨刺し職人」、すなわち太い竹と細い竹を削って笠の丸い縁《ふち》と骨組とを作る人。もともと手先の器用だった氏は、昭和29年（1954）から3年連続、菅笠製作競技会で1時間以内に10枚の骨刺しに成功して優勝。県知事表彰を受けたほどで、当時大工の賃仕事が1日3000円だったのに、氏は5〜6000円稼ぐ腕前だった、と懐しそうにいう。

加賀藩一の名君は五代目の前田綱紀というのが定説だが、綱紀は各種の見本帖を作り、職人衆の技術向上を願った人物でもある。この綱紀が沼地と菅田の多い福岡に笠作りを奨励。幕末に上京した十三代目前田斉《なり》泰《やす》が21万枚もの加賀笠を持っていったことから、京でも評判になったのだ。

「ところで、加賀笠は一目でわかるというのはどういうことですか」

と問うと、氏は骨刺しをつづけながら即答した。

「それは丁寧な手仕事で作られていて、品質が良いからでしょう」

男が笠骨を作り、女たちが菅で笠縫いをして仕上げる。このような分業システムも、神経の行き届いた笠作りに寄与したようだ。

昭和30年代の後半から、越中福岡の笠は踊り用、ないし民芸品として再注目されるに至る。さらに平成21年（2009）、この菅笠の製作技術は国の重要無形民俗文化財に指定され、28年には菅笠問屋の町並みとともに日本遺産に認定された高岡の構成文化財に追加認定された。

木村氏の長寿を祈りたい。

越中福岡の菅笠製作技術

農作業や外出などに利用される菅笠を製作する技術。福岡で製作される菅笠は、加賀笠の名で広く知られ、本州日本海側に点々とみられた菅笠の製作地にも影響を与えたといわれる。無形民俗文化財。

最後の笠骨職人、木村昭二さん

栽培農家は20年前より8割少ない50世帯で、骨組み職人は木村昭二氏のみになってしまった。伝統工芸だから頑張ろうというのではなく、1秒でも早く作り上げ、少しでも丈夫な菅笠ができるよう、新しい技術と道具の開発に今でも日々挑戦しているのが楽しいのだと言う。

知的好奇心を刺激する文化施設と高岡の海と山の壮大な景観を楽しむ

高岡おとぎの森公園

「自然と遊び、自然に学び、友とふれあう」をテーマに、子ども達の健やかな成長と緑豊かな活動の場を目指して造られた。花と緑につつまれた多機能広場や自然の生態系を遊びながら学べる豊かな森等、園内の各施設を有機的に連携させた総合公園。

㊟高岡市佐野1342 ☎0766-28-6500（管理事務所）㋖9:00～17:00（おとぎの森館・こどもの家） ㊡火曜日（祝日の場合は翌日）、年末年始 ㋣新高岡駅から徒歩15分、能越自動車道高岡ICから車で7分

万葉歴史館

奈良、飛鳥とならぶ万葉の故地、高岡を象徴する施設。万葉集と大伴家持にまつわる多角的な企画展示に加え、映像や音で「ふるさとの万葉」を紹介する常設展が開催。豊富な文献資料があり、万葉研究の拠点になっている。

㊟高岡市伏木一宮1-11-1 ☎0766-44-5511
㋖9:00～18:00(11月～3月 9:00～17:00)
㊡火曜日（祝日の場合は翌日）、年末年始 大人210円、小中学生無料 ㋣伏木駅から徒歩20分、能越自動車道高岡北ICから15分

二上山

ゆるやかに山をめぐる全長約8.4kmの万葉ラインを中心に四季の景色や展望が楽しめる。万葉集の代表的歌人大伴家持は、越中の国守として5年間この地に赴任しており、二上山に関わる数多くの歌を残している。

㊟高岡市東海老坂字馬鞍 冬季（12月～3月）ゲート封鎖 ㋣高岡駅から車で20分、能越自動車道高岡北ICから車で15分

雨晴海岸

万葉集に「渋谿《しぶたに》」と詠まれた雨晴海岸は、岩礁多く白砂青松の景勝の地。天候に恵まれれば富山湾越しに3000メートル級の立山連峰を望むことができる。「義経岩」は、源義経が奥州へ落ち延びる途中、にわか雨の晴れるのを待ったという岩で、地名「雨晴」の由来となっている。

㊟高岡市太田 ㋣雨晴駅から徒歩5分、能越自動車道高岡北ICから車で15分

加賀前田家ゆかりの町民文化が花咲くまち高岡
―人、技、心―

高岡市美術館

伝統と創造が織りなすひらかれた美術館をめざし、平成6年（1994）9月にオープン。全国的、国際的にも優れた企画展を開催するとともに、美術・工芸分野で郷土にゆかりの深い作家の作品なども収集・保存している。建物は、建築家・内井昭蔵氏の設計で、「光と水の塔」がシンボル。

㊟高岡市中川1-1-30　☎0766-20-1177　㊖9:30～17:00（入館は16:30まで）㊡月曜日（祝日の場合は翌日）、年末年始 ㊕企画展ごとに異なる　㊜高岡駅から徒歩20分、能越自動車道高岡ICから15分

ミュゼふくおかカメラ館

全国屈指のカメラコレクションの中から、年代、スタイルや材質、国やメーカー、デザインなど、カメラの魅力をさまざまな角度から掘り下げ、紹介する他、第一線で活躍する写真家の作品展などを行っている。

㊟高岡市福岡町福岡新559　☎0766-64-0550　㊖9:00～17:00（入館は16:30まで）㊡月曜日（祝日を除く）、年末年始　㊕企画展ごとに異なる。㊜福岡駅から徒歩5分、能越自動車道福岡ICから5分

高岡市へのアクセス

ソウル　仁川国際空港から約2時間10分
上　海　上海浦東国際空港から約1時間40分
台　北　台湾桃園国際空港から約2時間35分

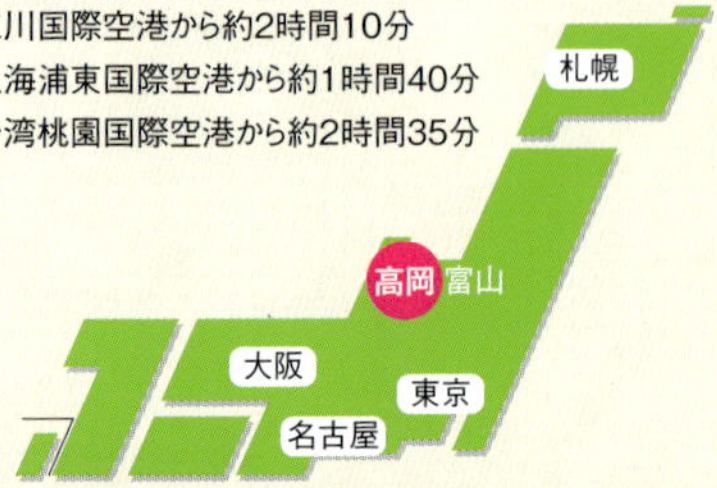

バスでお越しの場合

東京首都圏から 約7時間：池袋駅東口 → 下落合駅 → 砺波駅南 → 砺波市役所前 → 高岡駅
名古屋から 名鉄バスセンター出発 約4時間25分：名鉄岐阜 → 高速美濃 → 城端SA → 砺波駅南 → 砺波市役所前／イオンモール高岡南口 → 高岡駅
名古屋駅前出発 約3時間25分：→ 砺波駅南 → イオンモール高岡南口 → 高岡駅

飛行機でお越しの場合

東京首都圏から 約1時間40分：羽田空港 →（全日空）→ 富山空港 →（直通バス）→ 高岡駅
北海道から 約2時間05分：新千歳空港 →（全日空）→ 富山空港 →（直通バス）→ 高岡駅

電車でお越しの場合

東京首都圏から 最速2時間21分：東京駅 → 北陸新幹線 かがやき（臨時便）または、はくたか → 新高岡駅
大阪から 約3時間：大阪駅 →（特急サンダーバード）→ 金沢駅 →（つるぎ）→ 新高岡駅
名古屋から 約3時間12分：名古屋駅 →（特急しらさぎ）→ 金沢駅 →（つるぎ）→ 新高岡駅

車でお越しの場合

東京首都圏から 長岡JCT経由 約6時間：練馬I.C →（関越自動車道）→ 長岡JCT →（北陸自動車道）→ 小矢部砺波JCT →（能越自動車道）→ 高岡I.C
藤岡JCT・上越JCT経由 約5時間30分：練馬I.C →（関越自動車道）→ 藤岡JCT →（上信越自動車道）→ 上越JCT →（北陸自動車道）→ 小矢部砺波JCT →（能越自動車道）→ 高岡I.C
大阪から 約4時間：吹田I.C →（名神高速）→ 米原JCT →（北陸自動車道）→ 小矢部砺波JCT →（能越自動車道）→ 高岡I.C
名古屋から 北陸自動車道経由 約3時間30分：小牧I.C →（名神高速）→ 米原JCT →（北陸自動車道）→ 小矢部砺波JCT →（能越自動車道）→ 高岡I.C
東海北陸自動車道経由 約2時間40分：小牧I.C →（名神高速）→ 一宮JCT →（東海北陸自動車道）→ 小矢部砺波JCT →（能越自動車道）→ 高岡I.C

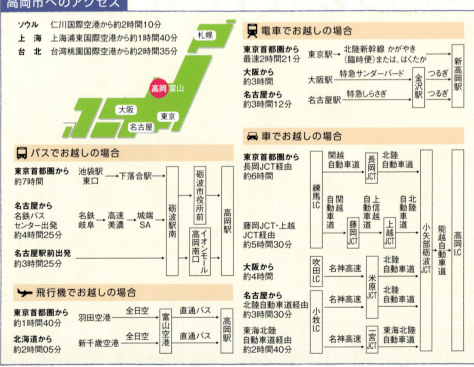

熊本県
人吉市
錦町
あさぎり町
多良木町
湯前町
水上村
相良村
五木村
山江村
球磨村

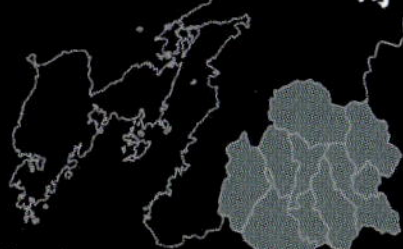

日本遺産を旅する

知られざる「隠れ里」の遺宝と出会う 人吉球磨の寺社を巡る旅

九州山地の深い山々に囲まれ、球磨川に育まれた盆地を擁する熊本県の人吉球磨地方。山奥の地にありながら、先進の文化を受容し、独自に深化させ、保ちつづけてきた。この地の文化遺産の魅力を発見すべく、人吉市とその周辺、中球磨地方、奥球磨地方の神社仏閣を中心に、3日間の旅に出た。

信仰の里・人吉球磨を見守る三体の毘沙門天

先進の文化を受容しつつ独自に発展した「隠れ里」

衛星写真で九州を見てみよう。仮に九州を人の顔に見立てれば、口許のあたり、ニコッと笑っているような三日月状の盆地が見える。それが人吉（球磨《くま》）盆地である。

作家・司馬遼太郎は、人吉球磨地方を「日本でもっとも豊かな隠れ里」と呼んだという。隠れ里とは、民話などにいう山奥や洞窟を抜けた先にあると考えられた仙郷《せんきょう》のことだが、熊本方面からJR肥《ひ》薩《さつ》線で訪れれば、司馬氏の言葉も実感として受け止められるだろう。かたわらの球磨川の急流を見ながら進む先は山また山。そんな山塊を抜けた先に、穏やかな別天地があらわれるのだ。

往古、さまざまな人がここを訪れ特別な感

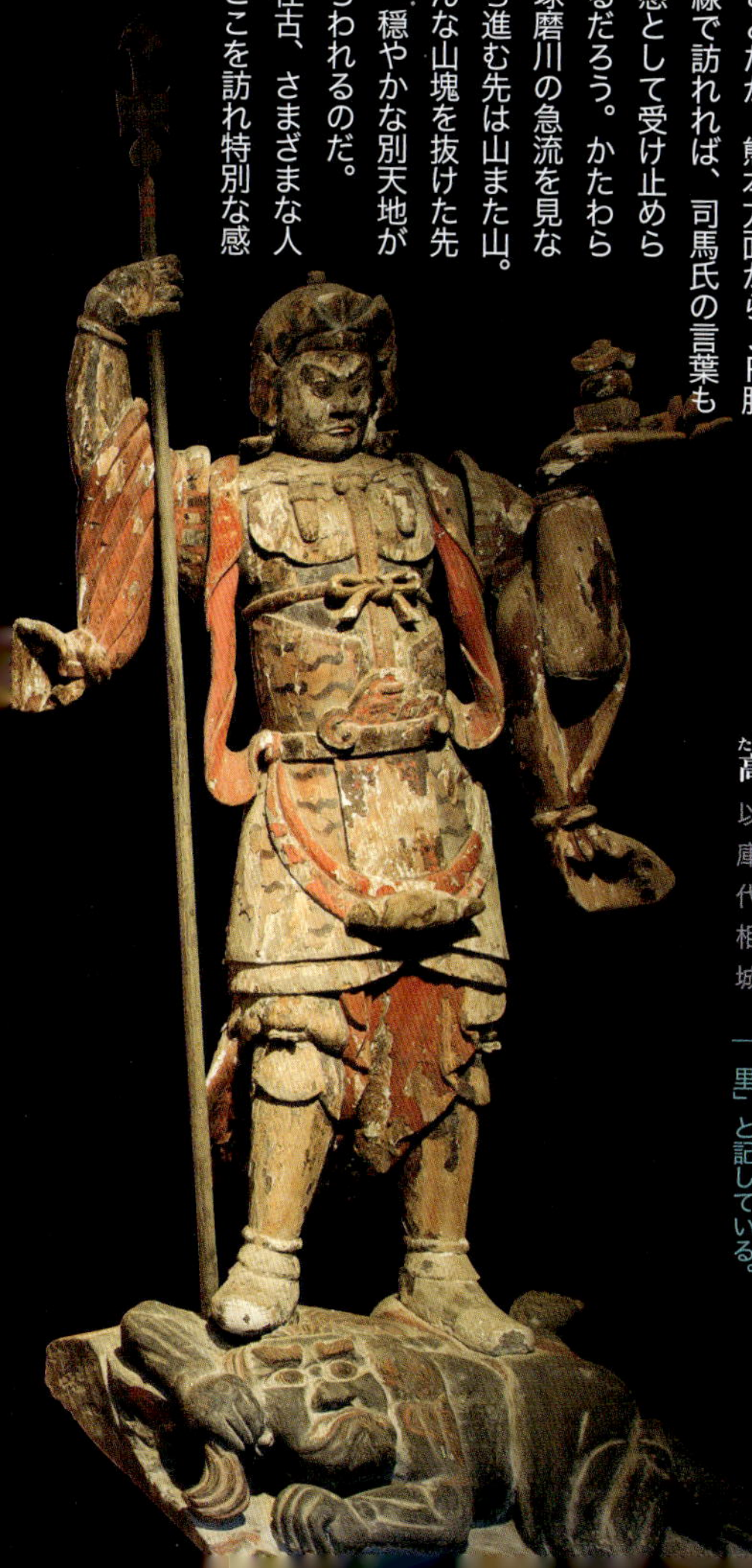

高寺院《たかてらいん》・毘沙門天《びしゃもんてん》立像（国重文）

以前は山上の毘沙門堂に祀られ、現在は収蔵庫に奉安（予約にて拝観可）。いずれも平安時代後期の造立（左２躯は国重文）。うち１躯は相良氏の命で余所より遷されたもので、人吉城の北方鎮護を担ったとも考えられる。

相良７００年が生んだ保守と進取の文化 ～日本でもっとも豊かな隠れ里―人吉球磨～

ストーリー

人吉球磨の領主相良氏は、急峻な九州山地に囲まれた地の利を生かして外敵の侵入を拒み、日本史上稀な「相良７００年」と称される長きにわたる統治を行った。その中で領主から民衆までが一体となったまちづくりの精神が形成され、社寺や仏像群、神楽等をともに信仰し、楽しみ、守る文化が育まれた。同時に進取の精神をもってしたたかに外来の文化を吸収し、独自の食文化や遊戯、交通網が整えられた。保守と進取、双方の精神から昇華された文化の証が集中して現存している地域は他になく、日本文化の縮図を今に見ることができる地域であり、司馬遼太郎はこの地を「日本でもっとも豊かな隠れ里」と記している。

慨を抱いたことだろう。鎌倉時代の初頭、相次いでこの地に下向した相良《さがら》頼景《よりかげ》・長頼《ながより》の父子もそうだったにちがいない。以後、相良家は鎌倉、室町、戦国の世をくぐり抜け、人吉藩として明治維新を迎えた。実に700年近くの間、〝相良さん〟がこの地域を支配し、人々はその家に仕えてきた。

盆地という地理的特性に加え、歴史的・文化的な断絶を経ることがなかったこの土地に、多くのものが保たれたのは自然の成り行きだったかもしれない。しかし、人吉球磨は必ずしも周囲から隔絶されただけの辺鄙ではなかった。弥生時代、もっとも気品のある

免田《めんだ》式土器が、この地域を中心に生み出され、使用されていたという。平安時代には仏教を受容。平安末から鎌倉時代にかけて、都のそれと比べても遜色のない仏像が次々と造立された。そして相良の時代、「人吉球磨様式」というべき個性的で美しい茅葺きの社寺がこの地にあらわれた。

そんな地域の文化を、人吉球磨の人たちは損なうことなく、そっくり伝えてきた。こうして、ほかのどこにもない独特の文化的景観がこの地に残ったのである。

人吉球磨　寺社を巡る旅［1日目］

〝洗練と風格〟をたたえる人吉球磨スタイルの寺社

（人吉市とその周辺）

青《あお》井《い》阿《あ》蘇《そ》神社（国宝）
熊本県人吉市上青井町118
大同元年（806）重陽の9月9日、肥後国一宮・阿蘇神社の三柱の祭神を分霊して創祀。相良氏の保護を受け、広く信仰を集めた。おくんち祭と呼ばれる例祭は9日間行われる。

（左）本殿正面。左右の龍の彫刻、扉手前の獅子、扉に配された輪宝などの特徴的な意匠・装飾が目を引く。（右）福川義文宮司。

失われた中世の意匠を伝える社寺建築

人吉という地名は、建物などを意味する「舎」（人＋吉）の字に由来するという。奇しくも人吉球磨の歴史遺産でまず印象的なのが、社寺建築すなわち「舎」のたたずまいだった。総鎮守というべき青《あお》井《い》阿《あ》蘇《そ》神社は、その代表である。

創建は、平安時代初頭の大同《だいどう》元年（806）。それから約1200後の2008年、社殿は国宝に指定された。日本最南端の国宝建造物である。評価の決め手は、江戸初期の慶長《けいちょう》15年（1610）から4年をかけて再建された社殿群（楼門《ろうもん》、拝殿、幣殿《へいでん》、廊、本殿）が、統一した意匠をもち、そっくり現存していた点にあった。

楼門、拝殿、幣殿とつづく社殿でまず目につくのが、棟の高い急勾配の茅葺き屋根だ。それを角のように反り返った垂木が支えている。現状やや色が褪せているものの、全体に黒漆が塗られ、赤漆塗りの木組みと極彩色の装飾物がアクセントを加えている。

本殿の装飾はさらに精緻を極めたもので、漆黒の壁面に赤く塗られた桟が「×」状に配されているのも印象的である。

福川義文宮司はいう。「ある建築の専門家が来られて、江戸初期のものだと聞いて驚かれました。もうこの時代にはなくなったはずの様式がここにあると」

国宝指定のもうひとつの決め手は、中世の人吉球磨地方の独自性の強い意匠を継承しつつ、桃山時代の華麗な装飾性を取り入れた点にあった。つまり、他では失われ

おすすめコース

- 青井阿蘇神社
- ↓ 車で15分
- 高寺院
- ↓ 徒歩で4分
- 山田大王神社
- ↓ 車で12分
- 雨宮神社
- ↓ 車で16分
- 十島菅原神社
- ↓ 車で10分
- 願成寺

［人吉市までの主なアクセス］●JRで人吉駅まで／熊本駅から1時間30分、鹿児島中央駅から1時間40分●高速バスで人吉ICまで／熊本交通センターから1時間50分、鹿児島空港から1時間。その他詳細はHPで確認を。
www.city.hitoyoshi.lg.jp

高寺院

熊本県球磨郡山江村山田甲1640

相良氏の入封以前、平家領人吉の代官だった矢瀬氏の創建と伝わる、人吉球磨地方現存最古の寺院。写真中央奥の本堂から375段の急な石段を登った山の上に毘沙門堂が鎮座。

十島菅原神社《としますがわら》(国重文)

熊本県球磨郡相良村柳瀬2240

創祀は弘安年間（1278～1288）。菅原道真公を祀るこの地域最大の天神社。境内の池に10の浮島があり、本殿もその上に鎮座。茅葺きの社殿と相まって幻想的な景観美を見せる。

願成寺《がんじょうじ》

熊本県人吉市願成寺町956

天福元年（1233）、相良氏初代・長頼が創建した相良家の菩提寺。収蔵庫の阿弥陀如来坐像（国重文）は鎌倉時代初期の名像。奉安隣接する墓地に立ち並ぶ約250基の墓塔は壮観だ。

山田大王神社《やまだだいおう》(国重文)

熊本県球磨郡山江村大字山田甲1514

かつて相良氏に滅ぼされた平河氏の怨霊鎮魂のために創祀された。中世にさかのぼる貴重な社殿で、拝殿に併設された神供所、縦長の幣殿、覆屋付きの本殿が人吉球磨様式だ。

た近世以前のモチーフが、この社殿に凝縮されているのである。

とりわけ、社殿に潜む8体の龍、楼門屋根の軒下・四隅に配された陰陽《いんよう》（阿吽《あうん》）一対の神面《しんめん》、本殿の御扉と幣殿の外扉に配された密教のシンボル（輪宝《りんぽう》と羯磨《かつま》）……社殿の意匠・装飾のそこかしこに、陰陽五行、四季、八卦、十二支といった世界観、神仏習合の思想、龍神信仰などのアイテムが混在し、謎解きのパズルのように配されている。そんな神社は、おそらく日本でもここしかないのではないか。

しかし、より重要なことは「青井さん」の社殿が、「人吉球磨様式」の完成形として、以後この地域の社寺建築の手本となったことだろう。

人吉市の周縁に位置する山田大王神社や十島菅原《としますがわら》神社は、この様式を踏襲しつつ、それぞれ特徴的な景観を形づくっている。一方、願成寺の仏像は、城主相良氏の祈りの深さを映し出すような像容で、拝する者を粛然とさせてやまない。

雨宮神社《あまみや》

熊本県球磨郡相良村川辺5886

日本一の清流・川辺川の浸食で形成された小丘上に鎮座。水神を祀り、かつて藩主の命で雨乞い祈祷が行われた。こんもりとした社叢は近年「トトロの森」と呼ばれている。

（あさぎり町 多良木町（球磨川右岸））

平安期の釈迦三尊像や巨大な毘沙門天像など美仏に出会う

須恵阿蘇釈迦堂《すえあそしゃかどう》
熊本県球磨郡あさぎり町須恵3449-1
平安末期の建立とされる平等寺の本堂を、かつての境内の一画に移築。中尊の釈迦如来坐像（12世紀の造立）は、同時代の中央仏師の造作と比べても遜色のない和様仏の優品。

勝福寺荒茂毘沙門堂《しょうふくじあらもびしゃもんどう》
熊本県球磨郡あさぎり町深田北1228-1
平安中期に建立と伝わる勝福寺（廃寺）金堂の毘沙門天像など８躯を奉安。近年、中尊・毘沙門天像（写真）の胎内から発見された墨書は、謎の球磨郡史に貴重な情報を加えた。

鄙《ひな》びたお堂に伝わる圧巻の平安仏像群

人吉球磨地方は、知られざる「ほとけの里」である。その実力の一端を中球磨地方・あさぎり町の古寺跡で思い知ることになった。

荒茂毘沙門《あらもびしゃもん》堂は、周囲を山林と畑が占める小高い丘に建つ。明治期に廃寺となった荒茂山勝福寺《しょうふくじ》の名残で、かつての仁王門のまん中を板壁でふさぎ、仏堂に改築されたものである。しかし、そこにおわすのは質素な外観からは想像もできない圧巻の仏像群であった。

中央・須弥壇《しゅみだん》には何と毘沙門天像などが3体。その中心には見上げるほどの巨像（250センチ超）が屹立している。近年発見された胎内銘により、平安時代末、久寿《きゅうじゅ》3年（1156）の造立と判明。脇の2像も平安期の造立である。左右の仁王像とともに安置された3体の仏像も、小ぶりながらもきわめて印象的な平安仏だった。

須恵阿蘇釈迦《すえあそしゃか》堂は、かつて七堂伽藍《がらん》を擁した平等寺の名残である。こちらは村の集会所といった風情なのだが、内部にはかつての本堂が移築され、平安時代末造立の釈迦如来像を中尊に、脇侍《わきじ》の文殊《もんじゅ》・

おすすめコース

勝福寺荒茂毘沙門堂
↓ 車で5分
須恵阿蘇釈迦堂
↓ 車で15分
栖山観音
↓ 車で11分
王宮神社
↓ 車で4分
青蓮寺

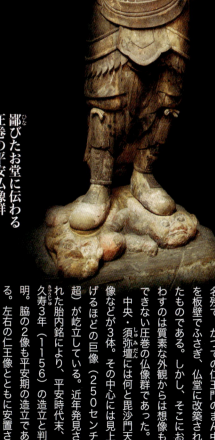

王宮《おうぐう》神社
熊本県球磨郡多良木町黒肥地1278
創祀は平安時代初めと伝わる古社で、応永23年（1416）に建立された茅葺き・唐様の楼門には、ユニークな表情が目を引く仁王像（写真、江戸時代の造作）と随身像が伝わる。

栖山《すやま》観音
熊本県球磨郡多良木町黒肥地
山林の急斜面を登った先にある観音堂。安産のご利益で知られる千手観音像（12世紀の造立）は近年の修理で本来の古様に戻された。脇に安置の毘沙門天など３躯も同時期の作。

青蓮寺阿弥陀堂《しょうれんじあみだどう》（国重文）
熊本県球磨郡多良木町黒肥地3992
永仁3年（1295）、多良木相良家3代頼宗が曾祖父頼景の供養のために創建。室町時代中頃に再建された御堂に、鎌倉時代後期、院派仏師・法印院玄の手になる阿弥陀三尊像を奉安。

普賢《ふげん》菩薩（鎌倉時代）と二天像（平安末）が立ち並んでいた。

これらはいずれも、須恵氏の造立によるものという。須恵氏は、九州最大規模の窯を擁して須恵器生産を行った在地の豪族で、律令制のもと球磨郡司としてこの地域を治めていたといわれる。これら仏像群は、都の仏教に精通した球磨人の文化力と経済力の高さを示すものだ。相良氏が地頭職として下向する以前、この地ではすでに仏教文化が開花していたのである。

あさぎり町からさらに東上すると、青蓮寺があらわれる。鎌倉時代後期、九州相良家初代・頼景の菩提を供養するために建てられたもので、奉安されている阿弥陀三尊像は、京都・院派仏師の造立、室町時代に再建された茅葺きの御堂は飛騨の工匠の造作という。まさに人吉球磨の中世を代表する見事な景観である。

「ほとけの里」に異彩を放つ存在として、相良三十三観音の23番札所・栖山《すやま》観音（千手観音立像）も外せない。像高は281センチ。人吉球磨地方最大の仏像だが、誰が何のために造立させたのか一切伝わっていないという。そんな謎めく存在でありながら、その下ぶくれの尊顔は、一度観たら忘れられない印象を残すものであった。

日本最南端の〝ほとけの里〟の精髄を巡る

（水上村・湯前町・多良木町（球磨川左岸））

生善院《しょうぜんいん》観音堂（国重文）
熊本県球磨郡水上村岩野3542
寛永2年（1625）の創建。観音堂（相良三十三観音24番札所）は、内外の漆塗りの意匠、京仏師作の千手観音像、極彩色の厨子と猫の絵にも注目。左は千葉弘実住職。

御大師堂《おだいしどう》
熊本県球磨郡湯前町下里
相良氏入封以後、この地域に真言密教が流入、宗祖・弘法大師空海の信仰も広まった。弘法大師像は応永7年（1400）の造立。厨子、須弥壇は後世のものである。

市房山神宮《いちふさやま》
熊本県球磨郡水上村湯山
人吉球磨地方の最高峰にして、信仰の源である市房山の中腹4合目にある神社。写真は山中の参道。相良家領主をはじめ、民衆も「お嶽さん参り」と称してしばしば参詣した。

鎌倉時代初期の名像と発見された最古の仏像

多良木《たらぎ》町以東の球磨川上流エリア（奥球磨地方）では、「ほとけの里」の名刹・名像をめぐる旅のクライマックスが待ちうけていた。

狛犬ならぬ狛猫が出迎える「猫寺」として知られているのが生《しょう》善《ぜん》院だ。この寺には、戦国時代の相良氏を揺るがせた化け猫騒動にまつわる話が伝え残されている。

観音堂は、無実の罪で処刑された僧侶・盛誉《せいよ》と、恨みを抱き憤死したその母・玖月善女《くげつぜんにょ》の御霊を弔うために造営されたという。お堂は、同時期に造営された青井阿蘇神社と同様の意匠が用いられた漆黒の建物で、内陣も、黒漆に赤の装飾が映える念入りな造作である。観音堂にかける藩主の強い思いを感じさせる。

今回、特別にご本尊の厨子を開けていただいた。すると中から、はっとするような生々しい千手観音の美像があらわれた。玖月善女のお顔を写した像だという。

そして、国宝級とも評される名刹・城泉寺《じょうせんじ》阿弥陀堂へ。

境内に足を踏み入れると、ふつうの寺院にはない独特の場の気配を感じた。正面参道の脇に林立す

おすすめコース

生善院
↓ 車で15分
市房山神宮 鳥居
↓ 徒歩30分
本殿
↓ 徒歩30分
鳥居
↓ 車で25分
御大師堂
↓ 車で10分
城泉寺
↓ 車で10分
中山観音

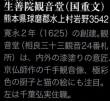

城泉寺《じょうせんじ》阿弥陀《あみだ》堂（国重文）
熊本県球磨郡湯前町瀬戸口5617

阿弥陀堂は鎌倉初期、奥球磨地方を支配した豪族・久米氏の建立とされ、現存する熊本県最古の木造建築。阿弥陀三尊像の造立は寛喜元年（1229年）。春・秋の彼岸に開帳される。

る古い石塔群のためである。九重塔には「寛喜《かんぎ》二年（１２３０）」の銘、ほかの五輪塔群も鎌倉時代のもので、当地の豪族久米氏一族や当時の僧侶などの墓とされる。

　ここでも特別に、御堂の内陣を拝観させていただく。阿弥陀三尊像は、鎌倉初期に全盛を誇った慶派仏師の造作。いつまでも観ていたいと思わせる名像だった。ふと思った。古人も同じ思いだったのではないか。だからこそ、墓塔となっても仏の御前に置かれたいと望んだのではなかったか——。

　最後に劇的な空間が待っていた。中山観音堂は、鬱蒼とした森の中にある古いお堂だ。今は付近の集落7軒によって細々と守られる鄙びた山寺だが、堂内にライトが灯されると、様相が一変。ずらりあらわれた秀麗な古仏に感嘆の声があがる。中央の聖観音菩薩は、近年、後塗りの塗装が剥がされ、平安時代前期の本来の姿を取り戻したばかりだという。

　「隠れ里」の再発見は今なお続いている。秘められた謎はまだまだ解き明かされてはいないようだ。

中山《なかやま》観音
熊本県球磨郡多良木町奥野

お堂はかつて豪族・久米氏の拠点があった場所にある。聖観音立像は９世紀後半〜10世紀初めごろ、脇の四天王像も12世紀の造立と推定される。

日本遺産認定10市町村 わが町いちおしの観光スポット!!

水上村

森林セラピー

市房山には貴重な照葉樹林の原生林が残っており、渓流のせせらぎや小鳥のさえずり、虫の声、風の音など森の力で心と体が癒される。問☎0966-44-0314（水上村産業振興課）

あさぎり町

おかどめ幸福駅

日本で唯一「幸福」の名がつく現役駅。近くに幸福神社として親しまれている岡留熊野座神社があることから『幸せを呼ぶ駅』として多くの人々が訪れる。問☎0966-45-6604（駅売店）

湯前町

湯前まんが美術館

湯前出身の風刺漫画家「那須良輔」氏の作品を保存展示する美術館で著名漫画家の原画展などを開催。郷土玩具「きじ馬」がモデルの外観もユニーク。問☎0966-43-2050

多良木町

ブルートレインたらぎ

多くの鉄道ファンに惜しまれながら廃止された特急寝台「はやぶさ」。その車両をリニューアルした簡易宿泊施設。室内は空調もあり、照明やコンセントも完備。問☎0966-42-1120

錦町

人吉海軍航空隊基地跡

かつて人吉球磨にあった海軍の航空基地の遺構。滑走路の痕跡や隊門ばかりではなく、遺構の多くが地下にある。まさに秘密基地だ。問☎0966-38-4419（錦町役場・企画観光課）

相良700年が生んだ保守と進取の文化
～日本でもっとも豊かな隠れ里─人吉球磨～

ツリークライミング

カヤック、フットパス等、アウトドアの宝庫。最近は専用のロープやサドルを利用して木に登るツリークライミングが人気。

問☎0966-37-2611（五木村観光案内所）

川辺川

強い流れに磨かれた尺アユと尺ヤマメがねらえる九州随一の清流。鮎漁の解禁とともに、全国から集まる太公望が竿をふる風景は夏の風物詩。

問☎0965-32-3266（球磨川漁協）

山江栗

知る人ぞ知る「和栗」の産地。大粒でほっくりとした甘みは、料理人や菓子職人をもうならせる。名物「くり饅頭」は年間約60万個を売り上げる。

問☎0966-23-3111（山江村役場）

球泉洞

九州最大の鍾乳洞。ライト付きヘルメットと長靴を身につけハードな階段を進む探検コースでは美しい感動の光景を見ることができる。問☎0966-32-0080

人吉鉄道ミュージアム MOZOCAステーション868

肥薩線やくま川鉄道など、鉄道の歴史を学びながらその魅力を伝えるミュージアム。ミニトレインやレールバイクなど、子供が楽しめる鉄道体験コーナーも満載。

問☎0966-48-4200

岐阜県
岐阜市

日本遺産を旅する

「信長公のおもてなし」が息づく戦国城下町・岐阜

岐阜城跡

信長の居城。山上の城郭と山麓の居館の2カ所でもてなしが行われた。江戸時代も尾張藩主らが見物に訪れており、明治以降になると一般に開放された。国史跡。

長良川の鵜飼漁の技術

近世以前からの伝統を継承した漁法。信長をはじめとする時の権力者は、鵜飼見物をおもてなしとして用いた。江戸時代以降もチャップリンをはじめ、世界の賓客が見物している。国重要無形民俗文化財。

ストーリー

戦国時代、岐阜城を拠点に天下統一を目指した織田信長。彼は戦いを進める一方、城内に「地上の楽園」と称される宮殿を建設、軍事施設である城に「魅せる」という独創性を加え、城下一帯を最高のおもてなし空間としてまとめあげる。

自然景観を活かした城内外の眺望や長良川での鵜飼観覧による接待。冷徹なイメージを覆すような信長のおもてなしは、宣教師ルイス・フロイスら世界の賓客をも魅了した。信長が形作った城・町・川文化は城としての役割を終えた後も受け継がれ、現在の岐阜の町に息づいている。

正法寺(岐阜大仏)

材木や竹、和紙等からなる民芸的な大仏は、大仏殿と一体で造られ、町のランドマークになっている。武家屋敷跡地に立地しており、まちでのおもてなしの拠点の一つ。近年まで境内で精進料理も提供していた。県重要文化財。

三重県
明和町

日本遺産を旅する

祈る皇女斎王のみやこ　斎宮

ストーリー

古代から中世にわたり、天皇に代わって伊勢神宮の天照大神に仕えた「斎王」は、皇女として生まれながら、都から離れた伊勢の地で、人と神との架け橋として、国の平安と繁栄を願い、神への祈りを捧げる日々を送った。

斎王の宮殿である斎宮《さいくう》は、伊勢神宮領の入口に位置し、都さながらの雅な暮らしが営まれていたと言われている。

地元の人々によって神聖な土地として守り続けられてきた斎宮跡一帯は、日本で斎宮が存在した唯一の場所として、皇女の祈りの精神を今日に伝えている。

斎宮跡

天皇に代わり伊勢神宮に仕えた皇女・斎王の宮殿と斎宮寮と呼ばれた役所の跡。古代から中世にかけて660年間続いた。斎王は、神への祈りをささげる日々を送るとともに都さながらの雅やかな生活を斎宮で送っていた。国指定史跡。

斎王の森

斎王の宮殿があったと語り継がれ、斎宮のシンボル的な森として地元の人々により守られてきた。

竹神社（野々宮）

斎王の宮殿があった神聖な場所が人々の信仰の場（神社）として受け継がれ、現在も祈りの空間を感じさせる。

兵庫県
篠山市

日本遺産を旅する

デカンショ節

「丹波篠山 山家の猿が 花のお江戸で芝居する♪」で始まる民謡「デカンショ節」は、歌詞に、天下普請の篠山城をはじめ、伝統的な特産物である丹波黒大豆・丹波松茸・ぼたん鍋、日本の酒造技術の礎となった丹波杜氏の姿など数多くの歴史文化関連資産が歌いこまれ、有形・無形の文化を伝えている。

篠山城跡

天下普請により慶長14年（1609)、徳川家康が山陰道の要衝に築いた。平成12年には大書院が復元され一般公開されている。現在は、三の丸跡をデカンショ祭の主会場とし、篠山城跡の存在は市民の心のシンボルとなっている。国史跡。

丹波篠山 デカンショ節
―民謡に乗せて歌い継ぐふるさとの記憶―

ストーリー

かつて城下町として栄えた丹波篠山《ささやま》の地は、江戸時代の民謡を起源とするデカンショ節によって、地域のその時代ごとの風土や人情、名所、名産品が歌い継がれている。

地元の人々はこぞってこれを愛唱し、民謡の世界そのままにふるさとの景色を守り伝え、地域への愛着を育んできた。

その流れは、今日においても、新たな歌詞を生み出し新たな丹波篠山を更に後世に歌い継ぐ取組として脈々と生き続けており、今や300番にも上る「デカンショ節」を通じ、丹波篠山の街並みや伝統をそこかしこで体験できる世界が展開している。

丸山集落

篠山城下から約3キロ北部の多紀連山山麓にある集落。傾斜を活かし石積みと一体となった戌亥蔵と築地塀に囲まれ、妻入りや中門づくりの茅葺民家が今も現役として残る。3棟の民家が農家民泊として活用されている。

尾道水道が紡いだ中世からの箱庭的都市

ストーリー

尾道三山と対岸の島に囲まれた尾道は、町の中心を通る「海の川」とも言うべき尾道水道の恵みによって、中世の開港以来、瀬戸内随一の良港として繁栄し、人・もの・財が集積した。

その結果、尾道三山と尾道水道の間の限られた生活空間に多くの寺社や庭園、住宅が造られ、それらを結ぶ入り組んだ路地・坂道とともに中世から近代の趣を今に残す箱庭的都市が生み出された。

迷路に迷い込んだかのような路地や、坂道を抜けた先に突如として広がる風景は、限られた空間ながら実に様々な顔を見せ、今も昔も多くの人を惹きつけてやまない。

箱庭的都市の景観

斜面地と尾道水道沿いに縦横にめぐる急な坂道と細い路地は、寺社や近代化遺産などをつなぐ道であり、山と海と地域の一体的な景観を生み出している。

浄土寺本堂及び境内地、多宝塔など

尾道水道から港に入ると真っ先に見える中世寺院。本堂を始めとして中世の伽藍が残り、浄土寺山と一体となって箱庭の一部を形成する。国宝。

住吉祭

江戸時代に港町の商人たちにより始められ、尾道水道という港町の象徴的な空間の中であがる「東の両国、西の住吉」と呼ばれた花火まつり。

峠の朝
撮影/豊田郁夫

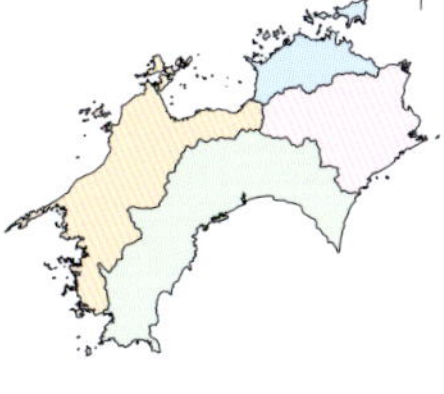

秋の陽光 撮影/井関俊

可愛いお出迎え
撮影/棚橋仁志

夜明けの遍路 撮影/伊藤一春

羅漢遍路 撮影/芝崎静雄

「四国遍路」～回遊型巡礼路と独自の巡礼文化～

ストーリー

弘法大師空海ゆかりの札所を巡る四国遍路は、阿波・土佐・伊予・讃岐の四国を全周する全長1400キロにも及ぶ我が国を代表する壮大な回遊型巡礼路であり、札所への巡礼が1200年を超えて継承され、今なお人々により継続的に行われている。四国の険しい山道や長い石段、のどかな田園地帯、波静かな海辺や最果ての岬を「お遍路さん」が行き交う風景は、四国路の風物詩となっている。

キリスト教やイスラム教などに見られる「往復型」の聖地巡礼とは異なり、国籍や宗教・宗派を超えて誰もがお遍路さんとなり、地域住民の温かい「お接待」を受けながら、供養や修行のため、救いや癒しなどを求めて弘法大師の足跡を辿る四国遍路は、自分と向き合う「心の旅」であり、世界でも類を見ない巡礼文化である。

※掲載写真は平成27年に開催された『日本遺産認定記念 四国遍路「巡礼の旅」フォトコンテスト』の大賞と優秀賞の作品から掲載させて頂きました。

〈平成28年度認定〉日本遺産ダイジェスト

平成28年、日本各地に新たに産声を上げた19の魅力的なストーリー。地域ごとの魅力が凝縮された物語を紹介します。

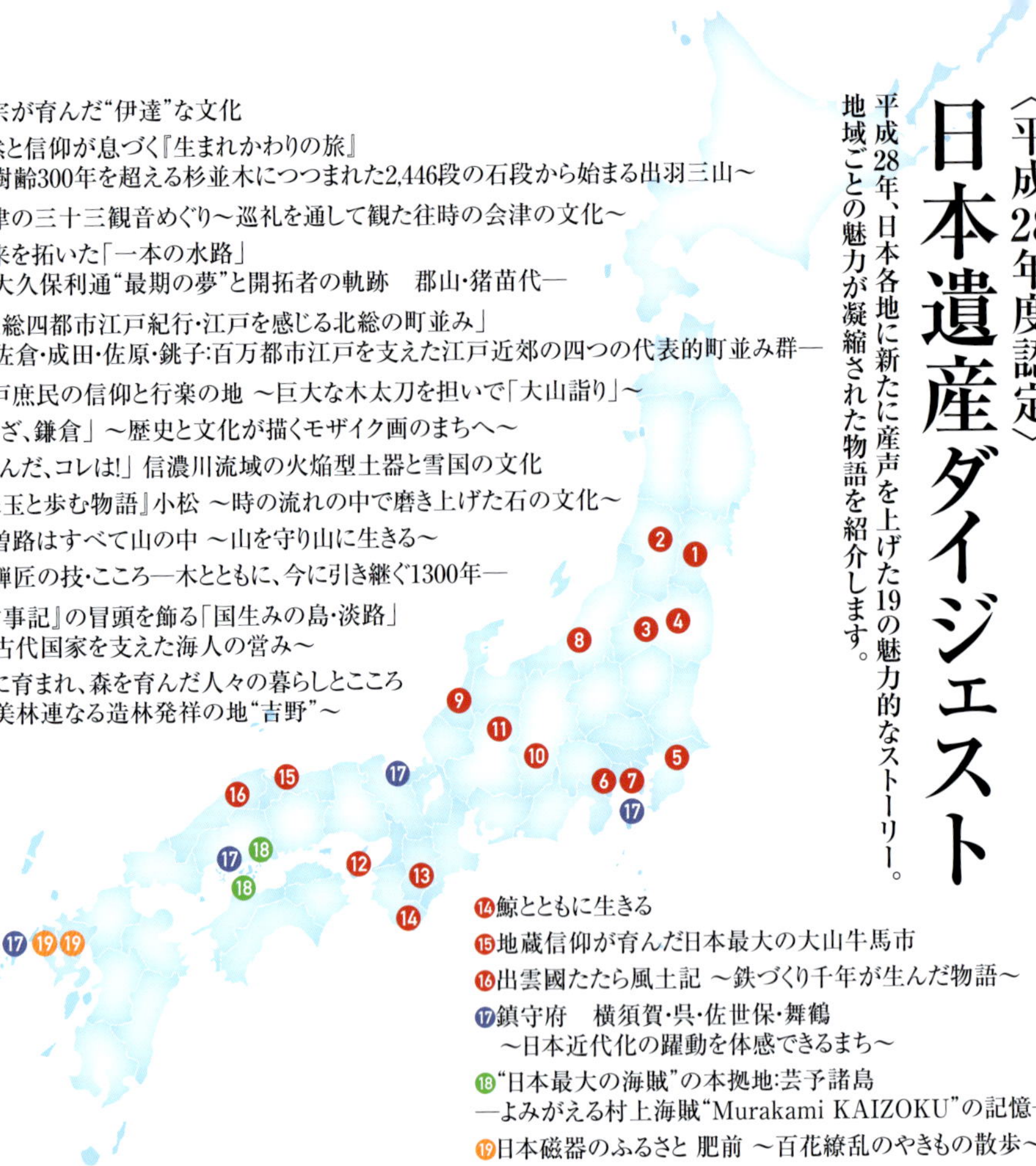

1. 政宗が育んだ“伊達”な文化
2. 自然と信仰が息づく『生まれかわりの旅』〜樹齢300年を超える杉並木につつまれた2,446段の石段から始まる出羽三山〜
3. 会津の三十三観音めぐり〜巡礼を通して観た往時の会津の文化〜
4. 未来を拓いた「一本の水路」―大久保利通“最期の夢”と開拓者の軌跡　郡山・猪苗代―
5. 「北総四都市江戸紀行・江戸を感じる北総の町並み」―佐倉・成田・佐原・銚子:百万都市江戸を支えた江戸近郊の四つの代表的町並み群―
6. 江戸庶民の信仰と行楽の地 〜巨大な木太刀を担いで「大山詣り」〜
7. 「いざ、鎌倉」〜歴史と文化が描くモザイク画のまちへ〜
8. 「なんだ、コレは!」信濃川流域の火焔型土器と雪国の文化
9. 『珠玉と歩む物語』小松 〜時の流れの中で磨き上げた石の文化〜
10. 木曽路はすべて山の中 〜山を守り山に生きる〜
11. 飛騨匠の技・こころ―木とともに、今に引き継ぐ1300年―
12. 『古事記』の冒頭を飾る「国生みの島・淡路」〜古代国家を支えた海人の営み〜
13. 森に育まれ、森を育んだ人々の暮らしとこころ〜美林連なる造林発祥の地“吉野”〜
14. 鯨とともに生きる
15. 地蔵信仰が育んだ日本最大の大山牛馬市
16. 出雲國たたら風土記 〜鉄づくり千年が生んだ物語〜
17. 鎮守府　横須賀・呉・佐世保・舞鶴〜日本近代化の躍動を体感できるまち〜
18. “日本最大の海賊”の本拠地:芸予諸島―よみがえる村上海賊“Murakami KAIZOKU”の記憶―
19. 日本磁器のふるさと 肥前 〜百花繚乱のやきもの散歩〜

1 政宗が育んだ〝伊達〟な文化

宮城県 仙台市、塩竈市、多賀城市、松島町

仙台藩を築いた伊達政宗は、戦国大名として政治・軍事面での活躍は広く知られるところであるが、時代を代表する文化人でもあり、文化的にも上方に負けない気概で、自らの〝都〟仙台を創りあげようとした。

政宗は、その気概をもって、古代以来東北の地に根付いてきた文化の再興・再生を目指す中で、伊達家で育まれた伝統的な文化を土台に、上方の桃山文化の影響を受けた豪華絢爛、政宗の個性ともいうべき意表を突く粋な斬新さ、さらには海外の文化に触発された国際性、といった時代の息吹を汲み取りながら、これまでにない新しい〝伊達〟な文化を仙台の地に華開かせていった。

そして、その文化は政宗だけに留まらず、時代を重ねるにつれ、後の藩主に、さらには仙台から全国へ、そして武士から庶民にまで、さまざまな方面へ広がり、定着し、熟成を加えていった。

大崎八幡宮

政宗による造営。現存最古の権現造りで、総漆塗、極彩色、飾金具による豪華で流麗な桃山様式の世界が広がる。政宗の志向を表わす、伊達な文化を最も代表する建造物。

自然と信仰が息づく『生まれかわりの旅』～樹齢300年を超える杉並木につつまれた2,446段の石段から始まる出羽三山～

2

山形県 鶴岡市、西川町、庄内町

山形県の中央に位置する出羽三山《ではさんざん》の雄大な自然を背景に生まれた羽黒《はぐろ》修験道では、羽黒山は人々の現世利益《げんせりやく》を叶える現在の山、月山《がっさん》はその高く秀麗な姿から祖霊が鎮まる過去の山、湯殿《ゆどの》山《さん》はお湯の湧き出る赤色の巨岩が新しい生命の誕生を表す未来の山と言われます。

三山を巡ることは、江戸時代に庶民の間で『生まれかわりの旅』として広がり、地域の人々に支えられながら、日本古来の、山の自然と信仰の結び付きを今に伝えています。羽黒山の杉並木につつまれた石段から始まるこの旅は、訪れる者に自然の霊気と自然への畏怖を感じさせ、心身を潤し明日への新たな活力を与えます。

羽黒山の峰入り

「峰入り」は、羽黒山の開祖蜂子皇子の修行をたどる羽黒山伏の修行。「秋の峰」は、約1週間の山籠りを中心とする修行を行うなど、日本で唯一本来の山伏修行の形を伝えると言われている。

会津の三十三観音めぐり～巡礼を通して観た往時の会津の文化～

3

福島県 会津若松市、喜多方市、南会津町、下郷町、檜枝岐村、只見町、北塩原村、西会津町、磐梯町、猪苗代町、会津坂下町、湯川村、柳津町、会津美里町、三島町、金山町、昭和村

磐梯山信仰を取り込み東北地方で最も早く仏教文化が花開いた会津は、今も平安初期から中世、近世の仏像や寺院が多く残り「仏都会津《ぶつとあいづ》」とよばれる。その中でも三十三観音巡りは、古来のおおらかな信仰の姿を今に残し、広く会津の人々に親しまれている。

会津藩祖、名君保科正之《ほしなまさゆき》が定めた会津三十三観音巡りは広く領民に受け入れられ、のちに様々な三十三観音がつくられた。会津の三十三観音は、国宝を蔵する寺院から山中に佇むひなびた石仏までいたるところにその姿をとどめており、これら三十三観音を巡った道を、道中の宿場や門前町で一服しながらたどることで、往時の会津の人々のおおらかな信仰と娯楽を追体験することができるのである。

下郷町大内宿

江戸へ向かう街道の宿場として、そして現在は昔ながらの宿場の姿を残し、そこに暮らす人々の営みも含めて往時の姿を今に残す場所である。

未来を拓いた「一本の水路」―大久保利通〝最期の夢〟と開拓者の軌跡　郡山・猪苗代―

4

福島県 郡山市、猪苗代町

明治維新後、武士の救済と、新産業による近代化を進めるため、安積《あさか》地方の開拓に並々ならぬ想いを抱いていた大久保利通。夢半ばで倒れた彼の想いは、郡山から西の天空にある猪苗代湖より水を引く「安積開拓・安積疏水開さく事業」で実現した。

奥羽山脈を突き抜ける「一本の水路」は、外国の最新技術の導入、そして、この地域と全国から人、モノ、技を結集し、苦難を乗り越え完成した。この事業は、猪苗代湖の水を治め、米や鯉など食文化を一層豊かにし、さらには水力発電による紡績等の新たな産業の発展をもたらした。

未来を拓いた「一本の水路」は、多様性と調和し共生する風土と、開拓者の未来を想う心、その想いが込められた桜とともに、今なおこの地に受け継がれている。

猪苗代湖

天を映す鏡のような湖として、別名「天鏡湖」と呼ばれる。東北最大の湖で、農業用水や生活用水が供給され、水力発電の発展にも貢献した。

5 「北総四都市江戸紀行・江戸を感じる北総の町並み」—佐倉・成田・佐原・銚子：百万都市江戸を支えた江戸近郊の四つの代表的町並み群—

千葉県 佐倉市、成田市、香取市、銚子市

北総地域は、百万都市江戸に隣接し、関東平野と豊かな漁場の太平洋を背景に、利根川東遷により発達した水運と江戸に続く街道を利用して江戸に東国の物産を供給し、江戸のくらしや経済を支えた。こうした中、江戸文化を取り入れることにより、城下町の佐倉、成田山の門前町成田、利根水運の河岸、香取神宮の参道の起点の佐原、漁港・港町、そして磯巡りの観光客で賑わった銚子という4つの特色ある都市が発展した。

これら四都市では、江戸庶民も訪れた4種の町並みや風景が残り、今も東京近郊にありながら江戸情緒を体感することができる。

成田空港からも近いこれらの都市は、世界から一番近い「江戸」といえる。

伝統的な町並み（佐原重要伝統的建造物群保存地区）

利根水運で発展した佐原では、江戸時代以来、小野川沿いを中心に商家が建ち並び、今なお昔日の面影を残している。

6 江戸庶民の信仰と行楽の地～巨大な木太刀を担いで「大山詣り《おおやままいり》」～

神奈川県 伊勢原市

大山詣りは、鳶などの職人たちが巨大な木太刀《きだち》を江戸から担いで運び、滝で身を清めてから奉納と山頂を目指すといった、他に例をみない庶民参拝である。そうした姿は歌舞伎や浮世絵にとりあげられ、また手形が不要な小旅行であったことから人々の興味関心を呼び起こし、江戸の人口が100万人の頃、年間20万人もの参拝者が訪れた。

大山詣りは、今も先導師たちにより脈々と引き継がれている。首都近郊に残る豊かな自然とふれあいながら歴史を巡り、山頂から眼下に広がる景色を目にしたとき、大山にあこがれた先人の思いと満足を体感できる。

大山や大山詣りの様子が描かれた「浮世絵」

多くの浮世絵に描かれた大山詣り。講を中心とした太刀を担いでの参拝など、独自に発展した粋な信仰は今も大山に残っている。

7 「いざ、鎌倉」～歴史と文化が描くモザイク画のまちへ～

神奈川県 鎌倉市

鎌倉は、源頼朝によって幕府が開かれた後、急速に都市整備が進められ、まちの中心には鶴岡八幡宮、山には切通《きりどおし》、山裾には禅宗寺院をはじめとする大寺院が造られた。

この地に活きた武士たちの歴史と哀愁を感じられる古都鎌倉は、近世には信仰と遊山の対象として脚光を浴び、近代には多くの別荘が建てられたが、歴史的遺産と自然とが調和したまちの姿は守り伝えられてきた。

このような歴史を持つ古都鎌倉は、自然と一体となった中世以来の社寺が醸し出す雰囲気の中に、各時代の建築や土木遺構、鎌倉文士らが残した芸術文化、生業《なりわい》や行事など様々な要素が、まるでモザイク画のように組み合わされた特別なまちとなったのである。

鎌倉文学館（旧前田家鎌倉別邸）

鎌倉三大洋館の一つ。加賀百万石の藩主で知られる、旧前田侯爵家の鎌倉別邸。昭和60年、鎌倉ゆかりの文学者の著書・原稿・愛用品などの文学資料を収集保存し、展示することを目的として開館した。

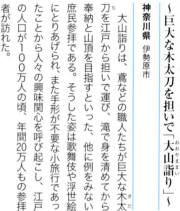

「なんだ、コレは！」信濃川流域の火焔型土器と雪国の文化 8

新潟県 三条市、新潟市、長岡市、十日町市、津南町

日本一の大河・信濃川の流域は、8000年前に気候が変わり、世界有数の雪国となった。この雪国から5000年前に誕生した「火焔型土器」は大仰な4つの突起があり、縄文土器を代表するものである。火焔型土器の芸術性を発見した岡本太郎は、この土器を見て「なんだ、コレは！」と叫んだという。火焔型土器を作った人々のムラは信濃川流域を中心としてあり、その規模と密集度は日本有数である。このムラの跡に佇めば、5000年前と変わらぬ独特の景観を追体験できる。また、山・川・海の幸とその加工・保存の技術、アンギン、火焔型土器の技を継承するようなモノづくりなど、信濃川流域には縄文時代に起源をもつ文化が息づいている。火焔型土器は日本文化の源流であり、浮世絵、歌舞伎と並ぶ日本文化そのものなのである。

国宝笹山遺跡出土「火焔型土器」

新潟県十日町市笹山遺跡から出土した縄文土器で、縄文土器の中で唯一「国宝」に指定されている。実物は十日町市博物館に展示され、笹山遺跡の現地には、竪穴住居が2軒復元されている。

『珠玉《しゅぎょく》と歩む物語』小松 ～時の流れの中で磨き上げた石の文化～ 9

石川県 小松市

小松の人々は、弥生時代の碧玉《へきぎょく》の玉つくりを始まりとして2300年にわたり、金や銅の鉱石、メノウ、オパール、水晶の宝石群、良質の凝灰岩石材、九谷焼原石の陶石などの石の資源を見出してきました。

現代では再現が困難な加工技術を用いて作られた碧玉のアクセサリーは、弥生時代の有力者たちを魅了しました。

日本有数の出産量を誇り、明治維新後の加賀経済を支えた鉱山は、後に世界を代表する建設機械メーカーを生み出すことになります。また、地元石材で作られた石蔵や石垣の街並みや九谷焼など、小松の石の文化は、今でも生活の中で息づいています。

このように小松の人々は、時代のニーズに応じて、人・モノ・技術が交流する豊かな石の文化を築き上げています。

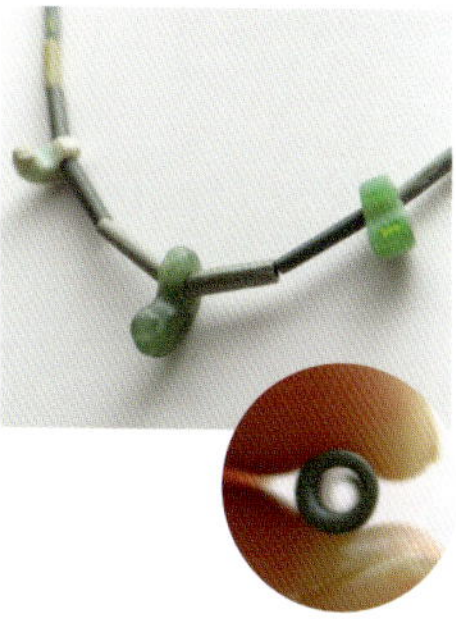

直径2mm の碧玉円柱に、石針で1mmの孔を開ける現代でも復刻困難な技術。

木曽路はすべて山の中 ～山を守り、山に生きる～ 10

長野県 南木曽町、大桑村、上松町、木曽町、木祖村、王滝村、塩尻市

戦国時代が終わり新たな町づくりがすすめられると、城郭・社寺建築の木材需要の急増は全国的な森林乱伐をもたらした。森林資源が地域の経済を支えていた木曽谷も江戸時代初期に森林資源の枯渇という危機に陥る。所管する尾張藩は、禁伐を主体とする森林保護政策に乗り出し、木曽谷の人々は、新たな地場産業にくらしの活路を見出した。

そして、江戸時代後期、木曽漆器などの特産品は、折しも街道整備がすすみ増大した御嶽《おんたけ》登拝《とはい》の人々などによって、宿場から木曽路を辿り全国に広められた。

江戸時代、全国に木曽の名を高めた木曽檜《ひのき》や木曽馬、木曽漆器など伝統工芸品は、今も木曽谷に息づく木曽の代名詞である。

中山道

徳川家康により五街道の一つとして、江戸から京都までの重要な街道として整備された。旧態が良く残っている8.5km が史跡。

飛騨匠の技・こころ—木とともに、今に引き継ぐ1300年— ⑪

岐阜県 高山市

「飛騨工《ひだのたくみ》制度」は古代に木税を免じてまでも木工技術者を都市へ派遣するよう求めた全国唯一の制度で、飛騨の豊かな自然に育まれた「木を生かす」技術や感性と、実直な気質は古代から現代まで受け継がれ、高山の文化の基礎となっている。市内には中世の社寺建築群や近世・近代の大工一門の作品群、伝統工芸など、様々なところで飛騨匠の技とこころに触れることができる。

　これは私たちが木と共に生きてきた1300年の高山の歴史を体感する物語である。

雲龍時鐘楼門

全国で五指に入ると言われた高山城は元禄時代に破却されたが、いくつかの建物が移築されて残されている。東山遊歩道沿いには飛騨匠の技を伝える建物が並び立つ。また国府地域には室町時代建築の社寺が田園風景の中に点在する。

『古事記』の冒頭を飾る「国生みの島・淡路」〜古代国家を支えた海人《あま》の営み〜 ⑫

兵庫県 淡路市、洲本市、南あわじ市

　わが国最古の歴史書『古事記』の冒頭を飾る「国生み神話」。この壮大な天地創造の神話の中で最初に誕生する〝特別な島〟が淡路島である。その背景には、新たな時代の幕開けを告げる金属器文化をもたらし、後に塩づくりや巧みな航海術で畿内の王権や都の暮らしを支えた〝海人〟と呼ばれる海の民の存在があった。畿内の前面に浮かぶ瀬戸内最大の島は、古代国家形成期の中枢を支えた〝海人〟の歴史を今に伝える島である。

松帆《まつほ》銅鐸

松帆地区から採取された土砂中より7点発見された。最古段階の菱環鈕式1点のほか、6点全てが紀元前に製作された古式の銅鐸。播磨灘を臨む海岸地帯での埋納が予想されることから、弥生時代の新たな祀りに海の民が携わったことを想定させる。

森に育まれ、森を育んだ人々の暮らしとこころ〜美林連なる造林発祥の地〝吉野〟〜 ⑬

奈良県 吉野町、下市町、黒滝村、天川村、下北山村、上北山村、川上村、東吉野村

　我が国造林発祥の地である奈良県吉野地域には、約500年にわたり培われた造林技術により育まれた重厚な深緑の絨毯の如き日本一の人工の森と、森に暮らす人々が神仏坐す地として守り続ける野趣溢れる天然の森が、訪れる人々を圧倒する景観で迎えてくれる。

　ここに暮らす人々が、それらの森を長きに亘って育み、育まれる中で作り上げた食や暮らしの文化が今に伝わり、訪れる者はそれを体感して楽しむことができる。

金峯山寺《きんぷせんじ》本堂

修験道の根本道場であり、幾度かの被災に際しても吉野の山地で育った材木が利用された。堂内の梨・躑躅《つつじ》の名木と伝える天然木の柱群は、吉野の天然林資源の豊かさの象徴である。

14

鯨とともに生きる

和歌山県 新宮市、那智勝浦町、太地町、串本町

鯨は、日本人にとって信仰の対象となる特別な存在であった。人々は、大海原を悠然と泳ぐ巨体を畏れたものの、時折浜辺に打ち上げられた鯨を食料や道具の素材などに利用していたが、やがて生活を安定させるため、捕鯨に乗り出した。

熊野灘沿岸地域では、江戸時代に入り、熊野水軍の流れを汲む人々が捕鯨の技術や流通方法を確立し、これ以降、この地域は鯨に感謝しつつ捕鯨とともに生きてきた。当時の捕鯨の面影を残す旧跡が町中や周辺に点在し、鯨にまつわる祭りや伝統芸能、食文化が今も受け継がれている。

河内《こうち》祭《まつり》の御舟《みふね》行事

祭りのハイライト舟渡御に登場する装飾された鯨船が、かつて捕鯨が地域の生活を担う誇るべき産業であったことを今に伝えている。

15

地蔵信仰が育んだ日本最大の大山牛馬市

鳥取県 大山町、伯耆町、江府町、米子市

大山《だいせん》の山頂に現れた万物を救う地蔵菩薩への信仰は、平安時代末以降、牛馬のご加護を願う人々も大山寺に集めた。江戸時代には、大山寺に庇護され信仰に裏打ちされた全国唯一の「大山牛馬市」が隆盛を極め、明治時代には日本最大の牛馬市へと発展した。

西国諸国からの参詣者や牛馬の往来で賑わった大山道沿いには、今も往時を偲ぶ石畳道や宿場の町並み、所子に代表される農村景観、「大山おこわ」など独特の食文化、大山の水にまつわる「もひとり神事」などの行事、風習が残されている。ここには、人々が日々「大山さんのおかげ」と感謝の念を捧げながら大山を仰ぎ見る暮らしが息づいている。

雲海に浮かぶ大山

中国地方最高峰。稀有な自然にも恵まれ、大山隠岐国立公園の核をなす山。いにしえより信仰の対象とされ、日本四名山にも数えられる霊山で、当地域のランドマークでシンボル的な存在である。

16

出雲國たたら風土記 〜鉄づくり千年が生んだ物語〜

島根県 安来市・奥出雲町・雲南市

日本古来の鉄づくり「たたら製鉄」で繁栄した出雲の地では、今日もなお世界で唯一たたら製鉄の炎が燃え続けています。たたら製鉄は、優れた鉄の生産だけでなく、原料砂鉄の採取跡地を広大な稲田に再生し、燃料の木炭山林を永続的に循環利用するという、人と自然とが共生する持続可能な産業として日本社会を支えてきました。また、鉄の流通は全国各地の文物をもたらし、都のような華やかな地域文化をも育みました。

今もこの地は、神代の時代から先人たちが刻んできた鉄づくり千年の物語が終わることなく紡がれています。

玉鋼《たまはがね》製造（たたら吹き）伝承

1300年間にわたり連綿としてこの地の職人だけに継承される世界唯一の製鉄法。炎が燃え上がる様子は、金屋子神の存在を感じさせるほど神秘的であり、職人の卓越した技術により執り行われる作業は今日の先端技術でも説明できないほど緻密なものである。

鎮守府　横須賀・呉・佐世保・舞鶴 ～日本近代化の躍動を体感できるまち～ ⑰

横須賀市（神奈川県）、**呉市**（広島県）、**佐世保市**（長崎県）、**舞鶴市**（京都府）

明治期の日本は、近代国家として西欧列強に渡り合うための海防力を備えることが急務であった。このため、国家プロジェクトにより天然の良港を四つ選び軍港を築いた。静かな農漁村に人と先端技術を集積し、海軍諸機関と共に水道、鉄道などのインフラが急速に整備され、日本の近代化を推し進めた四つの軍港都市が誕生した。百年を超えた今もなお現役で稼働する施設も多く、躍動した往時の姿を残す旧軍港四市は、どこか懐かしくも逞しく、今も訪れる人々を惹きつけてやまない。

海上自衛隊田戸台分庁舎（横須賀市）

海上自衛隊呉地方総監部第一庁舎（呉市）

旧針尾送信所無線塔（佐世保市）

赤れんがパーク（舞鶴市）

〝日本最大の海賊〟の本拠地：芸予諸島 ―よみがえる村上海賊〝Murakami-KAIZOKU〟の記憶― ⑱

今治市（愛媛県）、**尾道市**（広島県）

戦国時代、宣教師ルイス・フロイスをして〝日本最大の海賊〟と言わしめた「村上海賊」〝Murakami-KAIZOKU〟。理不尽に船を襲い、金品を略奪する「海賊（パイレーツ）」とは対照的に、村上海賊は掟に従って航海の安全を保障し、瀬戸内海の交易・流通の秩序を支える海上活動を生業とした。

その本拠地「芸予諸島《げいよしょとう》」には、活動拠点として築いた「海城《うみじろ》」群など、海賊たちの記憶が色濃く残っている。尾道・今治をつなぐ芸予諸島をゆけば、急流が渦巻くこの地の利を活かし、中世の瀬戸内海航路を支配した村上海賊の生きた姿を現代において体感できる。

能島《のしま》城跡

能島村上氏が居城とした展型的な海城で、大島と鵜島との間にある。周囲の岩礁地帯には護岸や船を繋ぐための施設である無数の柱六が残る。

白滝山

村上吉充が控えの要害とし観音堂を造営。一体ずつ顔が異なる石仏が約700体あり、松林と岩石の自然に溶け込んで独特の雰囲気を醸し出している。

日本磁器のふるさと　肥前 ～百花繚乱のやきもの散歩～ ⑲

佐賀県（唐津市、伊万里市、武雄市、嬉野市、有田町）
長崎県（佐世保市、平戸市、波佐見町）

陶石、燃料（山）、水（川）など窯業を営む条件が揃う自然豊かな九州北西部の地「肥前」で、陶器生産の技を活かし誕生した日本磁器。肥前の各産地では、互いに切磋琢磨しながら、個性際立つ独自の華を開かせていった。その製品は全国に流通し、我が国の暮らしの中に磁器を浸透させるとともに、海外からも賞賛された。

今でも、その技術を受け継ぎ特色あるやきものが生み出される「肥前」。青空に向かってそびえる窯元の煙突やトンバイ塀は脈々と続く窯業の営みを物語る。この地は、歴史と伝統が培った技と美、景観を五感で感じることのできる磁器のふるさとである。

泉山磁石場跡

17世紀初頭、朝鮮人陶工・初代金ヶ江三兵衛（通称：李参平）らによって有田町泉山で磁器の原料となる陶石が発見され日本初の本格的な磁器の生産が始まった。

三川内の磁器製作技術

平戸藩の御用窯がおかれた三川内で培われ、現在も窯元に受け継がれている技術。写真は、竹べら等で、格子や花弁の模様など細かな装飾を作り出す透かし彫り。

[プロデュース]
清水賢二（KKベストセラーズ戦略プロモーション室）
[編集]
小林陽子（KKベストセラーズ戦略プロモーション室）
笹本健児（KKベストセラーズ戦略プロモーション室）

持丸　剛（一個人編集部）
山内菜穂子（書籍編集部）

ikkojin
一個人
特別編集

日本遺産を旅する

2016年12月25日 初版第1刷発行

編　者　一個人編集部

発行者　栗原武夫

発行所　KKベストセラーズ
〒170-8457　東京都豊島区南大塚2丁目29番7号
電話　03-5976-9121（代）
03-5976-9141（戦略プロモーション室）
http://www.kk-bestsellers.com/

装　幀　野村高志+HANA*Co

印刷所　近代美術株式会社

製本所　ナショナル製本協同組合

ISBN978-4-584-16641-3